本书是国家社会科学基金西部项目"延安时期马克思主义哲学中国化的基本经验与当代价值研究"（批准号：21XKS003）的阶段性成果

20 世纪三四十年代马克思主义哲学中国化研究

白 莹 著

中国海洋大学出版社

· 青岛 ·

图书在版编目（CIP）数据

20 世纪三四十年代马克思主义哲学中国化研究／白莹著．-- 青岛：中国海洋大学出版社，2025. 8.

ISBN 978-7-5670-4191-2

Ⅰ. B27

中国国家版本馆 CIP 数据核字第 20251D3W68 号

出版发行	中国海洋大学出版社		
社　　址	青岛市香港东路 23 号	邮政编码	266071
出 版 人	刘文菁		
网　　址	http://pub.ouc.edu.cn		
订购电话	0532-82032573（传真）		
责任编辑	邵成军　刘怡婕	电　　话	0532-85902533
印　　制	日照日报印务中心		
版　　次	2025 年 8 月第 1 版		
印　　次	2025 年 8 月第 1 次印刷		
成品尺寸	170 mm ×240 mm		
印　　张	14. 25		
字　　数	230 千		
印　　数	1—1 000		
定　　价	69. 00 元		

目 录
CONTENTS

导　论

　　马克思主义哲学中国化研究是当代中国哲学研究的重要课题。20 世纪 90 年代以来,全球化背景下民族文化认同问题得以显现,促成了学者们对 20 世纪上半叶中国社会发展道路的哲学反思。学术界围绕马克思主义哲学与中国具体实际相结合的一系列重大理论问题展开研究,学者们从不同的维度对马克思主义哲学中国化进行理论研究和学术探索,从不同的侧面对马克思主义哲学中国化进行理论表达,取得了丰硕的成果。

　　新民主主义革命时期是马克思主义哲学中国化的理论发端时期,也是马克思主义哲学中国化取得重大成果的时期,特别是 20 世纪三四十年代,马克思主义哲学中国化在不同方面的展开,形成了马克思主义哲学与中国具体实际相结合的诸形态。本书认为,用马克思主义哲学的方法论批判继承中国传统哲学、马克思主义哲学的理论传播、在实践基础上对马克思主义哲学的理论创新、用马克思主义哲学的方法论指导中国民主革命实践,共同构成新民主主义革命时期马克思主义哲学中国化的主要方面,这四者从不同侧面揭示了新民主主义革命时期马克思主义哲学中国化的全貌。这四个主要方面是新民主主义革命时期中国共产党和中国的马克思主义者为回答"中国向何处去"的时代主题而进行的哲学方法论探索。四个方面理论研究的逻辑起点不同、关注点不同、路径不同,最终呈现出来的学术形态也不尽相同。但四者又紧密关联、相互作用,共同推动了新民主主义革命时期马克思主义哲学中国化进程,实现了马克思主义哲学的理论创新,从而为马克思主义中国化提供了方法论指导。

一、选题缘由

(一)力求在学术研究中全面展现新民主主义革命时期马克思主义哲学中国化的基本面

20 世纪 90 年代以来,学术界围绕马克思主义哲学中国化的基本内涵、合法性问题、历史进程、理论路径以及与中国传统哲学的关系等一系列重大基本问题展开研究并取得了丰富的成果。目前学术界对马克思主义哲学中国化的基本内涵和理论路径等问题的认识基本取得了共识。学者们认为马克思主义哲学中国化是马克思主义中国化的重要组成部分,并根据毛泽东对马克思主义中国化的经典表达,推出马克思主义哲学中国化就是把马克思主义哲学与中国具体实际相结合的论断,但对"相结合"的侧重点的认识有所不同,在理解和表述上呈现出一定的差异性。

第一种观点侧重于马克思主义哲学与中国具体实际相结合中的"应用"。例如,湘潭大学的李佑新教授对马克思主义哲学中国化的阐释侧重于马克思主义哲学的具体化。他认为马克思主义哲学中国化有两个维度:一是马克思主义哲学与中国传统文化相结合,二是马克思主义哲学与中国现实相结合。同时,他认为马克思主义哲学与中国现实相结合,就是将马克思主义理论具体化,变成改变中国现实的实践方案,这是最重要的维度。[①]

第二种观点强调要创造和发展中国化的马克思主义哲学。这种观点在承认马克思主义哲学对中国现实的指导和对传统哲学的批判性转化的基础上,强调要创造中国化的马克思主义哲学。武汉大学汪信砚教授提出:"马克思主义哲学中国化是要以中国的内容和形式来体现马克思主义哲学的精神实质以及立场、方法,从而创造一种既是中国的又是马克思主义哲学的中国的马克思主义哲学。"[②] 中国社会科学院的孙伟平教授也从创造性的角度探讨马克思主义哲学中国化。

① 李佑新. 现代性问题背景下马克思主义哲学中国化的趋势[J]. 马克思主义与现实, 2009(1):118-124.
② 汪信砚. "马克思主义哲学中国化"辨误[J]. 哲学研究, 2008(10):3-11, 128.

第三种观点强调用马克思主义哲学对中国传统哲学进行创造性转化。北京师范大学杨耕教授在"相结合"的基础上,强调用马克思主义哲学来分析、批判中国传统文化、传统哲学,吸取其精粹,并对之进行创造性转换,使之融入马克思主义哲学体系,从而使马克思主义哲学"取得民族形式","使之在其每一表现中带着必须有的中国的特性"[①]。

第四种观点认为马克思主义哲学的理论传播也是马克思主义哲学中国化的重要组成部分。汪信砚认为,马克思主义哲学在中国传播的目的和出发点是回答中国民主革命的实际问题,传播的内容是根据民主革命需要而改变的,传播的结果为马克思主义哲学的理论创新作出了贡献,应属于马克思主义哲学中国化。马克思主义传播"一开始就是中国马克思主义者自觉结合中国的具体实际来宣传、阐释和应用马克思主义哲学的过程,它已经内在地包含着马克思主义哲学中国化即把马克思主义哲学与中国的具体实际相结合"[②]。

关于马克思主义哲学中国化的基本内涵及实现路径等问题,学者们从不同的角度展开了学术研究,形成了不同的理论形态和理论成果。学者们对马克思主义哲学中国化认识的逻辑起点不同,关注点不同,努力的方向不同,最终呈现出来的理论形态也不尽相同。他们从不同的角度探索马克思主义哲学与中国实际相结合的相关问题,最终呈现出马克思主义哲学中国化的不同的理论成果。笔者认为,马克思主义哲学中国化是一个复杂的理论问题和现实问题,学术界从不同视角对它的理解和阐发,都属于马克思主义哲学中国化的问题域,都是对马克思主义哲学中国化的理论表达。

新民主主义革命时期,中国共产党在领导中国民主革命的过程中,面临着艰难的实践探索和理论探索。面对当时复杂的世情、国情和党情,什么是马克思主义哲学?怎样让中国共产党人和广大民众接受马克思主义哲学?来自西方的马克思主义哲学与中国传统哲学到底是什么关系?它能否在中国生根?怎样用马克思主义哲学的方法论指导中国民主革命实践?这些都是中国共产党人面临和亟待解决的重大理论问题。面对如此艰巨繁重的历史任务,中国共产党的领导人和中国的马克思主义哲学家,从 20 世纪 20 年代就开始了对马克

---

① 杨耕. 当前马克思主义哲学研究中的三个重大议题[J]. 中国社会科学,2007(5):24-29.

② 汪信砚. 马克思主义哲学在中国的传播与马克思主义哲学中国化[J]. 马克思主义研究,2013(8):22-34,159.

思主义哲学及其中国化的研究,至三四十年代已结出累累硕果。笔者认为,用马克思主义哲学的方法论批判继承中国传统哲学、马克思主义哲学的理论传播、在实践基础上对马克思主义哲学的理论创新、用马克思主义哲学的方法论指导民主革命实践这四个方面,共同构成马克思主义哲学中国化的基本方面,四者都是对这一时期马克思主义哲学中国化的基本问题的回应。

(二)借鉴成功经验,为新时代中国特色社会主义建设事业提供方法论指引

哲学思维是一种高度抽象化和理性化的思维,它为我们认识世界和改造世界提供方法论的指导。马克思主义哲学与以往一切哲学的根本区别在于它是以实践为本质特征的哲学,它是实践的唯物论,为我们开创了实践的思维方式。新民主主义革命时期,以毛泽东为代表的中国共产党人用马克思主义哲学的方法论分析中国民主革命实际问题,在这一过程中确立了实事求是的思想路线,为马克思主义中国化提供了思想前提,推动了中国的民主革命事业的发展。在一定程度上,可以说中国化的马克思主义哲学是改变中国民主革命前途命运的哲学。改革开放以后,中国共产党领导人从认识社会主义的本质和社会主义初级阶段的基本国情出发,继续用马克思主义哲学的方法论思考中国特色社会主义建设的实际问题,解放思想、实事求是,将中国特色社会主义建设事业继续推向前进。

新时代,以习近平总书记为代表的中国共产党人重视马克思主义哲学的学习,强调用哲学思维思考和解决问题。在党的二十大报告中,习近平总书记指出:"我们坚持以马克思主义为指导,是要运用其科学的世界观和方法论解决中国的问题,而不是要背诵和重复其具体结论和词句,更不能把马克思主义当成一成不变的教条。我们必须坚持解放思想、实事求是、与时俱进、求真务实,一切从实际出发,着眼解决新时代改革开放和社会主义现代化建设的实际问题,不断回答中国之问、世界之问、人民之问、时代之问,作出符合中国实际和时代要求的正确回答,得出符合客观规律的科学认识,形成与时俱进的理论成果,更好指导中国实践。"① 当今,马克思主义哲学依然是我们认识世界和把握规律的

---

① 习近平. 高举中国特色社会主义伟大旗帜 为全面建设社会主义现代化国家而团结奋斗[N]. 人民日报,2022-10-17(2).

思想武器,这是历史留给我们的宝贵经验和遗产。本书从广泛视域研究新民主主义革命时期马克思主义哲学中国化的基本问题,尝试从中寻找马克思主义哲学在中国发展的内在规律,从而为当今的理论发展和中国特色社会主义建设提供借鉴。

二、选题意义

(一)理论意义

1. 深化理论研究,总结马克思主义哲学中国化的发展规律

20世纪上半叶,马克思主义哲学实现了理论创新,这是诸多因素综合作用的结果,是在立足中国社会诸多现实问题的基础上展开的,是中国的马克思主义者进行学理研究并积极交流互动的成果。其中体现着马克思主义哲学与中国传统哲学的交流、理论创新与实践创新的相互作用、学术研究与实践探索的互动、革命领导人与中国马克思主义哲学家的互动交流等,这些是20世纪30年代马克思主义哲学中国化取得重大成果的经验。我们今天进行这一问题研究的根本目的,就是为了探明民主革命时期马克思主义哲学中国化的经验和发展规律,以便为当代马克思主义哲学的发展提供理论引导。

2. 推动马克思主义中国化发展

马克思主义哲学中国化是马克思主义中国化的重要组成部分,是其理论基础和思想前提,它解决的是马克思主义中国化中方法论如何中国化的问题。只有马克思主义哲学方法论中国化,才可能实现马克思主义中国化。毛泽东在实践基础上的理论创新是新民主主义革命时期马克思主义哲学中国化的代表性成果,它解决的是思维方法问题。在这一科学方法的指导下,我们党确立了实事求是的思想路线,为马克思主义中国化奠定了基础。当前我们深化马克思主义哲学中国化研究,是为了把马克思主义中国化继续推向前进。

(二)现实意义

1. 立足现实问题,推进中国特色社会主义事业的发展

解决现实问题,是我们开展马克思主义哲学中国化研究的出发点和最终的落脚点。新民主主义革命时期,中国共产党和学术界的理论研究是为了回答中国革命的现实问题,为民主革命事业提供哲学思想和方法的指导,最终实现指

引中国民主革命的目的。进入 21 世纪,虽然我们面临的现实问题发生了变化,但是我们用马克思主义哲学的世界观和方法论来分析和解决现实问题的方法没有变。我们要总结用马克思主义哲学的方法论分析和解决中国民主革命问题的经验教训,为发展中国特色社会主义建设事业服务。

2. 回应价值困惑,增强中国特色社会主义文化的价值认同

马克思主义哲学作为一种西方哲学来到中国,面临着与中国传统哲学的融合问题,也就是传统文化的价值认同问题。学术界用马克思主义哲学的方法论批判继承中国传统哲学,探寻马克思主义哲学与中国传统哲学的结合点,实现了马克思主义哲学中国化,同时也实现了中国传统哲学的现代化,这就增强了民众对中国传统文化的价值认同。当今全球化背景下,我们依然面临价值困惑,应借鉴前人的经验用马克思主义哲学的方法继续深入挖掘中国传统文化的瑰宝,同时也要从中国传统哲学中吸收智慧去丰富马克思主义哲学,树立传统文化自信。

3. 提升中国共产党人和广大民众的理论思维水平

新民主主义革命时期,中国共产党和马克思主义哲学家为了提升广大民众的马克思主义哲学理论水平,开展了马克思主义哲学体系化、大众化研究,特别是马克思主义大众化研究,为马克思主义哲学的普及作出了重要贡献。时代在发展,马克思主义哲学理论也在不断丰富和发展,我们研究新民主主义革命时期中国共产党在马克思主义传播工作中的经验,为当代马克思主义哲学的普及提供了参考。

三、研究综述

（一）国内研究现状

1. 对马克思主义哲学中国化基本问题的研究

（1）对马克思主义哲学中国化基本内涵的理解。深刻理解和准确把握马克思主义哲学中国化的科学内涵是马克思主义哲学中国化问题研究得以展开并不断走向深化的前提。目前学界对这一问题的认识,大多是根据毛泽东对马克思主义中国化的经典论述推演开来的,认为其内涵就是把马克思主义哲学与中国实际相结合,这一点已经基本取得共识。但对"相结合"的认识,学者们的

侧重点不同,在理解和表述上呈现出一定的差异。有的学者的研究侧重于马克思主义哲学在中国的"应用",有的学者从创造和发展的角度对马克思主义哲学中国化进行阐发,等等。这些已在选题缘由中进行了说明,在此不再赘述。

（2）对马克思主义哲学中国化合法性的研究。"合法性"问题是马克思主义哲学中国化研究中的根本问题,是马克思主义哲学中国化的逻辑前提,也是学术界讨论的热点问题。学者们的研究主要是从马克思主义中国化论题的合法性中引申出马克思主义哲学中国化论题的合法性问题。目前,国内绝大多数学者对此持肯定的态度。丁峰教授认为马克思主义哲学中国化作为马克思主义中国化的重要内容,是从马克思主义中国化的母题中引申出来的一个重要论题,尽管二者是两个不同概念,但在本质上二者是相一致的,都是与中国的具体特点相结合,并使之在中国具体化。[①] 武汉大学陶德麟教授认为,马克思主义及其哲学的中国化是进行了八十多年还在继续进行的过程,这是一个经验的、事实性的命题。[②] 武汉大学李维武教授也持同样的看法,他认为马克思主义哲学已经由"在中国的哲学"转化为"中国的哲学"了,就像一千年前佛教哲学完成这种转化一样,实际上已取得了作为"中国的哲学"的"合法性"。[③]

（3）对马克思主义哲学中国化路径的研究。关于路径的研究,学术界有以下几种观点。一种路径是从中国的文化价值建设的理论视角出发进行阐释。中国政法大学孙美堂教授提出:"将中国传统哲学的内敛型、精神修养型实践与马克思主义的外张型、物质改造型实践结合;将中国传统哲学中的规范型人学价值与马克思主义哲学中升华型人学价值整合;将中国哲学中和谐型社会文化理想与马克思主义哲学中自由型社会文化理想结合,创造出新型的文化价值体系。"[④] 一种路径是提出创建马克思主义哲学新形态。中国社会科学院的孙

---

① 丁峰. 马克思主义哲学中国化的研究范式与路径选择[J]. 南京政治学院学报,2011（5）:25-29.

② 陶德麟. 对马克思主义中国化研究中两个问题的理解[J]. 中国社会科学,2009(1):4-16,204.

③ 李维武. 20 世纪中国哲学视域中的马克思主义哲学中国化研究[J]. 哲学分析,2010（4）:56-70,192,194.

④ 孙美堂. 马克思主义哲学中国化的价值路径初探[J]. 马克思主义研究,2007(4):35-41.

伟平教授认为,要以实践为基础将马克思主义哲学、中国现实实际和历史文化传统创造性地整合成为"一个有机的整体",即在内容和形式上,形成"中国特色、中国风格、中国气派的马克思主义哲学"[①]新形态。

2.对马克思主义哲学中国化历史进程的研究

(1)从思维方式对比的视角对马克思主义哲学中国化进程展开的研究。南开大学王南湜教授所著的《中国哲学精神重建之路:马克思主义哲学中国化探讨》,从理论哲学和实践哲学两种思维方式的对比出发研究马克思主义哲学中国化的进程,认为毛泽东哲学是实践哲学,之前的哲学是理论哲学,毛泽东哲学真正地实现了由理论哲学到实践哲学的转变,实现转变的根本原因是哲学思维方式的变革。王南湜的学生王玉平所著的《马克思主义哲学在中国的理论嬗变》,以"哲学思维方式"的转换为研究视角,以"实践哲学"和"理论哲学"两种不同的思维方式为依据,以马克思主义哲学的理论本性为立论基础,从实践哲学与理论哲学两种思维方式转换的角度,阐述了20世纪上半叶马克思主义哲学中国化的历史,将其概括为三个理论阶段,梳理了理论哲学和实践哲学两种思维范式转换的思想历程,揭示马克思主义哲学在中国的曲折发展以及发生理论嬗变的最深层次原因,得出了超越理论哲学、遵循实践哲学的思维方式是推进马克思主义哲学中国化健康发展的必由之路的结论。

(2)从梳理主要问题的视角对马克思主义哲学中国化进程展开的研究。中国人民大学安启念教授所著的《马克思主义哲学中国化研究》,以马克思主义哲学中国化进程中的主要问题为切入点,通过对马克思主义哲学中国化进程中主要问题的分析来阐释马克思主义哲学中国化的发展历程。通过对马克思主义哲学的传播、阶级斗争、方法论应用、与传统文化的关系的梳理及对毛泽东哲学思想等主要问题的研究,向我们展现了马克思主义哲学中国化的进程。

(3)从梳理主要人物的哲学思想的视角对马克思主义哲学中国化进程展开的研究。武汉大学陶德麟、何萍教授主编的《马克思主义哲学中国化:历史与反思》,金邦秋著的《马克思主义哲学中国化的历程》,华东师范大学曾乐山教授所著的《马克思主义哲学的中国化及其历程》等,都是通过对马克思主义

---

① 孙伟平. 马克思主义哲学中国化的路径选择——从"结合论"走向"创建论"[J]. 哲学动态,2007(4):3-8.

哲学中国化进程中李大钊、陈独秀、瞿秋白、李达、艾思奇、毛泽东等主要代表人物哲学思想的研究和分析,为我们展现了马克思主义哲学中国化进程中关注点的转变和思维转向。

（4）从梳理主要代表人物用马克思主义哲学的方法论分析解决中国革命和建设问题的视角,展开对马克思主义哲学中国化进程的研究。武汉大学雍涛教授所著的《马克思主义哲学中国化的历史进程》,主要论述毛泽东运用马克思主义哲学的方法论分析中国革命和建设中一系列具体实际问题的思想,以及邓小平运用马克思主义哲学的方法论对中国经济文化落后情况下实现现代化的思考。覃正爱所著的《构建从理论到实践的桥梁:马克思主义哲学方法论及其中国化进程》,是对马克思主义哲学方法论中国化进程的研究,通过梳理李大钊、瞿秋白、李达、艾思奇、毛泽东、邓小平等人对马克思主义哲学方法论的贡献,来研究马克思主义哲学中国化的进程。

3. 对马克思主义哲学与中国哲学关系的研究

（1）对用马克思主义哲学的方法论分析中国传统哲学的研究者思想的研究。20世纪三四十年代,学术界涌现了张岱年、侯外庐、范文澜、杜国庠等一批哲学家,他们用马克思主义哲学的方法分析中国传统哲学,取得了丰硕成果。近年来,学界对这些哲学家的思想展开了研究。例如,对张岱年哲学思想的研究,代表性的有刘鄂培、杜运辉、吕伟等著的《张岱年哲学研究》,杜运辉著的《张岱年文化哲学研究》,刘军平著的《传统的守望者:张岱年哲学思想研究》等;对侯外庐哲学思想的研究,有周鑫著的《20世纪三四十年代的侯外庐中国思想史研究》,杜运辉著的《侯外庐先生学谱》,张岂之主编的《侯外庐著作与思想研究》,方光华主编的《侯外庐学术思想研究》等;对范文澜学术思想的研究有陈其泰著的《范文澜学术思想评传》;对杜国庠学术思想的研究有吴南生著的《杜国庠学术思想研究》;对杨荣国学术思想的研究有李锦全著的《现代思想史家杨荣国》等。

（2）对用中国哲学的智慧丰富和发展马克思主义哲学的研究。中央党校许全兴教授强调在坚持马克思主义哲学指导地位的同时,要弘扬中国哲学精神。许全兴教授在其著作《马克思主义哲学自我革命》中,对马克思主义哲学与中国传统哲学的关系进行了历史考察和理论分析,并指出中国哲学的基本精神、优秀传统不会因马克思主义哲学的传入而中断,恰恰相反,还会因马克思主义哲学的传入获得新的生命力。他认为马克思主义哲学与中国传统哲学相结合，首要的、最基本的是要与中国传统哲学的基本精神相结合，要吸收、继承和发展中国哲学的基本精神。他提出马克思主义哲学要吸收中国哲学认识主体修养论等思想，这对确立中华民族文化自信，弘扬民族精神具有重要意义。

4. 对杰出的马克思主义哲学家思想的研究

（1）对党的核心领导人哲学思想的研究。20 世纪 80 年代以来，学术界对马克思主义哲学中国化的研究主要集中在对其标志性成果——毛泽东哲学思想的研究。这与他们对马克思主义哲学中国化内涵的理解有关，也与他们学术研究的阶段有关。围绕毛泽东哲学思想的内容和理论创新的著作就有几十部，成果非常丰富。例如，杨春贵著的《毛泽东哲学思想新论》，雍涛等著的《毛泽东哲学思想概论》，韩树英等著的《毛泽东哲学思想》，杨春贵等主编的《毛泽东哲学思想史》，雍涛著的《毛泽东哲学思想与马克思主义哲学中国化》，曾宪新等著的《延安时期毛泽东哲学思想》，胡为雄著的《中国马克思主义哲学形态研究：毛泽东哲学思想》，庄福龄等人主编的《毛泽东哲学思想史》。其中庄福龄等人主编的《毛泽东哲学思想史》最具代表性，翔实地阐释了毛泽东哲学思想的发展历程，可以说是毛泽东哲学思想研究的上乘之作。

（2）对马克思主义哲学家思想的研究。21 世纪初，随着学术研究的深入，学者们拓宽了理论研究的视野，开启了对中国马克思主义哲学家哲学思想的研究。他们普遍认为应该在更广泛的视域中去理解马克思主义哲学中国化，从而展开了对马克思主义哲学中国化一些代表人物及其思想的个案研究，取得了丰硕的理论成果。目前，对马克思主义哲学家李达的哲学思想的研究成果有数部。例如，苏志宏著的《李达思想研究》，丁晓强、李立志著的《李达学术思想评传》，王炯华著的《李达与马克思主义哲学在中国》，宋镜明著的《李达》，汪信砚主编的《李达论著和思想研究》。以武汉大学的学者对李达的研究最为充分，发表的学术论文数量多、质量高。其中，汪信砚教授对李达哲学思想的研究最具有代表性，他主编的《李达论著和思想研究》全面阐释了李达对马克思主义哲学中国化的贡献及在其他领域的贡献。

此外，学术界对艾思奇哲学思想的研究也比较丰富。例如，马汉儒主编的《哲学大众化第一人：艾思奇哲学思想研究》，罗永剑著的《艾思奇与马克思主义哲学中国化研究》，向翔著的《哲学大众化第一人艾思奇》，王立民、崔唯航主编的《艾思奇哲学思想研究》，王红梅著的《艾思奇与马克思主义大众化》，王梅清著的《艾思奇与马克思主义大众化》。另外，对其他哲学家的哲学思想的研究也比较丰富。对瞿秋白哲学思想的研究，有季甄馥著的《瞿秋白哲学思想评析》、邓中好著的《瞿秋白哲学研究》、余玉花著的《瞿秋白学术思想评传》。对李大钊哲学思想的研究，有许全兴著的《李大钊哲学思想研究》，等等。由以上可见，学术界对中国马克思主义哲学家的哲学思想的研究比较丰富且硕果累累。这体现了对马克思主义哲学中国化研究的深入与拓展，极大地开阔了人们的视野。

（3）对党的领导人与学术界哲学思想互动的研究。马克思主义哲学中国化是我们党的领导人和学术界共同努力的结果，二者在整个过程中不是两条平行线，各司其职，而是哲学家的理论研究紧紧围绕中国革命的时代主题和革命对理论的需要展开的，革命家从事革命活动也需要科学理论的指引，需要从学者研究的理论中获得滋养。在新民主主义革命过程中，马克思主义革命家和理论家积极交往，深入开展学术交流与互动，共同把马克思主义哲学中国化推向前进。21世纪以来，对马克思主义革命家和理论家二者哲学互动的研究主要集中在对毛泽东与李达、艾思奇哲学思想互动的研究。对毛泽东与李达哲学交往研究的成果主要以学术论文的形式展现。例如，汪信砚撰写的《李达与毛泽东哲学思想的形成与发展》、王炯华撰写的《李达三十年代哲学著译对毛泽东哲学思想的影响》、苏小桦撰写的《李达哲学思想对毛泽东哲学思想的影响》、雍涛撰写的《李达与毛泽东哲学思想的形成和发展》、顾博撰写的《毛泽东与李达的哲学互动——兼论政治领袖与专家学者互动的当代价值》。对毛泽东与艾思奇哲学交往研究的论文主要有石仲泉撰写的《延安时期的艾思奇哲学与毛泽东哲学》和欧阳奇撰写的《毛泽东与艾思奇的哲学互动》等等。

总之，马克思主义哲学中国化是一个重大的理论和实践问题，学术界围绕马克思主义哲学中国化的研究也在多方面、多层次展开。本书在进行研究时，重点关注了以上四个方面的基本问题。

（二）国外研究现状

国外学者开展对马克思主义中国化及马克思主义哲学中国化的研究已有半个多世纪。研究的学者主要集中在美国，有费正清、史华慈、施拉姆、沃马克、斯塔尔、德里克、怀利等。澳大利亚学者尼克·奈特对马克思主义中国化的研究也非常具有代表性。学者们对马克思主义哲学中国化的研究主要集中在对其代表人物毛泽东的哲学思想的研究上。

1. 对毛泽东哲学思想的研究

目前,这一方面论著颇丰,中国人民大学出版社出版的"国外毛泽东研究译丛"八本书中,美国学者斯塔尔的著作《毛泽东的政治哲学》和美国学者沃马克的著作《毛泽东政治思想的基础》是对毛泽东政治哲学思想的研究。国外学者对毛泽东哲学思想的研究集中在以下两点。

一是对"两论",即《矛盾论》和《实践论》的研究。总体说来,国外学者都不否认"两论"在毛泽东哲学思想中的显著地位和它们对指导中国民主革命的重要意义。美国学者诺曼·莱文指出,研究毛泽东的哲学思想一定要结合他的政治实践活动,不结合他的政治实践活动就不能理解毛泽东哲学思想的创造活动,他的哲学思想是他政治实践的理论化。学者们研究《矛盾论》和《实践论》主要是研究毛泽东哲学思想的起源、涵盖的内容以及对中国革命的意义。

二是对毛泽东哲学思想与中国传统哲学关系的研究。国外一些学者认为,毛泽东的哲学思想与中国传统文化存在一定的亲缘关系。例如,费正清认为中国传统的儒家思想虽然和马克思主义理论有明显的差异,但有很多类似之处。他认为:"谁要是不懂得一些儒家思想的传统,他就不能理解毛泽东。"[1] 这就在一定程度上体现了毛泽东思想和中国的传统哲学有着密切的联系。施拉姆也曾指出,必须按照中国的文化需要和革命实践需要去修改外来的理论,《实践论》《矛盾论》中一些思想的渊源可追溯到非常古老的中国观念,如"实事求是"和"阴阳"。这也在一定程度上阐明了毛泽东哲学思想与中国传统哲学的渊源。

2. 对毛泽东与马克思主义哲学家思想交流的研究

尼克·奈特的学术论文《艾思奇与毛泽东:哲学家在中国共产主义运动中的作用》和《李达与马克思主义哲学在中国》分析了李达、艾思奇与毛泽东的哲学交往活动。这体现了国外学者对马克思主义中国化研究的拓展和深化。

---

[1]　张允熠. 中国主流文化的近现代转型(上册)[M]. 合肥:黄山书社,2010:319.

四、研究思路、方法和创新点

（一）研究思路

本书主要研究新民主主义革命时期，特别是20世纪三四十年代中国共产党领导人和中国的马克思主义哲学家的哲学思想，并梳理20世纪90年代以来学术界有关马克思主义哲学中国化研究的理论前沿和研究动态，分析现有研究成果的贡献及不足，在此基础上对这一时期马克思主义哲学中国化展开系统研究。

第一章是总论部分，明确了马克思主义哲学中国化的基本内涵及理论基础，在此基础上提出了20世纪三四十年代马克思主义哲学中国化的四个基本方面。第二章至第五章是主体部分，阐释了20世纪三四十年代马克思主义哲学中国化的四个侧面。其中，第二章对用马克思主义哲学的方法论批判继承中国传统哲学进行了集中的阐发；第三章阐释马克思主义哲学的理论传播；第四章阐释了在实践基础上马克思主义哲学的理论创新；第五章阐释了用马克思主义哲学的方法论指导中国新民主主义革命的实践。第六章是落脚点，对20世纪三四十年代马克思主义哲学中国化进行总体分析，提炼总结历史经验，并在此基础上结合新时代的特点，阐明这一历史时期马克思主义哲学中国化的当代启示。

（二）研究方法

文献研究法：对相关历史文献资料进行广泛收集并进行系统研读。对新民主主义革命时期中国共产党的领导人和中国的马克思主义哲学家的著述进行广泛的阅读，探寻他们的哲学思想并对他们之间的哲学交流活动进行研究。

历史与逻辑相统一的方法：将对中国民主革命实践的历史分析与马克思主义哲学的学理研究有机结合起来，坚持历史与逻辑相统一的原则，明确马克思主义哲学中国化既是中国民主革命发展的客观要求，也是马克思主义哲学在中国发展合乎逻辑的结果。

系统研究的方法：将马克思主义哲学中国化各个侧面纳入马克思主义哲学中国化的整个系统中加以考察，考察每个方面的研究目的、主要内容和理论形态，并探索彼此之间的关系，以及每个维度对马克思主义哲学中国化整个系统的意义。

个案研究与整体研究结合的方法：注重对马克思主义哲学中国化历史人物的个案研究，考察他们高度个性化的哲学创造和理论贡献，将其成果与马克思主义哲学中国化结合起来，既探索哲学家个体对马克思主义哲学中国化的贡献，也明确马克思主义哲学中国化对哲学家研究活动的引领。

（三）创新点

研究视角的创新。探寻新民主主义革命时期马克思主义哲学中国化的基本问题，在研究中不局限于某个视角，而是从广泛的视域去研究和探寻马克思主义哲学中国化，试图展现民主革命时期马克思主义哲学中国化的全貌。其中既有在实践基础上马克思主义哲学的理论创新，用马克思主义哲学的方法论指导中国民主革命实践，也有马克思主义哲学的理论传播和用马克思主义哲学的方法论整理分析中国传统哲学。这四个方面都属于新民主主义革命时期马克思主义哲学中国化的理论维度，共同构成民主革命时期马克思主义哲学中国化的理论形态，突破了以往对马克思主义哲学中国化的理解，拓展了理论研究的宽广视野。

研究观点的创新。一是对 20 世纪三四十年代马克思主义哲学中国化的四个基本方面及其关系的分析具有创新性，特别是对四者关系的阐发和分析。本书认为四个方面是一个逻辑严密的整体，即理论传播为马克思主义哲学的理论创新作了学理准备，理论创新是连接其他三个方面的桥梁和关键环节，用马克思主义哲学的方法论指导中国民主革命实践是其他三个方面学术研究的旨归。二是对 20 世纪三四十年代马克思主义哲学中国化基本经验的总结也具有新意。主要概括为坚持实践创新和理论创新的统一、马克思主义哲学与中国传统哲学的交流互动、学术路径与政治路径的交融三个方面。本书认为这三个方面的辩证统一、交流互动共同推动了这一时期马克思主义哲学中国化的发展，对基本经验的总结提炼具有创新性。

研究方法的创新。在研究中除了使用传统的文献研究法、历史研究法、阶级分析法、理论联系实际的方法外，还借鉴了政治学、社会学、哲学等学科的研究方法，使用了历史与逻辑相统一的方法、个案研究与整体研究相结合的方法以及系统研究的方法，试图系统地、全面地展现这一时期马克思主义哲学中国化的整体风貌。

第一章
20 世纪三四十年代马克思主义哲学中国化理论概述

　　20 世纪三四十年代,中华民族面临着空前的民族危机,中国共产党在领导新民主主义革命的过程中,迫切需要科学理论的指引。为了回答中国民主革命的现实问题,为民主革命事业提供世界观和方法论的指导,中国共产党和学术界在实践基础上开展了艰难的理论探索,最终创立了中国化的马克思主义哲学。本章从区分马克思主义中国化与马克思主义哲学中国化的内涵出发,主要阐释马克思主义哲学中国化的基本内涵,并从社会历史条件、思想理论渊源、思想文化基础和主体条件等方面分析马克思主义哲学中国化的思想前提,在对内涵解析和思想前提阐发的基础上,阐释这一历史时期马克思主义哲学中国化的四个基本问题及其逻辑关系。本章是全书的立论基础。

第一节　马克思主义哲学中国化的内涵解析

　　本书主要围绕 20 世纪三四十年代马克思主义哲学中国化的一系列重大基本问题展开研究。进行这一研究,首先需要明确马克思主义哲学中国化的基本内涵,这是核心要义。从研究逻辑看,只有深刻地理解马克思主义哲学中国化的内涵,才能够从更广泛的视域理解这一时期马克思主义哲学中国化的本质以及其他相关问题。

一、马克思主义中国化与马克思主义哲学中国化

在阐明马克思主义哲学中国化的基本内涵之前,我们需要对马克思主义中国化与马克思主义哲学中国化二者的辩证关系作简要说明。这对我们理解马克思主义哲学中国化的基本内涵非常重要。总体说来,马克思主义中国化与马克思主义哲学中国化既相互联系,又有差异。

(一)二者的关联性

在整个马克思主义理论体系中,马克思主义哲学是马克思主义理论的基础。正因为马克思主义哲学在整个马克思主义理论中处于基础地位,发挥先导作用,因此,从逻辑上可推论出马克思主义哲学中国化在马克思主义中国化的总过程中也处于基础地位并发挥先导性作用。陕西师范大学阎树群教授认为:"辩证唯物主义和历史唯物主义的世界观和方法论是整个马克思主义的理论基础,马克思主义哲学中国化也是马克思主义中国化的根本前提。"①

1. 从命题提出的先后顺序来看,马克思主义哲学中国化命题的提出早于马克思主义中国化的命题

马克思主义哲学中国化的命题是艾思奇于1938年4月首次提出的,依据当时哲学的现状和时代对哲学的要求,他在《哲学的现状和任务》一文中提出了马克思主义哲学中国化的命题。而马克思主义中国化这一命题是毛泽东在1938年9月召开的党的六届六中全会上提出来的,在《论新阶段》的政治报告中,毛泽东阐发了马克思主义中国化的内涵。从时间顺序来看,马克思主义中国化命题正是在学术界提出马克思主义哲学中国化命题之后提出来的。

2. 从理论内涵来看,二者呈现出相互联系、相互渗透的状态

一方面,马克思主义中国化包含马克思主义哲学中国化,马克思主义哲学中国化是马克思主义中国化的一部分。马克思主义中国化作为整体性命题统领着马克思主义哲学中国化,马克思主义中国化不但包括马克思主义哲学中国化,还包括马克思主义经济学中国化、马克思主义政治学中国化、马克思主义军事学中国化等,而这些哲学、政治学、经济学等是在马克思主义理论的指导之下

---

① 阎树群. 论新时代中国共产党人推进马克思主义中国化的重要法宝[J]. 陕西师范大学学报:哲学社会科学版,2017(6):20-27.

形成的,自始至终贯穿着马克思主义理论分析问题的立场、观点和方法。

另一方面,马克思主义哲学中国化为马克思主义中国化提供理论基础和思想方法。涵盖辩证唯物主义和历史唯物主义的马克思主义哲学科学地揭示了自然界、人类社会和思维发展的一般规律,它是全部马克思主义理论的基础。马克思主义哲学在马克思主义理论体系中的基础地位,在一定程度上决定了马克思主义哲学中国化在马克思主义中国化中的基础地位和作用。马克思主义哲学是科学的世界观和方法论,它为我们提供了认识世界和改造世界的思维方法,马克思主义政治经济学和科学社会主义,则是马克思主义哲学理论在解释社会经济关系和社会发展趋势中的实际运用。正是因为具备了马克思主义哲学的科学的思维方法,才能用马克思主义理论去认识和分析中国社会的政治、经济等问题,从而形成解决中国具体问题的政策。思维方法在先,具体的实践方法在后,只有思维方法正确,才能制定具体的经济、政治、文化、军事等各项制度,才能实现马克思主义中国化。从这个意义上,我们说:"如果没有马克思主义哲学思想的成熟,也就没有整个马克思主义理论的形成。"① 从逻辑上讲,马克思主义哲学中国化先于马克思主义中国化,马克思主义哲学中国化是马克思主义中国化的思想理论前提。

(二)二者的差异性

通过上文分析,我们知道马克思主义哲学中国化是马克思主义中国化的理论基础和思想前提,二者在客观上存在一定的相关性,但二者毕竟不是同一个概念,存在着质的不同。从概念到现实的逻辑看,马克思主义哲学中国化有其相对的独立性。马克思主义哲学中国化主要是一种思维方法,着重强调的是作为方法论的中国化,其目的重在提高人们认识世界和改造世界的理性思维能力和逻辑思维水平,落脚点是通过将马克思主义哲学方法论和中国传统思维相结合,提升人们分析问题的能力和认识中国社会的水平。

马克思主义中国化是立足中国国情和时代特点,坚持把马克思主义基本原理同中国具体实际相结合、同中华优秀传统文化相结合,深入研究和解决中国革命、建设和改革不同历史时期的实际问题,真正搞懂面临的时代课题,不断吸

---

① 阎树群. 论新时代中国共产党人推进马克思主义中国化的重要法宝[J]. 陕西师范大学学报:哲学社会科学版,2017(6):20-27.

收新的时代内容,科学回答时代提出的重大理论和实践课题,创造新的理论成果。在马克思主义中国化的历史进程中,产生了毛泽东思想、邓小平理论、"三个代表"重要思想、科学发展观、习近平新时代中国特色社会主义思想。这些都是在马克思主义中国化进程中形成的理论成果。

总之,作为马克思主义中国化基础的马克思主义哲学中国化,它重在强调思考和解决问题的方法,只有思维方法正确,才能形成分析和解决中国问题的正确理论,才能形成解决问题的具体方法,才能正确推进革命和建设事业。

二、马克思主义哲学中国化的基本内涵

马克思主义哲学中国化作为一个概念,是艾思奇在 1938 年 4 月发表的《哲学的现状和任务》一文中首先提出来的。艾思奇根据当时哲学的现状和时代对哲学的要求,提出了马克思主义哲学中国化的命题。在《哲学的现状和任务》一文中,他指出:"现在需要来一个哲学研究的中国化、现实化的运动。过去的哲学只做了一个通俗化的运动,把高深的哲学用通俗的词句加以解释,这在打破哲学的神秘观点上,在使哲学和人们的日常生活接近,在使日常生活中的人们也知道注意哲学思想的修养上,是有极大意义的,而且这也就是中国化现实化的初步。"① 那什么是哲学中国化呢?他指出:"不是书斋课堂里的运动,不是滥用公式的运动,是要从各部门的抗战动员的经验中汲取哲学的养料,发展哲学的理论。然后才把这发展的哲学理论拿来应用,指示我们的思想行动,我们要根据每一时期的经验,不断地来丰富和发展我们的理论,而不是要把固定了的哲学理论,当作支配一切的死公式。"②

从以上艾思奇对马克思主义哲学的阐释,我们看到艾思奇对马克思主义哲学的认识和关注点已经由哲学的大众化传播进入哲学理论创新的阶段了。他反对教条主义地看待和应用马克思主义,强调要用马克思主义哲学的方法指导革命运动,并在实践基础上总结革命经验以丰富发展哲学理论,再用发展了的哲学理论指导现实的运动。可以说艾思奇对马克思主义哲学中国化的认识是深刻的,但因为人们对事物的认识需要经历一个过程,此时他对马克思主义哲

---

① 艾思奇.艾思奇全书(第二卷)[M].北京:人民出版社,2006:491.
② 艾思奇.艾思奇全书(第二卷)[M].北京:人民出版社,2006:491.

学中国化的认识还没有涉及对中国传统哲学的继承和发展问题。

马克思主义哲学中国化成为重要命题和思想文化运动，是毛泽东在全面深刻地阐述了马克思主义中国化的内涵以后。毛泽东对马克思主义中国化内涵的阐发，为我们理解马克思主义哲学中国化提供了思想条件。在1938年9月召开的党的六届六中全会上，毛泽东作了《论新阶段》的政治报告，阐发了马克思主义中国化的内涵。他指出："共产党员是国际主义的马克思主义者，但是马克思主义必须和我国的具体特点相结合并通过一定的民族形式才能实现。马克思列宁主义的伟大力量，就在于它是和各个国家具体的革命实践相联系的。对于中国共产党说来，就是要学会把马克思列宁主义的理论应用于中国的具体的环境。成为伟大中华民族的一部分而和这个民族血肉相连的共产党员，离开中国特点来谈马克思主义，只是抽象的空洞的马克思主义。因此，使马克思主义在中国具体化，使之在其每一表现中带着必须有的中国的特性，即是说，按照中国的特点去应用它，成为全党亟待了解并亟须解决的问题。"①

在此，毛泽东对马克思主义中国化的内涵作了概括和阐释，既包括把马克思主义与中国革命实践相结合，又包括把马克思主义与中国传统文化相结合；既包括"使马克思主义在中国具体化"，又包括"使中国革命丰富的经验马克思主义化"。用一句话概括，就是马克思主义与中国实际相结合。毛泽东对马克思主义中国化的经典表达，是一个总体的统领全局的概念，是我们理解马克思主义哲学中国化内涵的依据。其中包含了丰富的关于中国化的基本原则，指导着我们把马克思主义丰富思想如何中国化的问题，显然，这也是我们理解马克思主义哲学中国化内涵的依据和基本遵循。作为马克思主义中国化的基础，马克思主义哲学中国化是指作为一种思想方法论、作为一种文化思想形式、作为一种科学思维方式，与中国实际，包括现实的、历史的、思想的、文化的、政治的、经济的、军事等的具体实际相结合。这一结合的实质是提升和发展中国人的科学思维水平，并在这一科学思维方式指导下，正确地认识和分析中国社会，找到解决中国社会问题的根本方法。

20世纪90年代以来，学术界围绕马克思主义哲学与中国具体实际相结合的一系列重大理论问题展开研究，学者们从不同的维度出发对马克思主义哲学

---

① 毛泽东选集（第二卷）[M].北京:人民出版社,1991:534.

中国化进行理论研究和学术探索,从不同的侧面对马克思主义哲学中国化的基本内涵进行理论表达,对马克思主义哲学中国化基本内涵的认识已经取得共识。马克思主义哲学中国化指的是马克思主义哲学与中国具体实际相结合。一方面,是将马克思主义哲学与中国的现实实际相结合,在现实问题中提炼出哲学问题,使现实中的问题上升为哲学中的问题,从而使马克思主义哲学成为分析和解决问题的认识方法;另一方面,是将马克思主义哲学与中国的历史实际相结合,对中国传统文化开展辩证吸收,汲取精华,对其进行创造性转换,使马克思主义哲学在中华大地取得民族形式,使其具有更加鲜活的中国特征,进而丰富马克思主义哲学。具体来说,主要涵盖以下几个方面。

（一）马克思主义哲学中国化是马克思主义哲学在中国的具体化

马克思主义哲学在中国的具体化是马克思主义哲学中国化的首要的基本的内涵,是马克思主义哲学中国化的本质要求。它指的是把马克思主义哲学和中国的具体实际结合起来,把马克思主义哲学应用到中国的具体实践中去,用马克思主义哲学的立场、观点和方法去分析和解决中国革命和建设的具体问题,从而形成适合中国革命和建设的理论、路线、方针和政策。

结合本国的具体国情运用马克思主义,是由马克思主义实践哲学的本性决定的。马克思主义哲学的实践本性不仅仅是用马克思主义哲学去"解释世界",更重要的是用马克思主义哲学去"改变世界"。马克思主义哲学与以往一切哲学的根本区别,不在于它提出了解释世界的理论视角,更重要的在于它改变世界的实践诉求。艾思奇阐释的马克思主义哲学中国化的内涵,其中之一指的就是马克思主义哲学在中国的具体化。他曾说:"在中国应用马克思主义,或使马克思主义中国化,就是要坚决地站在马克思主义的观点上,在马克思主义基本原则和基本精神上,用马克思、恩格斯所奠定了的、辩证法唯物论的和政治经济学的科学方法,来具体地客观地研究中国社会经济关系,来决定中国无产阶级在中国民族革命斗争中的具体任务及战略策略。"[①] 毛泽东在首次倡导马克思主义中国化时,他的出发点和落脚点就是马克思主义在中国的具体化。

---

① 艾思奇文集(第一卷)[M]. 北京:人民出版社,1981:480.

（二）马克思主义哲学中国化是马克思主义哲学在中国的民族化

马克思主义哲学的民族化是马克思主义哲学的实践性的内在要求。所谓马克思主义哲学的民族化，就是为实现马克思主义在中国具体化的目的，必须将马克思主义哲学与中国的历史文化传统相结合，运用马克思主义哲学来审视和反思中华民族的历史文化传统，以便更深刻、更准确地研究中国社会现实或当前实践中的各种问题。

19世纪晚期，马克思主义开始突破地域和时空的局限，从西欧向其他国家传播，逐步成为一种世界性的思想文化运动。而这个运动的基本点就在于马克思主义与不同民族文化传统和不同国家实际相结合。马克思主义理论是指导全世界无产阶级的理论体系和行动纲领，要实现对无产阶级革命的领导，就必须与该民族的历史文化传统相结合，只有这样，才能回答和解决当时当地的社会问题。

在新民主主义革命时期，以毛泽东为代表的中国共产党人高度重视马克思主义的民族化问题，多次强调马克思主义哲学要与中国传统哲学相结合。毛泽东曾指出："由于中国社会进化的落后，中国今日发展着的辩证法唯物论哲学思潮，不是从继承与改造自己的哲学遗产而来，而是从马克思列宁主义的学习而来。然而要使辩证法唯物论哲学思潮在中国深入与发展下去，并确定地指导中国革命向着彻底胜利之途，便必须同各种现存的反动哲学作斗争，在全国思想战线上树立批判的旗帜，并因而清算中国古代的哲学遗产，才能达到目的。"[①]1940年1月，在《新民主主义论》一文中，毛泽东指出："中国共产主义者对于马克思主义在中国的应用也是这样，必须将马克思主义的普遍真理和中国革命的具体实践完全地恰当地统一起来，就是说，和民族的特点相结合，经过一定的民族形式，才有用处，决不能主观地公式地应用它。"[②]把马克思主义哲学与中国的历史文化传统相结合，尤其要重视运用马克思主义哲学扬弃和提升中国传统哲学，这是马克思主义哲学中国化题中应有之义。

---

① 辩证法唯物论提纲[M]. 天津：天津人民出版社，1958：11-12.

② 毛泽东选集（第二卷）[M]. 北京：人民出版社，1991：707.

（三）马克思主义哲学中国化是马克思主义哲学在中国的大众化

马克思主义哲学的大众化，是指把马克思主义基本原理、基本观点通俗化，使广大人民群众能够理解和接受它。马克思主义哲学是科学的世界观和方法论，是人们认识世界和改造世界的强大思想武器。要想发挥马克思主义行动指南的功能，必须首先使其为广大人民所理解和接受，如果不把马克思主义哲学大众化，它将不可能发挥其应有的社会功能。

马克思主义哲学自诞生以来，在指导各民族国家解放的过程中发挥了巨大作用。但由于各民族的生产方式、阶级统治、思想文化、思维方式、语言习惯等具体情况不同，在马克思主义中国化的过程中，因为马克思主义哲学内涵丰富、深刻，语言表述又晦涩难懂，且当时中国广大民众的文化素质较低，马克思主义哲学能否为广大中国民众理解和接受，大众化的问题就显得十分重要。用中国人的思维方式和表达习惯来表达，才能发挥其指导作用。马克思主义哲学的大众化是马克思主义哲学中国化的鲜明特点。

毛泽东在 1938 年提出马克思主义中国化命题时，最初赋予其的内涵就是马克思主义大众化。他指出："洋八股必须废止，空洞抽象的调头必须少唱，教条主义必须休息，而代之以新鲜活泼的、为中国老百姓所喜闻乐见的中国作风和中国气派。"[①] 这里的中国作风和中国气派指的就是马克思主义哲学的大众化。毛泽东反对把哲学仅仅当作哲学家在书斋里进行学术研究的对象，强调它应成为提高人民群众思想素质、提高人民群众分析问题和解决问题能力的武器和方法论。他曾经要求："让哲学从哲学家的课堂上和书本里解放出来，变为群众手里的尖锐武器。"[②]

（四）马克思主义哲学中国化是中国经验的马克思主义哲学化

马克思主义哲学中国化不仅是对马克思主义哲学接受和运用的过程，更是理论的融合与创造过程。马克思主义哲学与中国现实实际和中国历史文化相结合的过程，还包括立足中国社会现实问题，继承发扬中国传统哲学的优秀遗产，总结在实践的基础上实现马克思主义哲学理论创新的中国经验，这是形成

---

① 毛泽东选集（第二卷）[M]. 北京：人民出版社，1991：534.

② 中共中央文献研究室. 毛泽东文集（第八卷）[M]. 北京：人民出版社，1999：323.

中国化的马克思主义哲学的过程。

把马克思主义哲学"应用于中国的具体环境",使马克思主义哲学具有"为中国老百姓所喜闻乐见的中国作风和中国气派",这是马克思主义哲学中国化题中应有之义,但并不是马克思主义哲学中国化的全部内容。在实践基础上的理论创新,形成中国化的马克思主义哲学,是马克思主义哲学中国化的目标和标志性的成果,是马克思主义哲学中国化的核心和关键。运用马克思主义解决中国社会的实际问题,对马克思主义哲学的应用,还没有实现理论本身的变化,即"中国化",运用马克思主义哲学改造中国传统哲学,也没有真正地实现中国化,只有在前两者的基础上,实现马克思主义哲学的理论创新,形成中国化的马克思主义哲学,这才真正实现了马克思主义哲学的中国化,这是马克思主义哲学中国化的关键。毛泽东曾说:"'化'者,彻头彻尾彻里彻外之谓也。"[①]"化"的核心就是要在坚持马克思主义哲学的基础上,用中国革命丰富的实践经验发展马克思主义,创造出中国化的马克思主义理论。只有这样的理论才能更好地解决中国的实际问题,指导中国的革命。

中国人民大学安启念教授指出:"我们所研究的'马克思主义哲学中国化',是指马克思主义哲学经过在中国的应用和发展,在内容上具有了其他国家的马克思主义哲学理论所没有的中国特色。再进一步说,主要是指内容,而不是形式。"[②]毛泽东在民主革命时期,结合中国革命的经验和中国传统哲学的优秀成果,撰写了《实践论》和《矛盾论》,进行了理论上的创造和发挥,具有中国的内容和特色,是中国化了的马克思主义哲学。

综上所述,马克思主义哲学中国化就是把马克思主义哲学、中国的社会现实和历史文化传统相结合,不断丰富和发展中国的马克思主义哲学。在这一过程中形成中国化的马克思主义哲学,是马克思主义哲学与中国现实和中国历史文化三者结合的产物。它既是中国现时代的时代精神的总结,也是中国几千年民族精神、民族智慧的结晶。

---

① 毛泽东选集(第三卷)[M]. 北京:人民出版社,1991:841.

② 安启念. 马克思主义哲学中国化研究[M]. 北京:中国人民大学出版社,2006:2.

三、狭义的马克思主义哲学中国化与广义的马克思主义哲学中国化

明确马克思主义哲学中国化的内涵为我们全面深刻地理解马克思主义哲学中国化提供了前提,但要想以更加系统、开阔的视角展现马克思主义哲学中国化,还需要对其进行进一步的划分。

武汉大学汪信砚教授把马克思主义中国化划分为狭义的马克思主义中国化和广义的马克思主义中国化。[①] 马克思主义哲学中国化作为马克思主义中国化的理论基础和重要组成部分,我们也可以对其进行狭义和广义的划分。狭义的马克思主义哲学中国化指的是把马克思主义哲学与中国具体实际相结合的阶段性目标或成果。广义的马克思主义哲学中国化是指把马克思主义哲学与中国的具体实际相结合的全部活动过程,既包括实现中国化的马克思主义理论的目标,也包括人们为实现这一目标所作出的各种努力;既包括把马克思主义哲学与中国的具体实际相结合过程的各阶段性成果,也包括人们在这一过程中所进行的各种理论探索。

根据上述划分,毛泽东哲学思想是民主革命时期马克思主义哲学中国化的标志性成果,应属于狭义的马克思主义哲学中国化,但是只看到这一标志性的成果,还不能比较全面地展现民主革命时期马克思主义哲学在中国传播和发展的全貌。事实上,马克思主义哲学与中国具体实际相结合是一个非常复杂的历史过程,我们应该坚持历史主义的原则,把马克思主义哲学中国化放在当时的社会环境中考察,放在马克思主义哲学在中国传播和发展的历史中考察,应该从更广泛的意义上来理解马克思主义哲学中国化。广义的马克思主义哲学中国化内涵更加丰富,外延也更加宽广。

狭义的马克思主义哲学中国化是广义的马克思主义哲学中国化的标志性成果和集中体现,广义的马克思主义哲学中国化内在地包含着狭义的马克思主义哲学中国化,没有广义的马克思主义哲学中国化,就不可能有狭义的马克思主义哲学中国化,就不可能有中国化的马克思主义哲学理论。在民主革命时期,广义的马克思主义包括中国的马克思主义哲学家将马克思主义哲学与中国革命具体实际相结合过程中进行的理论探索及所作出的独特性的理论贡献。事实上,毛泽东哲学思想的产生,离不开中国马克思主义哲学家的共同努力和艰

---

① 汪信砚. 马克思主义中国化的丰富内涵[J]. 江汉论坛,2011(4):49-54.

辛探索。如果没有李大钊、陈独秀、瞿秋白、李达、艾思奇等一大批马克思主义哲学中国化代表人物的前期的理论探索作为学理准备,就没有毛泽东在此基础上对马克思主义哲学的理论创新,也就没有毛泽东哲学思想的产生。

本书既要考察新民主主义革命时期马克思主义哲学中国化的标志性成果——毛泽东哲学思想,又要考察在新民主主义革命时期中国的马克思主义哲学家将马克思主义哲学与中国革命具体实际相结合而进行的理论探索和所作出的理论贡献,考察毛泽东哲学思想和马克思主义理论家理论探索之间的关系。只有这样,才能真正理解毛泽东哲学思想的形成和发展及其在马克思主义哲学中国化历程中的地位,才能理解只有毛泽东才能集中全党和中国马克思主义者的智慧而创立毛泽东哲学思想。

第二节 20 世纪三四十年代马克思主义哲学中国化的形成条件

马克思主义哲学之所以能够中国化,取决于马克思主义哲学与中国具体实际相结合的前提条件。只有具备相结合的前提条件,才可能实现马克思主义哲学中国化。社会历史条件、理论渊源、文化基础、主体条件等主客观条件,共同推动了马克思主义哲学中国化由可能转变为现实。

一、社会历史条件

马克思主义哲学中国化作为马克思主义中国化的一个重要方面,作为马克思主义中国化的基础,其形成有特定的思想文化背景和社会实践背景。

(一)马克思主义哲学中国化提出的思想文化背景

在 1938 年 9 月召开的党的六届六中全会上,毛泽东阐述了马克思主义中国化思想。在《论新阶段》的报告中,毛泽东讲了"三个研究",即研究理论、研究现状和研究历史,且重点讲了研究历史,也就是马克思主义与中国传统文化相结合的问题。毛泽东指出:"我们这个民族有数千年的历史,有它的特点,有它的许多珍贵品。对于这些,我们还是小学生。今天的中国是历史的中国的一个发展;我们是马克思主义的历史主义者,我们不应当割断历史。从孔夫子到孙中山,我们应当给以总结,承继这一份珍贵的遗产。……因此,使马克思主义在中国具体化,使之在其每一表现中带着必须有的中国的特性,即是说,按照中国的特点去应用它,成为全党亟待了解并亟须解决的问题。"① 这里,毛泽东不是在讲"研究理论""研究现状"时讲到"中国化",而是在讲"研究历史"时讲到"中国化",这就涉及马克思主义与中国传统文化结合的问题。

如何看待西方文化与中国传统文化的关系,如何对待中国传统文化,这是近代以来中国思想文化界争论的中心问题。从五四运动时期陈独秀等早期的马克思主义者对传统文化的否定,到毛泽东提出要"承继"传统文化的珍贵遗产,中国共产党人对传统文化的态度,经历了从批判到批判地继承的巨大转变,这是中国民主革命实践发展的产物,同时也凝结着无数先进中国人对传统文化的深刻反思。

五四新文化运动是近代中国一次重大的思想启蒙运动,为马克思主义在中国的传播提供了思想文化条件。十月革命以后,李大钊、陈独秀等早期的中国共产党人率先在中国传播唯物史观,号召将马克思主义与中国国情相结合,但是早期的共产党人对中国国情的认识主要局限在社会实践领域,意识不到传统文化是中国具体国情的一部分,不能对传统文化进行辩证的分析,对于把马克思主义哲学与中国传统文化相结合还缺乏理论自觉。陈独秀、李大钊等早期的马克思主义者只看到传统文化腐朽的一面,没有认识到中国传统文化中还有有价值、优秀的一面;只看到西方文化与中国传统文化对立的一面,没有认识到二者之间还有相通互补的一面。由此可见,中国早期的马克思主义者的传统文化观,是不可能处理好马克思主义与传统文化的关系的,当然也不可能提出马克思主义与中国传统文化相结合的思想。

20 世纪 30 年代,随着日本帝国主义对中国侵略的加剧,中华民族危机日益加深,国民的民族意识和民族自尊心、自信心不断增强。中国的马克思主义者开始对五四时期的传统文化观进行理性反思,他们认识到中国共产党是中国优秀文化遗产的继承者和发扬者,来自西方的马克思主义与中国传统文化的结合具有必要性和可能性。新启蒙运动在探索外来文化与本土文化结合的问题

---

① 毛泽东选集(第二卷)[M]. 北京:人民出版社,1991:533-534.

上进行了有益的尝试。它承继了"五四"的科学、民主、自由、理性的精神,但与五四时期的传统文化观不同,新启蒙运动的思想家重视文化的民族性,号召要尊重和继承中国传统文化中的优秀部分。其代表人物张申府指出:"一种异文化(或说文明)的移植,不合本地的土壤,是不会生长的。"①他指出今日中国需要民族的自觉和自信。他把五四时期的"打倒孔家店"的口号改为"打倒孔家店"和"救出孔夫子"。这就在对待中西文化的问题上坚持了辩证的观点,不但看到了中西文化的差异,还看到两种文化的内在关联性。

延安的新文化运动进一步推进了马克思主义哲学与中国传统哲学相结合。1937年7月7日,爆发了震惊中外的七七事变,日本开始全面侵华,中华民族面临着生死存亡危机,中国革命进入了一个新的时期。1937年10月,李初梨、周扬、艾思奇等一批党的思想理论骨干和进步文化人士来到延安,延安的思想文化工作不断加强。1937年11月,从贤在《解放》周刊发表了题为《现阶段的文化运动》的文章,他指出在过去的文化运动中外国的气味太浓了,现在要把文化运动中国化,要与中国传统文化结合。他说:"然而不是生吞活剥的简单接受一个死东西,而是把它种在自己的土地上,使它适合中国的气候和营养条件。"②延安的理论工作者们认识到我们要继承中华民族五千余年所积累下来的优秀成果,要用历史辩证法的观点把它发扬光大,马克思主义是外来文化,我们要把它种植在中国的土壤上,并与中国传统文化相结合。

1936年至1938年,为了适应抗日救国的新形势和新任务,中国的马克思主义者在总结"五四"以来新文化运动的基础上,从不同角度、不同方面提出了文化运动的中国化民族化问题、马克思主义的具体化中国化问题,这为毛泽东系统地阐述马克思主义中国化思想奠定了思想文化基础。了解了马克思主义哲学中国化提出的文化背景,我们就知道毛泽东在1938年9月召开的党的六届六中全会上提出"我们应当给以总结,承继这一份珍贵的遗产"的原因了。

(二)马克思主义哲学中国化提出的社会实践背景

马克思主义哲学中国化是现代中国新文化运动发展的必然结果,更是中国民主革命实践发展的必然要求。马克思、恩格斯、列宁反复强调马克思主义

---

① 张申府. 张申府文集(第一卷)[M]. 石家庄:河北人民出版社,2005:192.

② 从贤. 现阶段的文化运动[J]. 解放,1937(23).

理论要与各国具体实践相结合。马克思主义从传入中国之时起就开始了与中国的实际相结合,开始了中国化的历史进程。十月革命以后,马克思主义在中国得到广泛传播,以李大钊、陈独秀等为代表的先驱者在中国传播马克思主义,倡导运用马克思主义解决中国革命的实际问题。其中,李大钊、陈独秀、李达等中国共产党早期的领导人积极传播唯物史观,他们已经把唯物史观作为"观察国家命运的工具",认识到应把唯物史观与中国实际相结合。但是因为历史的局限,他们对马克思主义哲学的理解以及对中国革命实际的认识都需要一个过程,这期间不可避免地会犯这样或那样的错误。

第二次国内革命战争时期,以毛泽东为代表的中国共产党人根据中国社会和中国革命的特点,开辟了以"农村包围城市、武装夺取政权"的道路,并逐步形成了正确的政治路线和军事路线。但毛泽东的正确理论和路线未能为当时受教条主义影响的党中央所接受,被指责为"狭隘经验论"。第二次国内革命战争时期,我们党犯有三次"左"倾错误,其中以王明为代表的第三次"左"倾错误时间最长、危害最严重,几乎使党和人民军队陷于绝境。1935 年 1 月,中共中央政治局召开了遵义会议,结束了"左"倾错误在党中央的统治,初步确立了毛泽东在党和军队中的领导地位,红军到达陕北,长征取得胜利。到达陕北后,毛泽东潜心研究马克思主义理论,对中国革命的胜利与失败的经验教训进行反思总结,发表了《论反对日本帝国主义的策略》《中国共产党在抗日时期的任务》《实践论》《矛盾论》等论著,为抗日战争作了思想上、政治上和理论上的准备。

抗日战争时期,用马克思主义理论指导中国民主革命实践面临着新的考验。1937 年 11 月,共产国际派王明等人回国。王明回国后盲目执行共产国际的指示,不顾中国民主革命的具体实际,在政治上否定独立自主原则,主张一切经过统一战线,放弃共产党对抗日战争的领导权;在军事上主张打正规战,轻视党领导的人民军队和人民武装,否定独立自主的山地游击战;否定将工作重点放到农村,而主张放在大城市,导致抗日战争初期又犯了右倾的错误。中国共产党在第一次国内革命战争时期犯了右倾错误,第二次国内革命战争时期犯了三次"左"倾错误,抗日战争时期王明又犯了右倾错误,我们党在民主革命时期的几次重大错误虽然表现形式不同,但都有其深刻的思想根源和相同的认识论根源。那就是以教条主义机械运用马克思主义,没有把握住马克思主义哲学的精髓,没有做到具体问题具体分析,导致理论脱离实际,教条主义地照搬共产国际和斯大林的指示,更未能用马克思主义哲学的方法论分析中国民主革命实际,实现马克思主义哲学具体化。

为了从根本上纠正党内的"左"、右倾错误,提高全党的思想理论水平,毛泽东号召全党开展学习运动,研究理论、研究现状,提出马克思主义中国化。在党的六届六中全会上,毛泽东作了《论新阶段》的政治报告,全面阐述了抗日战争的形势、党所面临的任务和相应的路线、方针,提出马克思主义中国化的命题。毛泽东提出马克思主义中国化不只是一个文化问题,更是一个重大的现实问题,这一命题的提出固然受到当时文化界、学术界的影响,但最根本的是基于中国革命胜利与失败的血的经验教训,反映了中国革命实践逻辑的必然性。从1921年7月中国共产党成立至1938年9月党的六届六中全会上毛泽东正式提出马克思主义中国化的命题,以毛泽东为代表的中国共产党人克服了早期中国马克思主义者的认识局限,对马克思主义与中国具体实际相结合的必要性、可能性及实现途径有了比较深刻的理解,初步形成了较为系统的马克思主义中国化理论。

二、理论渊源

马克思主义哲学中国化思想源于马克思、恩格斯、列宁的民族化思想,虽然马克思、恩格斯、列宁从来没有直接提出过马克思主义民族化的概念,但他们都有着非常丰富的民族化思想,这些民族化思想就是马克思主义中国化思想的渊源。中国共产党早期的领导人在指导中国民主革命过程中,自觉地将马克思主义与中国具体实际相结合,对马克思主义中国化进行了有益的探索,这些思想共同构成马克思主义中国化思想之源。

（一）马克思主义经典作家的民族化思想

马克思主义民族化是指把马克思主义应用到各国具体环境中,使马克思主义在各国具体化,用具有民族特色的具体化的马克思主义指导各国的革命行动。马克思、恩格斯、列宁等经典作家的理论中包含着丰富的马克思主义民族化思想,阐述了马克思主义民族化的必要性、具体任务和实现路径等一系列基本问题。

1. 马克思的民族化思想

作为马克思主义理论的创始人、无产阶级革命的导师,马克思反复强调工人阶级政党必须广泛了解各国的历史和现状,要根据各民族的国情,探索适应各民族国家国情的革命发展道路。1843年,马克思在写给卢格的信中就强调"我不主张我们竖起任何教条主义的旗帜"①。马克思主张理论和实践相结合,反对把理论当作教条,反对用理论裁剪现实,提出"这些原理的实际运用,正如《宣言》中所说的,随时随地都要以当时的历史条件为转移"②,"正确的理论必须结合具体情况并根据现存条件加以阐明和发挥"③。他主张人们结合本国的国情运用马克思主义。1872年,他在阿姆斯特丹群众大会的演说中谈到工人阶级总有一天会夺取政权,他还指出:"我们从来没有断言,为了达到这一目的,到处都应该采取同样的手段。我们知道,必须考虑到各国的制度、风俗和传统。"④

19世纪80年代初,马克思晚年在考察俄国农村公社后,提出一些发展落后的国家可以不经过资本主义阶段,直接进入社会主义,从而避免重走西欧资本主义国家漫长而痛苦的原始积累老路,可以跨越资本主义制度的"卡夫丁峡谷"的著名论断。在对东方社会发展道路进行研究时,马克思明确反对把"关于西欧资本主义起源的历史概述彻底变成一般发展道路的历史哲学理论"⑤,认为"一切都取决于它所处的历史环境"⑥。简言之,在马克思看来,各个国家和民族都应该根据自己的特殊历史环境来探寻自己的发展道路,制定符合本民

---

① 中共中央马克思恩格斯列宁斯大林著作编译局. 马克思恩格斯全集(第四十七卷)[M]. 北京:人民出版社,2004:64.

② 中共中央马克思恩格斯列宁斯大林著作编译局. 马克思恩格斯选集(第一卷)[M]. 北京:人民出版社,2012:664.

③ 中共中央马克思恩格斯列宁斯大林著作编译局. 马克思恩格斯全集(第四十七卷)[M]. 北京:人民出版社,2004:35.

④ 中共中央马克思恩格斯列宁斯大林著作编译局. 马克思恩格斯文集(第三卷)[M]. 北京:人民出版社,2009:466.

⑤ 中共中央马克思恩格斯列宁斯大林著作编译局. 马克思恩格斯选集(第三卷)[M]. 北京:人民出版社,2012:730.

⑥ 中共中央马克思恩格斯列宁斯大林著作编译局. 马克思恩格斯文集(第三卷)[M]. 北京:人民出版社,2009:586.

族特点的政策。

2. 恩格斯的民族化思想

恩格斯赞同马克思的民族化思想,他认为各个国家存在不同的资本主义发展阶段和资产阶级统治形式,但教条主义地对待马克思主义的态度和做法在各国革命运动的实践中却普遍存在。针对这种错误做法,恩格斯指出,不能把马克思主义当成现成的公式,用它来裁剪各种历史事实,而应该把它当作研究历史的指南,否则它就会转变为自己的对立物。恩格斯指出:"马克思的整个世界观不是教义,而是方法。它提供的不是现成的教条,而是进一步研究的出发点和供这种研究使用的方法。"① 在指导欧美国家的无产阶级政党领导的工人运动时,他认为马克思的历史理论要结合各国的具体条件,从而制定符合本国国情的政策和策略。他指出:"马克思的历史理论是任何坚定不移和始终一贯的革命策略的基本条件;为了找到这种策略,需要的只是把这一理论应用于本国的经济条件和政治条件。"②

在用马克思主义理论指导各个国家的无产阶级进行共产主义运动时,恩格斯认为应该将马克思主义理论与各个国家的具体国情相结合。1887 年,恩格斯在指导美国工人运动时,批评了社会主义工人党的宗派主义和教条主义的态度和做法,认为美国社会主义工人党脱离群众,不能把马克思主义理论与美国工人运动结合起来。针对大多数党员不太懂美国语言的实际,恩格斯指出:"必须完全脱下它的外国服装,必须成为彻底美国化的党。它不能期待美国人向自己靠拢。它是少数,又是移自外域,因此,应当向绝大多数本地的美国人靠拢。要做到这一点,首先必须学习英语。"③ 在谈到《共产党宣言》在意大利革命中起到的作用时,恩格斯指出:"长期以来,我已经确信它的有效性;它从未丧失过这种有效性。但是说到怎样把它运用到意大利目前的状况,那就是另一回事;

---

① 中共中央马克思恩格斯列宁斯大林著作编译局. 马克思恩格斯选集(第四卷)[M]. 北京:人民出版社,2012:664.

② 中共中央马克思恩格斯列宁斯大林著作编译局. 马克思恩格斯文集(第十卷)[M]. 北京:人民出版社,2009:532.

③ 中共中央马克思恩格斯列宁斯大林著作编译局. 马克思恩格斯选集(第四卷)[M]. 北京:人民出版社,2012:276

必须因地制宜地作出决定,而且必须由处于事变中的人来作出决定。"①

在阐明了马克思主义与各国革命实际相结合的必要性后,恩格斯又指明了马克思主义民族化的途径。他指出马克思主义不应该成为教条,应随着时代发展和无产阶级事业不断丰富发展。恩格斯指出:"我们的理论是发展着的理论,而不是必须背得烂熟并机械地加以重复的教条。"②恩格斯认为时代条件制约着我们认识的广度和深度,我们应该不断地去研究和发展马克思主义。他指出:"我们只能在我们的时代的条件下进行认识,而且这些条件达到什么程度,我们便认识到什么程度。"③此外,恩格斯指出了我们研究和发展马克思主义的方法,他认为马克思主义的生命力和生长点是实践。马克思主义是科学的理论,通过实践发现真理,又通过实践证实真理和发展真理,这就是马克思主义发展的历史逻辑。

由以上分析可知,马克思、恩格斯已经明确地提出了马克思主义民族化的基本原则,并指明了马克思主义民族化的途径,即必须把马克思主义与各国的具体实际相结合,并在实践基础上根据各民族的特点去发展马克思主义。

3. 列宁的民族化思想

列宁是 20 世纪初俄国民主革命和社会主义建设的主要领导者。作为马克思主义民族化思想的伟大实践者,列宁准确地把握了马克思主义的精髓,用马克思主义的立场、观点和方法指导俄国民主革命实践和社会主义建设实践,形成了列宁主义,进一步丰富了马克思主义民族化思想。

列宁阐明了各国共产党人根据本国实际和本民族特点独立地探讨和应用马克思主义的必要性。他指出在坚持马克思主义基本立场、观点的原则下,各国共产党人要根据本国的实际和民族的特点去应用马克思主义。他说:"我们决不把马克思的理论看作某种一成不变的和神圣不可侵犯的东西;恰恰相反,我们深信:这只是给一种科学奠定了基础,社会党人如果不愿落后于实际生活,

---

① 中共中央马克思恩格斯列宁斯大林著作编译局. 马克思恩格斯选集(第四卷)[M]. 北京:人民出版社,2012:326.

② 中共中央马克思恩格斯列宁斯大林著作编译局. 马克思恩格斯选集(第四卷)[M]. 北京:人民出版社,2012:588.

③ 中共中央马克思恩格斯列宁斯大林著作编译局. 马克思恩格斯选集(第四卷)[M]. 北京:人民出版社,1972:337-338.

就应当在各个方面把这门科学推向前进。我们认为,对于俄国社会党人来说,尤其需要独立地探讨马克思的理论,因为它所提供的只是总的指导原理,而这些原理的应用具体地说,在英国不同于法国,在法国不同于德国,在德国又不同于俄国。"① 其中,"独立地""具体地"都表明了列宁的民族化思想。列宁认为一切民族都将走到社会主义,这是不可避免的,但是一切民族的走法不完全一样,每个民族都会有自己的特点。在这里,列宁明确了马克思主义是科学的理论,要准确地了解它的实质、内涵和精髓,就是要在运用到具体国家时,要根据具体情况作出调整,不能把它看成一成不变的东西,反对把马克思主义教条化。

此外,列宁深刻地揭示和指明了东方各国马克思主义民族化过程中所面临的特殊任务。列宁认为,与作为马克思主义诞生地的欧洲各国相比,东方各国在政治、经济、文化等各方面都存在着很大的差异,在这些国家中马克思主义民族化的任务也有其特殊性。他指出:"它们的解决方法无论在哪一部共产主义书本里都是找不到的。"② 显然,要完成这一特殊任务,东方各国共产党人就必须运用马克思主义理论研究本国的具体实际,创造性地探索出一条有自己特色的革命道路。他在俄共八大所作的报告中说,波兰等其他国家可以借鉴俄国的经验,但应该独立自主地去探索属于自己国家的道路。1923年列宁在《论我国革命》中又说:"在东方那些人口无比众多、社会情况无比复杂的国家里,今后的革命无疑会比俄国的革命带有更多的特殊性。"③

列宁坚决反对把俄国革命经验神圣化、绝对化的倾向。他认为俄国革命虽然胜利了,但这并不能说明俄国的道路适合其他国家,各民族国家在政治、经济和历史文化传统方面都有其特殊性,把马克思主义与俄国实际相结合只是一种特殊形式,在此过程中形成的经验也具有特殊性,因此,他反对把俄国经验神圣化。在指导共产国际的过程中,列宁一方面注重向各国共产党人介绍布尔什维

---

① 中共中央马克思恩格斯列宁斯大林著作编译局. 列宁全集(第四卷)[M]. 北京:人民出版社,1984:161.

② 中共中央马克思恩格斯列宁斯大林著作编译局. 列宁全集(第三十七卷)[M]. 北京:人民出版社,2017:329.

③ 中共中央马克思恩格斯列宁斯大林著作编译局. 列宁全集(第四十三卷)[M]. 北京:人民出版社,2017:376.

克党领导俄国革命的成功经验,另一方面又反复告诫他们不要照搬俄国革命的经验。应该让其他国家的共产党人独立自主地探索。他明确指出:"马克思主义的精髓,马克思主义的活的灵魂:对具体情况作具体分析。"①列宁认为各国共产党要考虑各民族国家的自身特点,独立地寻找本国革命道路,坚决地批判把特殊经验绝对化的错误倾向。

综上所述,马克思、恩格斯从马克思主义实践哲学的理论本性出发提出了马克思主义民族化的原则,20 世纪 20 年代,列宁将马克思主义与俄国革命实际相结合,进一步丰富和发展了马克思主义民族化思想,这些构成了马克思主义中国化的思想渊源。

(二)中国共产党早期领导人对马克思主义哲学中国化思想的认识

马克思主义经典作家的民族化思想为世界无产阶级革命提供了指导性原则,但具体到中国的民主革命,还需要中国共产党人用马克思主义哲学方法论指导中国民主革命实际。中国共产党早期的领导人在研究和传播马克思主义时已经注意到要结合中国实际,并且结合中国社会的经济、政治、文化等现状进行了早期的探索。李大钊在传播唯物史观时,已经认识到把唯物史观与中国实际相结合的问题,瞿秋白在中国传播唯物辩证法和唯物主义历史观时,也注意结合中国具体实际进行理论和实践探索。这些思想为毛泽东实现马克思主义哲学中国化提供了思想前提。

1. 李大钊对马克思主义哲学中国化思想的认识

李大钊在中国传播唯物史观时,从一开始便具有"中国化"的特色。他认为,唯物史观不仅要用来研究社会、研究历史,更重要的是用来改造中国社会。作为一位伟大的革命家,李大钊是为了中国革命问题和现实斗争的需要去研究唯物史观的。他说过,应该细细地研考马克思的唯物史观怎样应用于中国的政治经济情形。本着这种精神,李大钊力图运用马克思主义的唯物史观来研究和分析中国社会的实际状况,探索中国革命的道路。

首先,李大钊十分注重思考中国的土地制度问题并提出发动农民参加革

① 中共中央马克思恩格斯列宁斯大林著作编译局. 列宁全集(第三十九卷)[M]. 北京:人民出版社,2017:128.

命。他提出了"耕地农有"的主张,强调要废除封建的土地所有制,实现"耕者有其田"。他详细地研究了当时农商部发表的统计资料,分析了当时农村的阶级关系和土地占有状况,指出"耕地农有"是广大贫农迫切需要解决的问题。为了解决农民土地问题,他认为国民政府应建立一种新的土地政策,使耕地归农民所有。此外,李大钊还提出要保障农民阶级的利益,需要农民自己组织农民协会。他还号召广大的革命青年到农村去,帮助农民改善他们的组织,反抗他们所受的压迫。他说:"中国的浩大的农民群众,如果能够组织起来,参加国民革命,中国国民革命的成功就不远了。"[①]李大钊充分认识到农民群众运动的重要意义和作用,这体现了他对中国具体实际的关注。

其次,李大钊还坚持无产阶级的领导权和提出建立各革命阶级的联合战线的主张。他认为无产阶级最富有革命性,只有无产阶级,才能成为革命的先锋,无产阶级必须和各革命阶级建立联合战线,在无产阶级的领导下,进行共同的斗争,才能够推翻帝国主义和封建主义的反动统治,取得革命的胜利。

再次,李大钊主张中国必须走社会主义道路,中国只有实行社会主义,才能迎头赶上发达的资本主义国家,立于世界民族之林。此外,他详细地阐述了在社会主义条件下的所有制形式、生产的组织原则、劳动的组织原则以及分配原则等。他还指出,要想取得社会主义的胜利,必须经过无产阶级专政。无产阶级专政是改造社会不可缺少的手段;只有无产阶级专政,才能保证无产阶级革命事业的顺利进行。

总之,李大钊运用唯物史观分析研究中国革命问题并指导中国革命实践,在马克思主义的普遍原理和中国实际相结合的道路上作了初步尝试。李大钊运用唯物史观分析研究中国革命问题和革命道路,指出中国革命应走十月革命的道路,还探索了无产阶级革命领导权、农民同盟军、革命统一战线等问题,提出了许多精辟的见解,为马克思主义哲学与中国实际相结合开辟了道路,开启了良好的开端。

2. 瞿秋白对马克思主义哲学中国化思想的认识

瞿秋白是马克思主义理论家,同时他也注重将马克思主义哲学应用于中国

---

① 中国李大钊研究会. 李大钊全集(第五卷)[M]. 北京:人民出版社,2006:85.

实际。他指出:"革命的理论永不能和革命的实践相分离"[①],"应用马克思主义于中国国情的工作,断不可一日或缓"[②]。他曾在1921年到1923年赴俄国考察和学习,把俄国的马克思主义理论连同它们的革命和建设实践在中国传介,积极用马克思主义哲学的观点和方法认真研究中国国情。

首先,瞿秋白注重用马克思主义哲学的观点和方法分析中国社会的经济、政治状况。他说:"先知道中国'是什么'?然后说'怎么样'?"[③]这就是要先认清中国的国情,然后再提出关于改造中国的革命主张,这符合马克思主义哲学唯物论的基本要求。瞿秋白在对中国国情认识的基础上,对中国革命的对象、任务、性质等基本问题进行了广泛的研究,并提出中国革命的基本任务,是要"掘去"帝国主义和封建主义赖以统治的经济基础。

其次,瞿秋白用马克思主义哲学的方法分析中国社会各阶级状况。他在分析中国社会各阶级状况时指出,中国资产阶级由于经济上和政治上的软弱性不可能领导中国的资产阶级民主革命取得胜利。他强调无产阶级取得革命领导权是"中国革命胜利的先决条件"。他还根据中国社会的特点,论述了中国革命的主要形式是"武装革命",他由注意武装斗争进而重视武装农民,即把武装革命与民众运动二者结合起来,进而推动中国革命的发展,在理论上首先概括出"工农武装割据"的军事斗争战略等。

最后,瞿秋白以唯物史观为指导探讨中国文化发展的道路。这是他应用马克思主义哲学于中国实际的一个重要方面,为推动和发展中国革命文化作出了奠基性的贡献。瞿秋白比较系统地宣传了马克思主义的文艺理论,并通过宣传马克思主义的文艺理论,宣传辩证唯物主义与唯物史观。他明确地认识到文学为社会变革服务,文学具有于社会前进有益的重要价值。

李大钊、瞿秋白等中国共产党的早期领导人传播马克思主义哲学的侧重点不尽相同,但共同之处在于注重用马克思主义哲学的观点和方法分析中国国情,并对无产阶级革命的领导权、农民同盟军、革命统一战线、中国革命动力和对象等问题提出了许多精辟的见解。虽然他们对这些问题的阐发更多地还停

---

① 瞿秋白文集·政治理论编(第四卷)[M].北京:人民出版社,2013:407.

② 瞿秋白文集·政治理论编(第四卷)[M].北京:人民出版社,2013:408.

③ 瞿秋白文集·政治理论编(第五卷)[M].北京:人民出版社,2013:687.

留在理论探索领域,但对中国革命问题的研究、对以后马克思主义哲学中国化思想的形成具有重要意义。

三、思想文化条件

马克思主义哲学与中国传统哲学属于不同的文化传统。马克思主义哲学是对德国古典哲学的批判继承,它来自西方,是在现代工业文明基础上形成的意识形态;中国传统哲学源自古老的东方,是在封建农业文明基础上形成的意识形态。20世纪初,当马克思主义来到中国,并作为中国民主革命的指导思想时,就自然产生了两种文化传统的融合问题。

从文化传播的角度看,一种外来文化要在本国文化发展中获得认同,并对该国社会生活的各个方面产生影响,就必须与该国文化传统相结合,否则就会受到该文化传统的排斥而无法生根。马克思主义哲学作为一种外来思想文化,要在中国得以传播和发展,就必须与中国的文化传统相衔接。那么,二者有没有相同点呢?大多数学者对此持肯定的态度。

马克思主义哲学家张岱年认为中国传统哲学中有唯物论、辩证法和历史唯物论的因素,客观上缩短了马克思主义哲学与中国传统哲学的距离,使马克思主义哲学更容易在中国生根。张岱年、程宜山认为:"中国人接受马克思主义,与中国传统文化有密切关系。中国文化中本有悠久的唯物论、无神论、辩证法的传统,有民主主义、人道主义思想的传统,有许多历史唯物主义的思想因素,有大同的社会理想,如此等等,因而马克思主义很容易在中国的土壤里生根。"[1] 汪澍白指出:"我国传统文化具有一些与马克思主义相同或相近的先天素质。诸如辩证的思维方式;实用理性的致思路线;以群体为本位的价值取向;'治国平天下'的忧患意识;追求均等与'大同'的社会理想等,这些先天素质,正是促使知识分子在十月革命以后迅速地选择了马克思主义的文化原因。"[2]

虽然马克思主义哲学与中国传统哲学属于不同的文化传统,但人类生存方式的普遍统一性,人类生存和发展面临的共同问题,决定了人类思想必然会超越时空的局限性从而相通相融,二者的相通相融性为马克思主义哲学中国化提

---

① 张岱年,程宜山. 中国文化与文化论争[M]. 北京:中国人民大学出版社,1990:190.

② 汪澍白. 二十世纪中国文化史论[M]. 北京:中国青年出版社,1999:212-213.

供了可能,是马克思主义哲学中国化的思想文化基础。

（一）马克思主义哲学的实践理性与中国传统哲学注重躬行的精神是契合的

实践理性指人们对自身与世界的关系"应如何"和"应当怎么做"问题的解答,它是马克思主义哲学与中国传统文化结合的重要基础。马克思主义的实践理性是在继承西方传统理性基础上、在辩证唯物主义的基础上提出的科学的实践观。马克思在《关于费尔巴哈的提纲》中明确指出:"哲学家们只是用不同的方式解释世界,而问题在于改变世界。"[①] 这一论断一方面从本体论上揭示了实践的本质,肯定了实践活动客观物质性的特点;另一方面从认识论上揭示了实践在人类认识活动中的基础地位和决定作用。

中国传统哲学注重躬行的精神与马克思主义注重实践、尊重实践的观点是非常吻合的,这正是马克思主义得以中国化的深层理论契机。李泽厚认为:"马克思列宁主义的实践性格非常符合中国人民救国救民的需要。"[②] 罗本琦、丁大平提出:"中国传统文化中素有注重实践的传统。虽然中国古代哲学家们没有提出马克思主义的'实践'概念,但贯穿整个中国历史几千年的行知思想——不论是唯心主义的行知观,还是朴素唯物主义的行知观,都浓缩了不同意义的实践理性。"[③] 中国传统哲学的知行观,从先秦诸子对知行难易的探讨,到宋明理学的发展,再到以黄宗羲、顾炎武、王夫之等为代表的一大批启蒙思想家倡导"经世致用"的思想,可以说明清之际中国传统文化中的实践理性已经与马克思主义的实践观比较接近,这就为马克思主义传入中国后中国人接纳马克思主义奠定了基础。

（二）马克思主义的共产主义理想与中国传统文化的"大同思想"是契合的

文化是民族精神的沉淀,社会理想则是民族文化精神的核心,是引导人们

---

① 中共中央马克思恩格斯列宁斯大林著作编译局. 马克思恩格斯选集(第一卷)[M]. 北京:人民出版社,2012:140.

② 李泽厚. 中国思想史论(下)[M]. 合肥:安徽文艺出版社,1999:972.

③ 罗本琦,丁大平. 文化精神的会通:马克思主义中国化的文化基础[J]. 安庆师范学院学报:社会科学版,2006(3):1-5.

奋斗的目标,它集中反映了一个民族对历史、现实及对未来发展目标的态度。马克思和恩格斯创立的科学社会主义理论,在对资本主义基本矛盾进行科学分析的基础上,得出了资本主义必然灭亡,共产主义必然取代资本主义的结论。他们在《共产党宣言》中明确提出:"资产阶级的灭亡和无产阶级的胜利是同样不可避免的。"① 这一科学论断深刻地揭示了人类社会从资本主义向社会主义转变的历史必然性,在科学社会主义的理论与实践中具有首要和基础的地位,是共产主义理想信念的核心要义。同时,马克思恩格斯指出无产阶级是资本主义的掘墓人和共产主义的建设者,是最先进、最革命的阶级,肩负着推翻资本主义旧世界、建立社会主义和共产主义新世界的历史使命。他们还指出了无产阶级革命是无产阶级进行斗争的最高形式。

在中国传统文化中,从先秦诸子百家对理想社会的描述,到孙中山提出的中国资产阶级民主革命纲领,这个进程中一直贯穿的社会理想就是"大同世界"。虽然"大同思想"与共产主义之间有着质的区别且带有空想特点,没有像共产主义理想那样经过对资本主义的科学分析和合乎逻辑的论证;虽然"大同思想"只是观念的东西,还没有像马克思主义的创始人那样为共产主义理想的实现指出了一条切实可行的、并被实践证明了的道路;虽然"大同思想"带有空想、主观的成分和原始共产主义的平均主义的特点,还不具有共产主义高度发达生产力的基础,但这些思想观念在一定程度上削弱了中国先进分子接受马克思主义的认知障碍,奠定了他们接受马克思主义的心理基础。无论是共产主义还是大同世界,都是对私有制和剥削制度的否定,都充满着对平等的向往和对人的终极关怀。正是这种一致性大大地缩短了马克思主义与中国传统文化的距离,为中国知识分子接受马克思主义提供了思想文化基础。

(三)马克思主义的群众史观与中国传统文化中的民本思想是契合的

马克思主义哲学注重对人的关怀,唯物史观科学地分析了社会基本矛盾,正确地回答了历史的创造者问题,肯定了人民群众历史创造者的地位。马克思、恩格斯从社会存在决定社会意识的历史唯物主义基本原理出发,肯定了人民群众创造历史的决定性作用,第一次真正地、彻底地、全面地回答了谁是历史的创

---

① 中共中央马克思恩格斯列宁斯大林著作编译局. 马克思恩格斯选集(第一卷)[M]. 北京:人民出版社,2012:413.

造者问题。唯物史观认为,社会实践的主体始终是人民群众,一切精神财富的最丰富的来源存在于人民群众的生产生活实践中,人民群众才是社会变革的决定力量,这一思想与中国古代政治思想史中的民本思想在价值取向上是基本一致的。

在中国传统的社会历史观中,也曾探讨过社会历史的主体力量问题。在中国政治思想史上,民本思想源远流长,从先秦到明清,形成了一脉相承的重视民众力量的民本思想,贯穿整个中国政治思想史。"民本思想源远流长,肇始于夏商周时期,发展于春秋战国时期,定型于汉代,此后历朝历代虽有所演变,然而其思想主旨始终没有变化。"[1]"民惟邦本,本固邦宁"是对中国古代"民本"思想的集中概括,也是历代封建君主奉行的治国理念,其意是指民众是国家的根本,只有根本稳固,国家才能安宁。例如:战国时期孟子提出"民为贵,社稷次之,君为轻"[2]的思想;荀子提出"君者舟也,庶人者水也,水则载舟,水则覆舟"[3];西汉贾谊提出"闻之于政也,民无不为本也"[4]的观点;宋代程颐提出"为政之道,以顺民心为本"[5];朱熹提出"天下之务莫大于恤民"[6];明末清初黄宗羲提出"天下为主,君为客"[7]的思想;等等。民本思想是中国古代传统哲学和文化宝库中极为重要的思想资源,虽然在思想境界和理论动机上,中国传统文化中的民本思想与马克思主义的群众观点还有本质区别,但就重视人民群众这一点来看,二者是接近的,这为马克思主义群众史观的中国化奠定了坚实的思想基础。

马克思主义哲学与中国传统文化在实践理性、价值取向、社会理想等方面的某种一致性,以及中国传统文化与马克思主义哲学思想性格上的契合和相通之处,成为中国广大知识分子迅速接受马克思主义的一个重要内在根据,构成了马克思主义在中国迅速生根所不可或缺的文化土壤。

---

① 张弓. 民惟邦本 本固邦宁——民本思想促进中华文明发展[N]. 人民日报,2017-07-31(16).

② 徐刚. 中国和合学年鉴(1988—2016)[M]. 北京:人民出版社,2018:311.

③ 徐刚. 中国和合学年鉴(1988—2016)[M]. 北京:人民出版社,2018:311.

④ 王荣. 中国传统文化中的民本与官德[M]. 北京:人民出版社,2020:46.

⑤ 欧阳辉纯. 传统儒家忠德思想研究[M]. 北京:人民出版社,2017:154.

⑥ 王荣. 中国传统文化中的民本与官德[M]. 北京:人民出版社,2020:240.

⑦ 欧阳辉纯. 传统儒家忠德思想研究[M]. 北京:人民出版社,2017:151.

四、主体条件

中国的民主革命事业需要具有革命精神的人，马克思主义哲学中国化也离不开具有革命精神和批判精神的独立主体。主体条件是理论创新不可或缺的重要因素，任何一种理论固然要以前人或同时代人的思想资料为出发点，但是任何理论观点的形成，又都有自身的思想逻辑发展过程，与主体的实践活动密切相关。马克思、恩格斯、列宁等伟人在哲学中的独创性，虽然离不开对前人成果的吸收、对历史经验的反思，但最根本的是他们对实践、生活经验的体悟，对工人运动经验和革命经验的总结和概括。关注社会现实，从哲学的高度以宽广的视野去思考社会生活中的重大问题，把社会现实问题提升为哲学理论问题，并通过对理论创造性的研究和阐发，为革命事业提供理论指引，这是新民主主义革命时期中国学术界马克思主义理论家的学术使命。

马克思主义哲学中国化是一项复杂而艰巨的事业，是由全体中国共产党人以及马克思主义者共同努力的结果，它凝聚着无数马克思主义理论家和革命家的心血。它既需要马克思主义革命家的实践探索，也需要马克思主义理论家的理论探索。民主革命时期，在马克思主义革命家和理论家的共同努力下，马克思主义哲学中国化不断向前推进。

一方面，马克思主义哲学中国化需要学术界马克思主义理论家的探索。这一事业需要具有责任感、使命感的马克思主义理论家从中国民主革命面临的现实问题出发，把现实问题抽象提炼为哲学问题，通过对这些哲学问题的研究，为社会现实提供理论指引。瞿秋白、李达、艾思奇、张岱年等马克思主义哲学家就是这一群体的杰出代表。另一方面，马克思主义哲学中国化还需要既掌握马克思主义哲学，又能指导中国民主革命的革命家。毛泽东就是其中的杰出代表，他集革命家、军事家和哲学家于一身，既是革命家和领袖，又是哲学家和理论家，具有其他马克思主义者所不具有的优势。毛泽东作为中国无产阶级革命的主要领导者，对中国民主革命有着持续深入的实践探索。他直接参加和领导了中国的新民主主义革命，直接指挥了革命战争，同党内各种错误倾向，特别是20世纪30年代共产国际中流行的教条主义进行了长期斗争，他丰富的阅历和实践经验，是实现马克思主义哲学中国化不可或缺的实践条件。

新民主主义革命复杂而艰巨，它既涉及一系列复杂的现实问题，也涉及艰难的理论探索,这一事业的成功需要马克思主义哲学家,也需要马克思主义革命家。以毛泽东为代表的无产阶级领袖,身兼革命实践和理论研究的双重使命,他们的哲学活动更加指向中国实际,更能与中国人的活生生的生活实际相联系相结合,他们以革命家的立场从事哲学研究,他们的哲学活动的目标与中心直接指向中国革命实践。新民主主义革命时期,正是因为有了马克思主义革命家与理论家的哲学探索,以及他们在理论探索基础上的哲学交流互动,才催生出了中国化的马克思主义哲学,从而指引了民主革命的胜利。

综上所述,社会历史条件、思想理论准备、思想文化基础和主体条件等主客观条件,共同构成马克思主义哲学中国化的思想前提,共同推动了马克思主义哲学中国化,使其由可能变为现实。

第三节　20 世纪三四十年代马克思主义哲学中国化的基本问题

马克思主义哲学中国化艰难而复杂,它不是一蹴而就的,也不是单向度展开的,而是经历了漫长而复杂的实践探索和理论探索。马克思主义理论不是自然而然地在中国民主革命中获得了指导地位,而是经历了与各种非马克思主义思想和反马克思主义思想的不断交流互动、激烈的交锋而最终确立指导地位的。这一事业也不是由中国共产党的领导人独立完成的,而是饱含着全体中国马克思主义者的艰辛探索并不断丰富和发展的。我们应该从更宽广的视角看待和研究马克思主义哲学中国化。

一、四个基本问题

为回答"中国向何处去"的时代主题,20 世纪三四十年代,中国共产党和学术界围绕马克思主义哲学与中国传统哲学的关系、马克思主义哲学的理论传播、马克思主义哲学的理论创新、马克思主义哲学方法论的具体应用等四个基本问题展开了深入的思考和研究,从以下四个方面回应了这一历史时期马克思主义哲学中国化的基本问题。

（一）用马克思主义哲学的方法论批判继承中国传统哲学

中国具体实际包含着中国的历史实际,马克思主义哲学与中国具体实际相结合涵盖着马克思主义哲学与中国传统文化的结合。20 世纪三四十年代,中国的马克思主义者研究历史的目的是思考现实,他们对于未来社会的期望促使着他们科学地看待过往,科学看待过往是发展未来哲学的前提条件。马克思主义哲学作为一种来自西方的理论,要在中国社会生长和发展,首先需要与中国传统哲学相结合。如何实现二者的结合呢? 20 世纪三四十年代,学术界用马克思主义哲学的方法论批判继承中国传统哲学,为马克思主义哲学中国化作出了重要贡献。历史是昨天的现实,我们研究历史是为了观照今天的现实。学术界研究传统哲学是为了思考革命现实问题,他们对于未来社会的期望促使着他们回看过往。前事不忘,后事之师,只有清楚过往的来程才能决定我们未来的去向。

20 世纪上半叶,中国社会面临着巨大的民族危机,这迫切需要新文化的构建,而新文化的构建是建立在原有文化基础之上的。中国的民主革命需要一种既能反映传统文化根基,又能超越传统意识的局限而拥有新的思想资源的文化;既符合中国传统哲学的理想信念诉求,又符合中国民主革命的现实需求而拯救中国于危亡之中的新文化。人们期待并呼唤着兼有两种文化特质的新文化。中国共产党在总结民主革命经验教训的基础上,逐渐认识到将马克思主义哲学与中国传统哲学相结合对于指导中国革命的重要意义,特别是中国传统哲学对于中国共产党思想理论建设以及领导民主革命发展的重要性,认识到传统文化对加强党的建设,提高党领导中国革命能力的重要意义。

1938 年 9 月六召开的党的届六中全会上,毛泽东发出了马克思主义中国化的号召,号召中国的马克思主义哲学家研究和"清算"中国传统哲学。毛泽东曾指出:"由于中国社会进化的落后,中国今日发展着的辩证法唯物论哲学思潮,不是从继承与改造自己的哲学遗产而来,而是从马克思列宁主义的学习而来。然而,要使辩证法唯物论哲学思潮在中国深入与发展下去,并确定地指导中国革命向着彻底胜利之途,便必须同各种现存的反动哲学作斗争,在全国思想战线上树立批判的旗帜,并因而清算中国古代的哲学遗产,才能达到目的。"[①]

---

① 辩证法唯物论提纲[M]. 天津:天津人民出版社,1958:11-12.

毛泽东认为要使辩证法唯物论哲学思想在中国发展下去,必须得同各种反动哲学作斗争,必须批判继承中国传统哲学思想。在毛泽东的倡议和动员下,张岱年、范文澜、侯外庐、杨荣国、赵纪彬等一大批既有着深厚国学功底,又接受马克思主义哲学新思想的哲学家,开始用马克思主义哲学的科学的世界观和方法论整理中国传统哲学,探索马克思主义哲学与中国传统哲学相结合的路径,为马克思主义哲学中国化作出了重大贡献。

(二)马克思主义哲学的体系化、大众化传播

中国的新民主主义革命事业需要掌握科学世界观和方法论的革命主体,而革命主体掌握先进理论离不开马克思主义哲学的传播。新民主主义革命时期,为回答"中国向何处去"这一时代主题,一大批具有良好马克思主义哲学素养的哲学家,将马克思主义哲学"作为观察国家命运的工具",开辟了马克思主义哲学中国化学术化道路。马克思主义哲学的理论传播是马克思主义哲学中国化的重要组成部分,是马克思主义哲学理论创新的思想前提。

李大钊等早期的马克思主义哲学家的理论传播主要是唯物史观的传播;自瞿秋白开始,马克思主义哲学在中国的传播呈现了体系化的趋势。在体系化传播中,瞿秋白是开先河者,李达是体系化传播的杰出代表,他们注重马克思主义哲学的系统研究和学理研究,为中国人系统全面掌握马克思主义哲学提供了条件。以艾思奇为代表的马克思主义大众化传播之所以产生较大的影响力,根本原因就在于其十分重视把马克思主义理论同中国革命的实际结合起来,重视研究群众关心的社会现实生活中的问题,重视用中国化、生活化的语言通俗地表达深奥的哲理。体系化、大众化的研究与传播深化了人们对马克思主义哲学的理解,探索出了中国化的表达方式,赋予了马克思主义哲学以新的意蕴,推进了马克思主义哲学在中国的传播和发展,为马克思主义哲学的理论创新作了学理准备。

(三)在实践基础上对马克思主义哲学的理论创新

何为理论创新呢?中国人民大学郝立新教授认为:"在马克思主义哲学世界观和方法论的指导下,把马克思主义基本原理和中国具体实际和时代特征相结合,用适应时代变化和实践发展的新的中国化马克思主义,指导我国革命、建

设和改革的实践进程。"①理论创新是马克思主义哲学的内在要求,同时也是分析和解决革命实际问题的客观要求。20世纪30年代,以李达、艾思奇为代表的哲学家,在对马克思主义哲学进行宣传的同时,也深化了对马克思主义哲学的学理研究,如李达把马克思主义哲学概括为"实践的唯物论",艾思奇首先提出了"马克思主义哲学中国化"的命题,对其内涵作了详细的阐发,这些都为创建中国化的马克思主义哲学作了理论准备。

毛泽东在广泛阅读马克思主义哲学原著的基础上,吸收中国马克思主义哲学家的研究成果,从中国新民主主义革命的国情出发,指出教条主义的认识论根源,认为教条主义不能贯彻从实践到认识的路线,不能从中国国情出发,不能真正地实现马克思主义哲学和中国具体实际相结合,是导致革命失败的思想根源。毛泽东运用马克思主义哲学的科学方法论,从哲学高度回答了中国民主革命最迫切需要解决的理论问题,实现了从传统的知行观向科学实践论的转变,朴素的辩证法向唯物辩证法的变革。毛泽东是伟大的革命家,同时也是杰出的马克思主义哲学家,其哲学思想不但在形式上具有"中国作风"和"中国气派",而且在内容上推动了传统哲学的现代转型,更主要的是在马克思主义哲学的指导下形成了"中国人的思维方式"。毛泽东在实践基础上的理论创新,成功指引了中国民主革命的实践,最终引领了新民主主义革命的胜利。理论创新成为马克思主义哲学中国化的核心和关键环节。

(四)用马克思主义哲学的方法论指导中国新民主主义革命实践

分析和解决中国民主革命的实际问题,是20世纪三四十年代马克思主义哲学中国化的出发点和落脚点。毛泽东首次倡导马克思主义中国化时,突出的重点就是将马克思主义与中国实际相结合,实现马克思主义哲学在中国的具体化。中国共产党自成立起,就明确把马克思主义作为自己的指导思想,并逐步探索把马克思主义与中国革命实际相结合,用马克思主义哲学指导中国革命实践。但是用马克思主义指导中国革命的实际问题是一个非常复杂的问题,这不但关系到科学地看待马克思主义,还关系到正确看待中国民主革命实际;这既是一个重大的理论问题,也是一个重大的实践问题。

---

① 黄耀霞,郝立新. 试析马克思主义哲学视野下的党的理论创新[J]. 新视野,2019(1):33-39.

　　20 世纪三四十年代,以毛泽东为代表的中国共产党人将马克思主义哲学、中国民主革命实际和中国传统哲学相结合,实现了马克思主义哲学的理论创新,但理论创新的出发点和落脚点是分析和解决中国民主革命的实际问题。毛泽东指出:"许多同志的学习马克思列宁主义似乎并不是为了革命实践的需要,而是为了单纯的学习。所以虽然读了,但是消化不了。只会片面地引用马克思、恩格斯、列宁、斯大林的个别词句,而不会运用他们的立场、观点和方法,来具体地研究中国的现状和中国的历史,具体地分析中国革命问题和解决中国革命问题。"①毛泽东注重马克思主义哲学理论研究和应用,尤其强调使马克思主义哲学由一般性的理论转化为指导中国实践的具体方法。

　　20 世纪三四十年代,以毛泽东为代表的中国共产党人将马克思主义哲学的立场、观点和方法,转化为认识中国国情、分析中国局势、指导中国革命、解决中国问题的具体方法,并从中发展出一整套中国化的马克思主义理论,使马克思主义哲学与民主革命实际和中国传统哲学很好地结合起来,成为中国共产党人和广大人民群众的思想方法、工作方法和行动指南,为马克思主义哲学中国化开辟了广阔的思想空间,指引了中国新民主主义革命的最终胜利。这一过程是对马克思主义哲学的运用和发展,也是马克思主义哲学中国化的旨归和归宿。

二、四个基本问题的逻辑关系

　　前文说明的四个基本方面,是 20 世纪三四十年代中国的马克思主义者探索和实现马克思主义哲学中国化的不同侧面,它们从不同的角度回答了马克思主义哲学中国化面临的不同问题,四者既彼此独立,又相互作用,共同推动了民主革命事业发展。

　　用马克思主义哲学的方法论指导中国民主革命实践是其他三个方面学术研究的旨归。马克思主义哲学的理论传播、理论创新以及对中国传统哲学的批判继承最终的目的都是指导中国民主革命实践。毛泽东指出:"使马克思主义在中国具体化,使之在其每一表现中带着必须有的中国的特性,即是说,按照中

---

① 　毛泽东选集(第三卷)[M]. 北京:人民出版社,1991:797.

国的特点去应用它,成为全党亟待了解并亟须解决的问题。"①为了实现指导中国革命实践的目标,学术界研究马克思主义哲学,进行马克思主义哲学的广泛传播工作;去挖掘中国传统哲学中的思想精华,探寻马克思主义哲学和中国哲学的契合点;结合中国实践,探索中国化的马克思主义哲学,等等。马克思主义哲学中国化最直接、最重要的目的就是实现马克思主义哲学在中国的具体化,即把马克思主义哲学的方法论转化为指导中国现实的革命理论,变为可执行的路线、方针和政策,只有这样,才能具体地指导中国民主革命,实现国家独立、人民解放的革命目标。

在实现马克思主义哲学具体化的过程中,最核心、最关键的就是结合中国民主革命和民族文化传统,实现理论创新,创建中国化的马克思主义哲学。马克思主义经典著作只为我们提供了一般性的认识世界和改造世界的方法和原则,它具有普遍性,但半殖民地半封建社会的国情又处处透露出它的特殊性,这就要求实现理论创新,创建中国化的马克思主义理论。只有这样,才能制定指导中国革命具体实践的路线、方针和政策,才能具体地解决"中国向何处去"的现实问题。

理论创新是连接其他三个方面的桥梁,是马克思主义哲学中国化的关键环节。一方面,理论创新与分析指导中国民主革命实践紧密相连。理论创新的目的是指引中国民主革命实践,分析和解决中国民主革命的实际问题是理论创新的动力。"实践创新是理论创新的目的、动力和深刻根源,理论创新作为实践创新经验的观念升华和理论再现,又是进一步的实践创新的思想先导和精神动力。"②马克思主义哲学为我们提供了一般性的指导原则,但由于中国民主革命极大的特殊性,指引它需要结合中国实际,创建中国化的马克思主义理论。另一方面,理论创新又与理论传播和用马克思主义哲学的方法论扬弃传统哲学紧密相连。一是在创建中国化的马克思主义哲学时,要寻找马克思主义哲学和中国传统哲学的连接点,探寻两种哲学的共性,同时吸收中国传统哲学的智慧,实现中国传统哲学的创新性发展。二是需要中国的马克思主义者开展马克思主义的学术研究,进行马克思主义体系化和大众化研究,使中国共产党和广大民

---

① 毛泽东选集(第二卷)[M]. 北京:人民出版社,1991:534.

② 杨春贵. 理论创新:意义与机制[J]. 文史哲,2001(6):56-58.

众掌握这一精神武器,这些都是理论创新的前提条件。

理论传播为马克思主义哲学的理论创新作了学理准备。在实践基础上的理论创新需要马克思主义哲学的理论传播,理论传播解决的是革命主体的思想建设问题。革命事业是人民群众的事业,广大民众需要掌握马克思主义哲学这一精神武器。马克思主义哲学成功地指引了俄国革命,但是它对于落后、封闭的东方社会以及文化水平较低的中国人来说是陌生的,这就需要中国的马克思主义者开展理论传播,进行思想动员。一方面,需要将马克思主义哲学形成体系,以便党的领导人和广大民众能系统掌握;另一方面,需要将马克思主义哲学通俗化、大众化。这样我们党的领导干部和广大民众才能明白读懂。武汉大学宋镜明教授认为:"《社会学大纲》是中国马克思主义哲学理论体系形成的标志,是 20 世纪 30 年代马克思主义哲学研究的富有代表性的理论成果,为马克思主义中国化的理论成果——毛泽东思想的创立提供了学理上的重要工具。"[1] 可见,没有理论的广泛传播,就不可能实现理论的创新。同时,中国的马克思主义理论传播自始至终有一个明确的主题,就是回答"中国向何处去",为用马克思主义哲学方法论指导中国革命实践提供精神武器,这是理论传播的落脚点。

用马克思主义哲学的方法论批判继承中国传统哲学是理论创新不可或缺的重要方面。包含中国传统哲学在内的中国的传统文化,是中华民族的根,是中华民族生生不息、不断向前发展的内在动力,虽然它作为意识形态在近代无法引领中国的民主革命,但在深层次上影响着中国人的生活和思维方式。20世纪三四十年代,学术界对中国传统哲学的整理和思想发掘,为我们找到了马克思主义哲学在中国的生长点,既发掘出中国传统哲学的优秀基因和哲学智慧,同时也明确了传统文化中不适合新时期先进文化发展的方面。对马克思主义哲学与中国传统哲学结合点的发掘以及对其批判继承,一方面广泛传播了马克思主义,另一方面推进和深化了马克思主义哲学中国化运动。毛泽东和其他中国马克思主义者总结新民主主义革命的经验和教训,在马克思主义哲学的指导下,将中国传统哲学中的辩证法、知行观创造性地转化为科学的辩证法和认

---

[1] 宋镜明,吴向伟.1930 年前后李达对马克思主义中国化的历史贡献[J].深圳大学学报:人文社会科学版,2015(4):43-48.

识论,实现了马克思主义哲学的理论创新,成功地指导了中国民主革命实践。

　　综上所述,以上四个方面是对 20 世纪三四十年代马克思主义哲学中国化的四个基本问题的回应。学者们思考问题的逻辑起点不同、关注点不同,对马克思主义哲学中国化的认识亦各有侧重,这些使得他们在推进马克思主义哲学中国化道路上选择了不同的视角和努力方向,从而形成了各自的研究风格和鲜明特色。之所以有这几个主要的方面,是因为中国的民主革命事业有这几个方面的需要。正是革命实践的需要,才促使中国的马克思主义者为之奋斗,才取得了丰硕的学术成果,才指引了中国民主革命最终走向胜利。

第二章

用马克思主义哲学的方法论
批判继承中国传统哲学

新民主主义革命时期,中国共产党对敌斗争的领域主要有两个:一个是政治、军事领域;一个是思想文化领域。在思想文化领域,中国共产党把马克思主义作为自己强大的精神武器,为使广大民众理解和接受马克思主义,中国共产党的领导人和中国的马克思主义哲学家,用马克思主义哲学的方法论分析和整理中国传统哲学,开辟了马克思主义哲学中国化的一条新路径。20世纪30年代中后期,中国共产党和学术界对待中国传统哲学的态度已经由五四时期的批判转变为批判地继承。通过学术界批判继承中国传统哲学,探寻马克思主义哲学与中国传统哲学的契合点,使全党和广大民众树立了科学的传统文化观,促进了传统文化的现代化,有力地推动了新民主主义革命实践。

第一节　用马克思主义哲学的方法论批判继承
中国传统哲学的必要性

马克思主义哲学是中国共产党指导思想的哲学基础,作为一种外来哲学,要想发挥其指导作用,就存在与中国传统哲学结合的问题,但是二者的结合不是自然演变的过程,而是一个思想的自觉创造过程。实现二者的结合需要中国的马克思主义理论工作者在内容上找出马克思主义哲学与中国传统哲学之间的契合点,并依据马克思主义的基本立场、基本观点和基本方法,对中国传统哲学中的这些因子进行新的理解和阐释,而这种理解和阐释正是民主革命时期中国共产党和中国的马克思主义者对马克思主义哲学中国化进行探究的一个重要方面。

一、实现马克思主义哲学中国化的一个重要环节

从实现过程看,马克思主义哲学与中国传统哲学相结合在于中国的马克思主义者对中国传统哲学作了重新阐释,使其与马克思主义结合起来。中国共产党成立初期,中国的马克思主义者将二者对立起来,对待传统哲学采取的是批判的态度,到了 20 世纪 30 年代中后期,学者们开始认识到这种结合的意义,由此开始依据马克思主义哲学的观点对中国传统哲学进行了新的阐释,揭示了二者的契合点。在这一过程中,一大批马克思主义者从事了艰辛的理论探索,开展了大量的开拓性的工作,对传统学术文化进行梳理,从中发掘出那些在现时代仍有生命力的活的东西,发掘出那些与马克思主义相似相通的内容,探寻二者的结合点,使二者的结合由可能变为现实。

现实中国是历史中国的发展,不了解历史就不可能真正认识现实。毛泽东指出:"不但要懂得中国的今天,还要懂得中国的昨天和前天。"[①]每个民族都有自己的文化传统,如何看待中国传统文化,如何看待作为中国传统文化核心的中国传统哲学,这既是一个理论问题,同时也是一个关乎革命成败的一个重大实践问题。新民主主义革命时期,中国的马克思主义者对待传统文化的态度经历了一个由批判到批判继承的转变过程。

中国共产党成立初期,早期的马克思主义者已经初步地具有了把中国传统文化作为中国国情的想法。李大钊曾就当时中国的"现状",言及国情与历史的关系,总结二者之间的异同,并辩证地指出:"言国情者,必与历史并举,抑知国情与历史之本质无殊,所异者,时间之今昔耳。昔日之国情,即今日之历史;来日之历史,尤今日之国情。"[②]在李大钊看来,所谓国情,既是指"今日之国情",也是指"往昔之国情"。正如李大钊所说,中国传统文化是中国共产党直

---

① 毛泽东选集(第三卷)[M]. 北京:人民出版社,1991:801.

② 中国李大钊研究会. 李大钊全集(第一卷)[M]. 北京:人民出版社,2006:691.

接遇到的既定的从过去继承下来的文化条件,是中国的国情之一。但是,即使李大钊意识到传统文化是国情的一部分,早期的领导人对中国传统文化基本上还是持否定的态度。五四运动以前,陈独秀、李大钊是近代西方进化论的信奉者,反映在政治上,他们曾是资产阶级民主主义者;五四运动后,他们意识到资产阶级民主制度不适用于中国,转而认同和信仰马克思主义。

大革命失败后,随着历史的演进与自身认识水平的逐渐提高,中国共产党人对传统文化的认识也逐步趋于成熟,特别是在延安时期,基于革命斗争与理论建设的需要,学术界和中国共产党人已经开始重视马克思主义哲学和中国传统哲学的结合问题,意识到将二者结合的必要性和可能性。毛泽东指出:"清理古代文化的发展过程,剔除其封建性糟粕,吸收其民主性的精华,是发展民族新文化提高民族自信心的必要条件;但是决不能无批判地兼收并蓄。"①任何新文化都不是凭空出现的,都是在原有思想的基础上发展而来的。正如马克思主义哲学是对德国古典哲学的批判继承一样,现时代中国哲学的发展也是对中国古代哲学思想的批判继承。毛泽东指出:"中国现时的新文化也是从古代的旧文化发展而来的,因此,我们必须尊重自己的历史,决不能割断历史。"②中国共产党人认识到要用马克思主义哲学的立场、观点和方法去看待传统文化对党的文化建设的重要作用。基于此,毛泽东发出研究中国传统文化的号召,要求继承从孔夫子到孙中山这份优秀文化遗产。哲学家张岱年也主张:"马克思主义的中国化,不仅包括马克思主义和中国革命实际的相结合,还意味着马克思主义和中国哲学的优秀传统的结合。"③这表明,无论是思想政治界还是学术界都已经意识到用马克思主义哲学的方法来思考本民族文化的现代转型问题。

中国的马克思主义者从马克思主义哲学与中国传统文化的共同点入手,探寻二者结合的可能性。他们认为马克思主义作为一种外来文化,要实现在中国本土的成功移植,就必须从本土文化中找到其生长点和结合点,前提是必须与本土文化具有价值契合点。如果说二者之间具有相通性是马克思主义哲学中国化的前提条件,那么延安时期中国共产党和中国的马克思主义者对中国传统

① 毛泽东选集(第二卷)[M]. 北京:人民出版社,1991:707-708.

② 毛泽东选集(第二卷)[M]. 北京:人民出版社,1991:708.

③ 张岱年全集(第六卷)[M]. 石家庄:河北人民出版社,1996:334.

文化的研究活动则是实现马克思主义中国化的重要环节。汪澍白曾指出:"马克思主义中国化,从文化意义上说,主要是正确地解决马克思主义与中国传统文化的关系问题。"① 马克思主义哲学与中国传统哲学属于不同的文化价值体系,二者的结合不会是自然而然或自然演进的过程,而是需要马克思主义理论工作者对中国传统哲学进行辩证分析,它是自觉的思想创造过程。由此运用马克思主义哲学理解与阐释中国传统哲学,就成为 20 世纪三四十年代中国共产党和中国的马克思主义哲学家研究的一个重要内容。

二、加强党的理论建设的需要

中国共产党作为领导中国新民主主义革命的政党,它除了要带领民众进行政治、军事领域的斗争,还需要加强思想文化建设,武装全党思想。

(一)反对党内教条主义,加强党的理论建设的需要

20 世纪 30 年代,中国共产党逐渐认识到传统文化对加强党的思想建设的重要性,开始利用传统文化的优秀成分,加强党的思想建设,提高党的执政能力。自中国共产党成立起,党内始终存在一种游离于中国自身历史条件与文化传统的教条主义倾向,先后出现了以瞿秋白、李立三、王明为代表的三次"左"倾教条主义错误,特别是以王明为代表的"左"倾错误,给党的革命事业造成了巨大损失。如果抛开军事和其他方面的因素,单从文化上和理论上进行考量的话,土地革命的失败在于王明在对待中国革命问题上忽视自己民族的历史和文化传统,对待马克思主义采取教条主义的态度。不可否认,五四时期中国先进的知识分子,对旧传统、旧文化的批判曾在一定程度上推动了中国革命的发展,但随之而来的另外一个问题是对中国历史文化传统的忽视。

20 世纪 30 年代,革命形势的发展和中国共产党自身理论建设的需要,使中国共产党认识到党内的教条主义者,不但不了解中国的现实,而且不了解中国的历史文化传统。在一定程度上,可以说不了解本民族的文化传统是造成党内教条主义的原因之一。20 世纪 30 年代前中期,中国共产党在政治、军事领域的挫折,深刻地反映出我们党还处于幼年时期,党的理论准备还不充足。无视中国社会的现实条件与历史文化传统,不能将马克思主义理论与本国国情结

---

① 汪澍白. 二十世纪中国文化史论[M]. 北京:中国青年出版社,1999:214.

合,甚至出现了将二者对立起来的现象。在对待中国革命问题上,将马克思主义与中国现实相分离,与中国历史文化传统相分离,忽视中国社会的现实实际和民族历史文化传统,使中国革命遭受到巨大损失。因此,研究包括传统文化在内的中国具体实际,是中国共产党反对党内教条主义,加强党的理论建设的需要。

毛泽东曾创造性地从普遍性与特殊性相结合、理论与实践相结合的角度出发,指出马克思主义普遍原理需经历一定的民族形式,才能发挥与传统文化结合的优势。他发出警示:"必须将马克思主义的普遍真理和中国革命的具体实践完全地恰当地统一起来,就是说,和民族的特点相结合,经过一定的民族形式,才有用处,决不能主观地公式地应用它。"①针对党内存在的严重的教条主义错误,毛泽东向全党和学术界发出了研究中国传统文化的号召。他指出:"洋八股必须废止,空洞抽象的调头必须少唱,教条主义必须休息,而代之以新鲜活泼的、为中国老百姓所喜闻乐见的中国作风和中国气派。"②针对此前中国共产党对传统文化研究的不足及反对党内教条主义的需要,中国共产党到延安后,便在认真总结中国革命成功与失败的经验教训的基础上,发出了马克思主义中国化的号召,以毛泽东为首的中国共产党人开始了对中国的国情,包括中国传统文化深入而较为细致的研究。

（二）鉴古知今,助力革命运动的需要

研究历史的目的是思考现实,研究包括传统哲学在内的中国传统文化,可以起到鉴古知今的作用。郭沫若曾说:"对于未来社会的待望,逼迫着我们不能不生出清算过往社会的要求,古人说'前事不忘,后事之师'。认清楚过往的来程也正好决定我们未来的去向。"传统文化是中国共产党领导民主革命可以借鉴的重要资源,毛泽东把学习和研究传统文化作为指导革命运动的必要条件之一,他认为研究包括中国哲学在内的中国传统文化,可以起到鉴古知今的作用。著名马克思主义史学家范文澜在为《中国通史简编》所写的序中,开宗明义地指出:"我们要了解中华民族的前途,我们必须了解中华民族过去的历史。"③他

---

① 毛泽东选集(第二卷)[M]. 北京:人民出版社,1991:707.

② 毛泽东选集(第二卷)[M]. 北京:人民出版社,1991:534.

③ 范文澜. 范文澜全集(第七卷)[M]. 石家庄:河北教育出版社,2002:3.

认为研究历史就是为了了解人类社会的发展前途和中国革命的发展前途,即强调必须通过研究世界历史和中国历史,了解这两个历史的共同性及其特殊性。唯有如此,才能真正把握社会发展的基本法则,顺利地推动社会向一定目标前进。在谈到马克思主义学者的研究旨趣时,他指出:"马克思主义学者从来不到脱离现实斗争的学问里面去游戏,他研究古史、古哲学或个别问题,都是为了帮助今天的斗争。"① 由上可见,无论是从认识中国的国情考虑,还是从把握中国革命的规律出发;无论是从坚定革命信心和提高中国共产党人素养的角度,还是借鉴历史经验的现实需要出发,20 世纪三四十年代的中国共产党都认识到了传统文化对于中国共产党人从事革命活动的重要性。

三、建设民族新文化的前提

马克思曾指出:"人们自己创造自己的历史,但是他们并不是随心所欲地创造,并不是在他们自己选定的条件下创造,而是在直接碰到的、既定的、从过去承继下来的条件下创造。"② 马克思主义正是在吸收和改造两千多年来人类思想和文化发展中一切有价值的成果的基础上继承和发展起来的。20 世纪三四十年代,中国的新民主主义革命也面临在原有思想文化的基础上建设新文化的问题,中国共产党人认识到批判地继承中国传统文化并赋予新的时代内容,是建设新民主主义文化的基础和前提。中国的马克思主义学者认为,中国传统文化中蕴含着对建设新民主主义文化有价值的因素,主张新民主主义文化要向中华民族的优秀传统文化学习,要继承中国传统文化中的优秀遗产。

20 世纪三四十年代,中国共产党人已经充分认识到对待传统文化问题中的继承、发展和创新的关系,重视将传统文化研究与理论创新、文化创新结合起来。毛泽东从建设中华民族的新文化的角度,强调了继承古代优秀文化传统的重要性。他认为:"中国现时的新文化也是从古代的旧文化发展而来,因此,我们必须尊重自己的历史,决不能割断历史。"③ 张闻天提出了文化建设的

---

① 范文澜. 古今中外法浅释[N]. 解放日报,1942-9-3.

② 中共中央马克思恩格斯列宁斯大林著作编译局. 马克思恩格斯选集(第一卷)[M]. 北京:人民出版社,1995:585.

③ 毛泽东选集(第二卷)[M]. 北京:人民出版社,1991:708.

继承和发展的关系,他认为新文化不是凭空出现的,而是人类文化过往积累的持续发展。他指出,"新文化不是旧文化的全盘否定,而是旧文化的真正发扬光大","新文化不是从天上掉下来的奇怪的东西,而是过去人类文化的更高的发展"①。徐特立有创见地提出变古为今、结合古今、变外为中、结合中外的观点,认为运用这样的视野来看问题,才是"马列主义的方法"。他指出:"把古代的变为自己的和现代的结合起来,把外国的变为自己的和中国的结合起来,这样看问题才是马列主义的方法。"②吕振羽也指出:"民族新文化并非凭空创造,而是从旧文化的母胎中产生出来的,是中华民族文化发展过程中一种继起的历史形态——与社会经济发展过程相适应。所以说,我们要珍重民族文化的遗产,批判地继承其优良传统,吸收其积极的、进步的、有生命力的因素。"③

由以上中国共产党人和学术界对旧文化的态度以及对构建新文化的态度,我们可以知道任何民族的新文化都是从旧文化的母胎中产生出来的,不是凭空创造的。我们建设民族新文化首先就要珍重民族文化的遗产,并对其采取马克思主义的态度,即批判继承的态度。批判性继承传统文化中的优良成分,吸收其中积极进步与有生命力之因素,是建设民族新文化的前提和基础。

四、推动新民主主义革命的要求

1938 年 10 月,毛泽东在《中国共产党在民族战争中的地位》一文中指出:"指导一个伟大的革命运动的政党,如果没有革命理论,没有历史知识,没有对于实际运动的深刻的了解,要取得胜利是不可能的。"④中国共产党的领导人和中国的马克思主义哲学家对中国传统哲学的研究,具有很强的现实性和针对性,最终是为反帝反封建的新民主主义革命服务的。

(一)动员民众参加新民主主义革命的需要

新民主主义革命时期,特别是 20 世纪三四十年代,中国共产党把传统文化研究工作作为革命文化建设的一个重要组成部分,归根结底是服务于当时的革

① 张闻天选集编辑组. 张闻天文集(第三卷)[M]. 北京:中共党史出版社,1994:41.
② 湖南省长沙师范学校. 徐特立文集[M]. 长沙:湖南人民出版社,1980:288.
③ 吕振羽. 中国社会史诸问题[M]. 北京:生活·读书·新知三联书店,1961:137.
④ 毛泽东选集(第二卷)[M]. 北京:人民出版社,1991:533.

命实践的。毛泽东曾十分明确地指出:"革命文化,对于人民大众,是革命的有力武器。革命文化,在革命前,是革命的思想准备;在革命中,是革命总路线中的一条必要和重要的战线。"[①]中国共产党对传统文化的研究,是为了动员广大民众参加民主革命。中国新民主主义革命的依靠力量是以农民为主体的广大人民群众。农民占当时中国人口的80%以上,都分布在广大农村,深受中国传统文化影响。因此,动员广大农民参加民主革命,就需要在马克思主义和中国传统文化中找到结合点,这样才能使广大农民相信以马克思主义为指导思想的中国共产党,才能跟随党进行革命斗争。其实,早在20世纪20年代,中国共产党人就有了这种认识。毛泽东在广州农民运动讲习所讲课时,就谈到太平天国失败的一个重要教训就是"反对孔教,不迎合中国人的心理"。恽代英、澎湃等第一批走向农村的中国共产党人,在革命实践过程中认识到传统文化对农村的影响,提出了有针对性地做好农民与农村工作的前提是必须结合农村现状,其中,尤以运用马克思主义先进文化去整理和改造传统文化为其不可或缺之重要组成部分。

(二)与国民党进行思想文化斗争的需要

抗日战争时期,在国共两党意识形态斗争领域,蒋介石主张一个主义一个党,认为马克思主义并不符合国情,要求取缔马克思主义。早在1925年,国民党右派文人戴季陶写了《孙文主义之哲学基础》,传播封建道统论。1934年陈立夫出版了《唯生论》,1939年和1943年蒋介石先后出版了《力行哲学》和《中国之命运》,推行唯生论和力行哲学。无论戴季陶、陈立夫还是蒋介石,他们推行的学说虽然提法不同,但其本质一样,皆为鼓吹唯心主义,为维护其封建统治服务。他们以封建的道统论学说为其思想基础,宣扬大地主大资产阶级的哲学思想和中国传统封建文化。与道统论相伴而行的是南京国民政府的"尊孔读经"的逆流,复古主义泛滥。

针对这一情况,中国共产党人在进行政治批判的同时,还积极进行中国传统哲学研究,重视从古代哲学中发掘唯物论和辩证法等优秀成分,寻找马克思主义与中国传统文化的二者的契合点,以回击国民党理论家所说的马克思主义是舶来品,不符合中国国情的论调。中国共产党为揭穿以蒋介石为首的"封建

---

① 毛泽东选集(第二卷)[M]. 北京:人民出版社,1991:708.

道统论"实质,决心用马克思主义哲学的立场、观点和方法对传统哲学进行整理,这时对以儒家文化为核心的中国传统文化进行研判就显得尤为迫切。毛泽东曾指出,必与各种形式的反动哲学作斗争,方能正本清源,确保辩证法与唯物论作为指导中国革命彻底胜利法宝并长期深入发展下去[1]。为了宣传马克思主义,在意识形态领域开展与国民党的斗争,毛泽东发出了研究中国古代传统文化的号召。在毛泽东的积极倡导下,一批学者开始了用马克思主义的方法研究中国古代哲学的尝试。马克思主义史学家范文澜用马克思主义整理经学,毛泽东对其努力和取得的成就表示肯定和赞赏。毛泽东针对国民党内在思想领域的反动复古行径,提出:"因为目前大地主大资产阶级的复古反动十分猖獗,目前思想斗争的第一任务就是反对这种反动。"[2]他在致范文澜的信中鼓励说:"你的历史学工作继续下去,对这一斗争必有大的影响。"[3]从毛泽东给范文澜的信中可以看出,马克思主义学者所进行的传统文化研究工作对反对复古主义、道统论具有重要的意义。

(三)凝聚民族精神,树立民族自信心的需要

抗日战争时期,日本帝国主义对中国实施军事、政治和经济侵略的同时,也试图在文化、民族心理上征服中国人民。日本侵略者借用中国封建文化中腐朽的东西来奴役和麻痹中国人民。日本侵略者的文化侵略活动对中华民族的自信心、全民族团结抗战具有极其恶劣的影响。因此,在外敌入侵、民族危机空前加剧的情况下,整理中国传统文化,对于弘扬传统文化的优秀基因,凝聚民族精神、提高民族自信,反对日本的侵略具有重要意义。吴玉章曾指出:"我们大中华民族正处在亡国灭种的生死关头,只有深刻地研究我们的历史,唤起全民族的爱国精神,团结一致,结成牢不可破的、钢铁一般的民族统一战线,来推翻帝国主义的压迫,最迫切的是粉碎日本帝国主义的进攻我们的民族革命和社会革命才能得到胜利。"[4]毛泽东同时指出研究传统文化也是提高民族自尊心和自信心的需要,他说:"清理古代文化的发展过程,剔除其封建性的糟粕,吸收

---

① 方克立. 中国哲学史上的知行观[M]. 北京:人民出版社,1982:379.

② 中共中央文献研究室. 毛泽东书信选集[M]. 北京:中央文献出版社,2003:149.

③ 中共中央文献研究室. 毛泽东书信选集[M]. 北京:中央文献出版社,2003:149.

④ 吴玉章. 研究中国历史的意义[J]. 解放,1938(52):9.

其民主性的精华,是发展民族新文化提高民族自信心的必要条件;但是决不能无批判地兼收并蓄。"①

综上所述,在新民主主义革命时期,中国共产党和中国的马克思主义者,在总结中国革命经验教训的基础上,开始用马克思主义的方法对包括传统哲学在内的传统文化进行全面而系统的研究。这是加强党的理论建设的需要和建设民族新文化的需要,也是新民主主义革命实践的客观要求。

第二节　用马克思主义哲学的方法论批判继承中国传统哲学的主要内容

一、学术界对中国传统哲学的研究

20 世纪三四十年代,学术界开展了对中国传统哲学的研究,用马克思主义哲学的方法分析和整理中国传统哲学,这中间涌现了一大批马克思主义哲学家,张岱年、郭沫若、杜国庠、侯外庐、吕振羽、范文澜、杨荣国、赵纪彬等运用马克思主义哲学的方法论研究中国哲学史、中国思想史,对马克思主义哲学中国化作出了重要贡献。

学术界运用马克思主义哲学的方法论研究中国哲学,张岱年是最重要的代表,也是马克思主义哲学中国化的杰出代表。张岱年在 1930 年前后接受了辩证唯物论的思想,用马克思主义哲学的方法思考中国哲学的前途,探索中国文化的发展方向,试图将马克思主义哲学、中国哲学和西方哲学资源进行整合,尝试建构中国化的马克思主义哲学体系。

(一)明确提出"现在中国所需要的哲学"问题

1935 年,张岱年发表了《论现在中国所需要的哲学》一文,明确提出了"现在中国所需要的哲学"② 问题,向中国哲学界大声疾呼:"中国能不能建立

---

① 毛泽东选集(第二卷)[M].北京:人民出版社,1991:707-708.

② 张岱年全集(第一卷)[M].石家庄:河北人民出版社,1996:237.

起新的伟大的哲学,是中国民族能不能再兴之确切的标示。"① 他进而指出,"现在中国所需要的哲学"必须具备四个条件:"(一)能融会中国先哲思想之精粹与西洋哲学之优长以为一大系统。(二)能激励鼓舞国人的精神,给国人一种力量。(三)能创发一个新的一贯大原则,并能建立新方法。(四)能与现代科学知识相应合。"② 张岱年认为这四个具体条件,是新的中国哲学创造必须遵循的原则,也是对新的中国哲学创造的基本要求。其中"能融会中国先哲思想之精粹与西洋哲学之优长以为一大系统",明确地提出了吸取和熔铸中西古今哲学资源、建构新的哲学体系的目标。而对于中国传统哲学资源,张岱年认为,既不能像文化保守主义者那样采取守旧拒新的态度,也不能像全盘西化派那样采取完全抛弃的态度,而必须是有批判性地承继和有选择性地吸收。用他的话说就是:"中国现在所需要的哲学必须是综合的。保守旧哲学的传统或根本唾弃旧哲学而企图作西洋哲学系统下的一分子,都是不能应付现代中国之特殊需要的。对于中国过去哲学须能抉取其精粹而发展之、光大之,辨识其病痛而革正之、克服之,同时对于西洋哲学,亦要批判之、吸收之。"③

(二)尝试建构"综合创新"的哲学体系

1936 年,张岱年发表了《哲学上一个可能的综合》一文,进一步提出了以马克思主义的辩证唯物主义为基础,吸取中西古今哲学思想资源,建构新的哲学体系的构想,形成了他的哲学综合创新说。他说:"凡综合皆有所倚重,如康德之综合即是倚重于唯心,其实是一种唯心的综合;今此所说之综合,则当倚重于唯物,而是一种唯物的综合。"④ 又说:"今后哲学之一个新路,当是将唯物、理想、解析,综合于一。……此所说综合,实际上乃是以唯物论为基础而吸收理想与解析,以建立一种广大深微的唯物论。"⑤ 并断言:"唯物、理想、解析之综合,实乃新唯物论发展之必然的途径。"⑥ 在他看来,发展"新唯物论",

---

① 张岱年全集(第一卷)[M]. 石家庄:河北人民出版社,1996:242.
② 张岱年全集(第一卷)[M]. 石家庄:河北人民出版社,1996:238.
③ 张岱年全集(第一卷)[M]. 石家庄:河北人民出版社,1996:238.
④ 张岱年全集(第一卷)[M]. 石家庄:河北人民出版社,1996:262.
⑤ 张岱年全集(第一卷)[M]. 石家庄:河北人民出版社,1996:262.
⑥ 张岱年全集(第一卷)[M]. 石家庄:河北人民出版社,1996:262.

建立"广大深微的唯物论"新体系,一方面必须以马克思主义的辩证唯物主义为基础,另一方面必须与中国哲学传统建立起内在联系,使之能够成为"中国的哲学"而不只是"在中国的哲学"。他因此明确提出:"今日中国的新哲学,必与过去中国哲学有相当的继承关系。我们所需要的新哲学,不只是从西洋的最新潮流发出的,更须是从中国本来的传统中生出的。本来的传统中,假如有好的倾向,则发展这好的倾向,乃是应当。"[①] 在这里,他特别强调这个"广大深微的唯物论"新体系,要成为"现在中国所需要的哲学",就必须"是从中国本来的传统中生出的",也就是说,必须与中国哲学传统连接起来,具有中国哲学的民族文化身份。

张岱年尝试建构的"综合创新"的哲学体系,以马克思主义哲学为指导,并运用西方哲学逻辑分析法把马克思主义哲学、中国哲学、西方哲学融为一体,对建构中国化马克思主义哲学的理论体系作了初步尝试。这种尝试为马克思主义哲学中国化的学理研究指明了前进的方向。有学者评价道:"综合汲取中外文化之优长,而创造出一种新的文化形态的理论。这一理论对于中国文化的发展,对于中外文化的交融、创新,已经起了并将继续起着重要的指导作用。"[②]

(三)探究马克思主义哲学与中国传统哲学相结合的问题

张岱年在 20 世纪 30 年代撰写了《中国哲学大纲》(1935—1937 年撰写,1958 年出版)一书。该书是一部以中国哲学问题史的形式来阐发中国传统哲学的特色与精义的专著。该书鲜明地显示了张岱年成熟的学问性格:既不赞成一些深受西方哲学影响者,以认同西方哲学来贬抑中国传统哲学;也不赞成一些文化保守主义者,以守旧心态来高扬中国传统哲学;而主张在中西哲学的比较和交流中,来发现中国传统哲学的特色,进而以此接引马克思主义的辩证唯物主义进入中国思想世界,找到马克思主义哲学在中国思想世界的生长点,使中国的马克思主义哲学真正"是从中国本来的传统中生出来的"。

1. 探究马克思主义哲学与中国传统哲学的共性问题

在《中国哲学大纲》中,张岱年首先对何谓中国哲学问题进行了反思。他

---

① 　张岱年全集(第一卷)[M]. 石家庄:河北人民出版社,1996:271.

② 　冯国瑞. 文化哲学研究的先驱者 [N]. 光明日报,2009-6-23(11).

认为:"中国哲学与西洋哲学在根本态度上未必同;然而在问题及对象上及其在诸学术中的位置上,则与西洋哲学颇为相当。"①在他看来,不论是中国哲学,还是西方哲学,虽然存在各种不同,但关注的问题有诸多相通,都关注和思考宇宙和人生的大问题。因此,中国哲学和西方哲学必然会面对相似的甚至相同的哲学问题,而不会在哲学问题上各不相干。他由此对中国哲学和西方哲学所探讨的主要问题进行了分析,指出中国哲学和西方哲学作为"一般哲学"②,都要探讨宇宙论、人生论、致知论三方面的哲学问题。这清楚地表明,中国哲学与西方哲学之间确实存在着相似的甚至相同的问题。这种对哲学问题的理解,为张岱年以马克思主义的辩证唯物主义为基础,吸取和融会中西古今哲学思想资源,建立一种"现在中国所需要的哲学",提供了理论的前提。

2. 发掘中国传统哲学在现时代仍富有生命力的内容

在张岱年看来,中国传统哲学和西方哲学虽然有很多共同点,但又各具特色。在现时代,这些特色思想中有相当一部分仍然富有生命力。对于在现时代继续活着的东西,应当加以继承和发扬;对于在现时代已经死去的东西,则应当加以批判和扬弃。在《中国哲学大纲》的结论部分,他专门探讨了"中国哲学中之活的与死的"③这一重大问题。他认为从现时代出发来看中国传统哲学,可以发现其中存在着两种倾向:"有一些倾向,在现在看来,仍是可贵的,适当的。这可以说是中国哲学中之活的。而也有一些倾向,是有害的,该排弃的,便可以说是中国哲学中之死的。"④基于这两种倾向,张岱年提出了"中国哲学中之活的"与"中国哲学中之死的"两个概念。"中国哲学中之活的"是指中国传统哲学中对现代哲学发展和现代中国人生活仍有积极意义的内容;"中国哲学中之死的"是指中国传统哲学中对现代哲学发展和现代中国人生活没有积极意义的内容。二者都是针对现时代而言的。

在此前提下,张岱年指出了"中国哲学中之活的"六个方面。第一,中国传统哲学从来不把"本根"与事物的关系看作真实与虚幻的关系;第二,中国传统

---

① 张岱年. 中国哲学大纲[M]. 北京:中国社会科学出版社,1982:序论 2.
② 张岱年. 中国哲学大纲[M]. 北京:中国社会科学出版社,1982:序论 3.
③ 张岱年. 中国哲学大纲[M]. 北京:中国社会科学出版社,1982:587.
④ 张岱年. 中国哲学大纲[M]. 北京:中国社会科学出版社,1982:587.

哲学认为整个宇宙是一个生生不已、无穷无尽、有其条理的变易历程;第三,中国传统哲学认为变化的根据在于"两一"的对立统一;第四,中国传统哲学重视阐发人生理想论;第五,中国传统哲学最为注重学说与行为的一致,主张将思想与生活打成一片;第六,中国传统哲学在致知论上具有笃实精神,直截了当地承认物之外在与物之可知。这些"中国哲学中之活的"集中显示了中国传统哲学源远流长的唯物主义和辩证法传统。张岱年认为,这些内容都"可以说是中国哲学中之活的基本倾向,是旧哲学中之历久常新的"[1]。

3. 探究中国传统哲学中的唯物论和辩证法思想

在《中国哲学大纲》的《新序》中,他说:"在叙述中国哲学各方面思想时,也曾经力求阐明中国历史上的主要的唯物主义思想与辩证观念。对于《易传》、王充……王夫之、戴震等的唯物主义学说,对于老子、庄子、《易传》……王夫之等的辩证观念,都曾经加以解说。虽然所讲的都不完备,但当时的主观愿望之一却是企图阐发中国固有的唯物主义传统与辩证思想传统。"[2] 张岱年认为,中国传统宇宙论包括本根论和大化论两部分,本根论探讨宇宙的发生和构成问题,大化论探讨宇宙的运动变化问题。

（1）探究中国传统哲学中的唯物论思想。他在《中国哲学大纲》中把中国古代哲学区分为唯理论、唯心论、唯气论三个类型。他指出从张载到王夫之是唯气论一派,唯气论就是中国的唯物论,这是张岱年在中国哲学史研究方面的重要贡献之一。张岱年对王夫之的气论评价尤高,认为王夫之是张载以后第二个伟大的唯气论者。他认为:"船山天下唯器的见解,实乃是最明显的唯物论。"[3]"在清代哲学,有创见的思想家皆讲气论,气论遂成了时代的主潮。"[4] 他还进一步指出:"现代中国治哲学者,应继续王、颜、戴未竟之绪而更加扩展。"[5]以上看法是在 20 世纪 30 年代中国哲学界未有的新论,也表明了其自身的哲学观点和倾向。

---

① 张岱年. 中国哲学大纲[M]. 北京:中国社会科学出版社,1982:589.

② 张岱年. 中国哲学大纲[M]. 北京:中国社会科学出版社,1982:新序 6.

③ 张岱年全集(第二卷)[M]. 石家庄:河北人民出版社,1996:113.

④ 张岱年全集(第一卷)[M]. 石家庄:河北人民出版社,1996:273.

⑤ 张岱年全集(第一卷)[M]. 石家庄:河北人民出版社,1996:273.

（2）探究中国传统哲学中的辩证法思想。张岱年是最早研究中国哲学辩证法思想的学者之一。1932 年，他先后发表《先秦哲学中的辩证法》《秦以后哲学中的辩证法》等文章，勾勒出了中国古代辩证法的发展脉络。在《中国哲学大纲》中，张岱年对中国哲学中辩证法的变易、反复、两一进行了详细说明。

第一，梳理了中国传统哲学中唯物辩证法的发展脉络。他提出中国哲学的辩证法是"老子发其端，《易传》集其成"①。张岱年认为中国哲学发端于先秦，老子对辩证现象的详细观察与理论化至《易传》而集大成，其后，北宋张载、明清时期王夫之的辩证法，是先秦以后最突出的。这是总体的概括。

张岱年认为老子《道德经》中有类似辩证法的思想，他把老子辩证法思想归纳为三个要点：第一，变化常反；第二，采取了反面的形态则不反；第三，差异是相对的。在论述《易传》的辩证法时，有关论述辩证的观念很多，但主要归纳为四个要点：第一，一切事物都是变化的；第二，其所以变化在于对立体之相互作用；第三，变化的公式是反与复；第四，变化的历程有骤有渐。他认为《易传》中的思想对唯物辩证法的认识更深刻、更全面，并且指出辩证法最基本的原则是反复原则。此外，张岱年认为中国哲学辩证法的另一个高峰是宋明理学时期，在宋代哲学家中，张载最富于辩证思想。他把张载的辩证法思想归结为四点：第一，万象变化无穷，而一切变化皆是气之聚散屈伸；第二，"两一"原则；第三，反仇与和解；第四，物物之联系。② 其中以"两一"原则及反仇与和解最为重要，是张载对辩证法的特殊贡献。

在上述研究的基础上，张岱年依据马克思主义辩证发展观看待中国传统哲学的辩证法思想，力图对中国哲学的辩证法思想的发展脉络进行分析，在此基础上，他对未来中国哲学的发展进行了展望。他认为，中国哲学的辩证法思想发展不是直线的，而是曲折的。中国哲学发展的第一个圆圈是先秦到汉，第二个圆圈是汉到宋明，未来哲学的发展方向将是"新的综合"。他认为："今后的思想当是吸收了西洋思想以后的新的综合，而必亦是原始固有的积极精神的复活。"③ 辩证法的否定之否定规律，讲螺旋式上升，张岱年以辩证的观点描绘了

---

① 张岱年全集（第一卷）[M]. 石家庄：河北人民出版社，1996：30.
② 张岱年全集（第一卷）[M]. 石家庄：河北人民出版社，1996：36.
③ 张岱年文集（第一卷）[M]. 北京：清华大学出版社，1989：156.

中国哲学史在历史长河中的思想脉络。同时,他设想了中国哲学的未来。他认为:"将来的中国哲学,固然必是西洋哲学影响下的产物,而亦当是中国旧哲学之一种发展。"①"是我们今天为了伟大的社会主义建设而需要加以继承和发扬的。"②

第二,阐释了中国传统哲学中唯物辩证法的规律。在内容上,张岱年根据马克思主义哲学中的辩证法的规律,在中国哲学中寻找与之相似的对应思想。他用唯物辩证法中的对立统一规律、质量互变规律、否定之否定规律来整理中国哲学的材料,主要对"反复"和"两一"作了研究。他分析了中国传统哲学的辩证法和马克思主义哲学的辩证法的共性和不同。相似之处在于:马克思主义的辩证法讲否定,由量变到质变,认为事物的发展是由否定实现的;中国哲学的"反复",也讲否定,在事物质变之前有量变,这是二者的共性。此外,他还讲了二者的差异:唯物辩证法讲发展,表面看是"复返于初",实质上是"前进一级",而中国哲学的辩证法则"反复实有循环的意味"。③

此外,他概括和指出了中国哲学的"两一"关系的若干要点,认为:"中国哲学中两一的观念,可以说与西洋哲学之辩证法中所谓对立统一原则,极相类似。对立统一原则,是辩证法核心,中国哲人所阐发已精而详。虽仍有不清楚不完备之点,但大体亦甚丰富而深澈。这实在是中国过去哲学中之可贵的贡献。"④《中国哲学大纲》中"大化论"的前三章标题分别是"变易与常则""反复""两一"。张岱年认为,"变易""反复""两一"是中国辩证法的核心。"反复是变易之规律,两一是变易之根源。"⑤张岱年认为:"中国哲学有一个根本的一致的倾向,即承认变是宇宙中之一根本事实。变易是根本的。"⑥"变化的规律(即'常'),便是反复。"⑦也就是说,反复是变易的规律,对立统一规律相对于的中国辩证法思想是两一,两一是变易的根源。张岱年说:"反复、两一的

---

① 张岱年. 中国哲学大纲[M]. 北京:中国社会科学出版社,1982:587.

② 张岱年. 中国哲学大纲[M]. 北京:中国社会科学出版社,1982:新序16.

③ 张岱年. 中国哲学大纲[M]. 北京:中国社会科学出版社,1982:107-108.

④ 张岱年. 中国哲学大纲[M]. 北京:中国社会科学出版社,1982:126.

⑤ 张岱年. 中国哲学大纲[M]. 北京:中国社会科学出版社,1982:162.

⑥ 张岱年. 中国哲学大纲[M]. 北京:中国社会科学出版社,1982:94.

⑦ 张岱年. 中国哲学大纲[M]. 北京:中国社会科学出版社,1982:101.

理论,与西洋哲学之辩证法相仿。"①可以说是对否定之否定和对立统一规律的中国表达方式。

通过这些阐发,张岱年揭示了王夫之、颜元、戴震一派在唯物主义和辩证法方面对中国传统哲学的贡献与意义。他在 20 世纪三四十年代在对中国哲学进行思考时,根据其对唯物辩证法和中国哲学辩证法的理解,自觉地把中国哲学中"变易""反复""两一"等范畴纳入辩证法,使其叙述的辩证法更具有中国风格。

二、马克思主义者对国民党右派哲学思想的批判研究

20 世纪三四十年代,中国的马克思主义者在推进马克思主义哲学与中国哲学相结合的过程中,也加强了对国民党右派反动哲学的批判。从第一次国内革命战争开始到抗日战争结束,以戴季陶、蒋介石、陈立夫为代表的国民党右派,宣传大地主阶级的哲学思想和中国传统封建文化糟粕,反对马克思主义哲学和新民主主义革命,遭到了中国共产党人和马克思主义理论工作者的反击。陈独秀、瞿秋白、艾思奇等马克思主义者对其哲学思想展开批判,进一步宣传了中国共产党的传统文化观。

(一)对戴季陶主义的批判

1925 年 7 月和 8 月,国民党右派文人戴季陶先后写了《国民革命与中国国民党》《孙文主义之哲学基础》两本小册子,在思想理论上发起了对中国共产党和马克思主义的攻击。戴季陶主义的主要内容是否认社会的阶级对立,反对社会革命和阶级斗争,反对孙中山的三大政策,反对建立革命统一战线和国共合作,企图取消中国共产党和中国革命。戴季陶思想的特点是把他自己打扮成三民主义的信奉者和孙中山的信徒,从右的方面歪曲孙中山的政治思想和哲学思想,宣扬封建道统论。戴季陶认为孙中山先生的思想"完全是中国的正统思想,就是继承尧舜以至孔孟而中绝的仁义道德思想"。他称孙中山先生之所以伟大,就在于他继承了尧、舜至孔孟的"正统思想",并发扬光大。他认为中国人只有相信中国传统封建道德、文化价值,并恢复这些道德文化,中华民族才能生存,事业才能和平,达到"大同"。这里戴季陶打着宣传解释孙文主义的旗号,宣传

---

① 张岱年文集(第二卷)[M]. 北京:清华大学出版社,1990:192.

封建道统论,把孙中山说成是继承和发展了孔孟的封建道统,以便为他鼓吹封建传统文化披上神圣的合法外衣。

针对戴季陶的封建道统论,1925 年 8 月,瞿秋白写了《中国国民革命与戴季陶主义》,进行了针锋相对的批判。瞿秋白尖锐地指出:戴季陶思想的根本点,便是唯心论的道统说,戴季陶打着维护"民族文化""国家利益"的旗号,企图蒙蔽工农群众,借着"中庸""调和"和"统一"而反对阶级斗争。这是封建宗法社会的旧传统与帝国主义侵略相勾结的产物,必须坚决进行反帝反封建的斗争。

陈独秀指出了戴季陶的根本错误在于"只看见民族争斗的需要而不看见阶级争斗的需要",认为民族斗争中有必要实行阶级斗争,指出中国共产党在民族斗争中需要发展阶级斗争的思想。他列举历次反帝斗争和革命运动,都是工农群众站在斗争的最前列,为国家民族而奋斗牺牲,而"大商地主阶级"却竭力破坏爱国运动的事实,证明在民族斗争中有必要实行阶级斗争。陈独秀指出戴季陶主张停止阶级斗争,"是破坏民族争斗之主要的力量",同时明确地表示中国共产党在民族斗争中要发展阶级斗争。他还指出了戴季陶宣扬的"仁爱"哲学是欺骗工农群众的反动说教。他提出:"'仁爱之心'这件东西,如果能够解决世界上实际利害上的冲突问题,那么便可拿他感动清室让权于汉人;也可以拿他感动北洋军阀尊重民权;也可以拿他感动帝国主义者解放弱小民族,由他们自动废弃一切不平等条约。"[1]

以瞿秋白、陈独秀为代表的中国共产党人和马克思主义者对戴季陶的揭露批判,沉重地打击了戴季陶主义,捍卫了马克思主义的阶级斗争学说、社会革命理论以及唯物史观理论,在政治和哲学思想上都取得了重大的胜利。

(二)对蒋介石、陈立夫哲学思想的批判

蒋介石国民政府也非常注意"哲学建设",为了给其封建统治寻找"理论根据",陈立夫在 1934 年发表了《唯生论》,蒋介石在 1939 年发表了《力行哲学》,1943 年发表了《中国之命运》,试图恢复中国固有的封建文化,借以维护大地主大资产阶级的利益。

唯生论认为求生存是人类的本性,人类求生存的天性推动社会的进化,否

---

[1]　陈独秀文章选编(下)[M]. 北京:生活•读书•新知三联书店,1984:88.

认物质生产方式的变更和阶级斗争是社会发展的动力,鼓吹抽象的人性论与历史唯心论,反对无产阶级斗争,企图麻痹人民群众的革命意识。蒋介石集团又鼓吹"诚"的哲学,他们从唯心论的本体论和历史观出发,认为"诚"就是"智、仁、勇"三个字,要求人民遵守封建的道德规范,作为其统治人民的思想武器。蒋介石集团还宣传"力行"哲学,认为"行"就是实现良知,"行"是人类的先天本性,不是社会实践,而是封建道德意识良知和人的本能冲动,"行"的目的是达到"智、仁、勇","力行"就是为了维护封建统治而不惜舍身杀人。

针对以上反动思想,党的理论工作者进行了坚决的反击。周恩来批判道:"蒋介石的哲学思想是极端的唯心论"①,"蒋介石的历史观,是一套复古的封建思想,反映着浓厚的传统的剥削阶级意识。"②周恩来指出,蒋介石力行哲学的本质是唯心主义哲学,目的是愚弄民众,维护其封建统治服务,具有浓厚的封建剥削阶级意识。

艾思奇也揭示了蒋介石和陈立夫哲学思想的本质,指出唯生论的本质是唯心论和二元论,这种思想代表的是大资产阶级的世界观。他还批驳了唯生论者,所谓唯生论就是关于孙中山的哲学思想与世界观的谬论。艾思奇认为,唯生论哲学虽然以孙中山先生思想因素为渊源、以孙先生一些话语为依据,但绝非其哲学思想,只能算作他的"一部分思想的附会夸大的产物"。他还指出,蒋介石所谓的"诚","不外就是迷信的代名词",是"十足的唯心论"。他还揭露批判了蒋介石的"力行"哲学的实质,是宗教式的崇拜行为,是"想把封建时代愚民政策的统治施行到今天"③。他认为蒋介石的"力行"和革命实践有着本质的不同,蒋介石的哲学是"愚民哲学,在'真知'的名义下要求人民无知,在'力行'的名义下要求人民盲从"④。总之,蒋介石提倡所谓"力行哲学",陈立夫宣传"唯生论",实际还是继续鼓吹道统说,为了欺骗人民,为维护其封建统治服务。

20 世纪 20—40 年代,马克思主义者对国民党反动派利用传统哲学中的封建思想进行反动统治给予了有力的反击,这对于传播马克思主义,反对国民党

---

① 周恩来选集(上卷)[M]. 北京:人民出版社,1980:145.

② 周恩来选集(上卷)[M]. 北京:人民出版社,1980:147.

③ 艾思奇. 艾思奇全书(第三卷)[M]. 北京:人民出版社,2006:426.

④ 艾思奇. 艾思奇全书(第三卷)[M]. 北京:人民出版社,2006:427.

反动派的意识形态具有重要作用。

三、马克思主义者对中国思想史的开拓性研究

抗日战争时期,国民党反动派为了维护其反动统治,抵制马克思主义以及民族民主革命思想,竭力宣扬中国的法西斯主义和尊孔复古思想,一些国民党反动文人紧密配合,著书立说,宣扬封建的、资产阶级的史学思想,独断地剪裁中国思想史中的各重要学派,甚至抹杀整个历史时代。针对这种倒行逆施的行为,杜国庠、侯外庐等一些马克思主义者,决定着手用马克思主义哲学的方法论系统地研究中国思想史、中国哲学史,力求恢复"历史本来的面目",他们的研究工作在中国哲学史领域作出了开拓性的贡献。

郭沫若、杜国庠和侯外庐对于哲学和思想史的研究具有鲜明的时代特征和阶级特征,充满了革命批判精神。其中,侯外庐、赵纪彬和杜国庠所著的《中国思想通史》论述了从殷代到清代中期的思想史全程,对历代的思想主潮、重要的思想家、主要的学术流派大都作了论述,论及了其间的传承关系以及思想变革,特别是大力发掘了中国思想史上唯物论的光辉传统,批判了唯心论思想,为我国思想史、哲学史研究开辟了新的道路,可以说在中国思想史、中国哲学史的研究中,他们确实是"卓然自成一家"。

(一)运用唯物史观研究中国思想史

在马克思主义者看来,社会存在决定社会意识,思想是现实的反映,所以任何学说的演变应该从它产生的社会根源上进行说明。一些马克思主义者从这一观点出发,研究中国传统思想,提出了许多具有创新性的观点。其中,郭沫若用唯物史观考察中国古代社会,他在1930年首次出版的《中国古代社会研究》中,认为中国社会与西方社会一样,共同遵循社会发展的一般规律,用唯物史观的社会经济形态理论分析中国古代社会历史的发展也是适用的。他在书中论证了中国古代(西周)也有奴隶社会的存在,并且认为从春秋时期到鸦片战争以前,中国社会是封建社会,从而证实了马克思主义关于社会发展阶段论的普遍真理同样符合中国的历史。

侯外庐、赵纪彬、杜国庠撰写的《中国思想通史》也坚持历史唯物主义的原则,强调研究思想史必须以研究社会史为基础,注意社会史和思想史的关联。侯外庐在谈到他研究中国古代思想史时认为,研究中国古代思想史需要了解中

国古代社会史,"我强调研究中国思想史,必须以研究中国社会史为基础,把二者结合起来,才会有所创获"。"不如此,而研究古代思想,必流于附会臆度。"①侯外庐在谈到研究原则和方法时认为,必须坚持历史主义的原则,将思想家及其思想放到特定历史时期予以分析研究,"把思想家及其思想放在一定的历史范围内进行分析研究,把思想家及其思想看成生根于社会土壤之中的有血有肉的东西,人是社会的人,思想是社会的思想,而不作孤立的抽象的考察"②。杜国庠也赞成这一原则和方法,他认为思想都是实在世界(自然和社会)的运动的反映,而个别思想之所以能够汇合而成为思潮,也正因为它们是在某一历史时期反映了同一的实在世界的结果。他认为应从社会背景依据出发方能达成"逻辑"与"历史"的统一,也才能进一步明确古代社会与古代思想史之关系与发展。③他们对先秦诸子、两汉经学、魏晋玄学、隋唐佛学、宋明理学、明清前期启蒙思想的考察,基本上是遵循这一原则的,因而取得了较好的研究成果。

(二)在整理中国传统思想的过程中,坚持"以人民为本位"和批判继承的原则

1943—1945 年郭沫若在写《十批判书》时,认为判断是非曲直应根据"人民为本位"的思想进行判断。他认为孔子的基本立场"是顺应着当时的社会变革的潮流的",并提出要"以人民为本位"的道理去"批评古人",合乎这种价值取向就是正确的,反之就是错误的。他说自己之所以比较推崇孔子和孟子,是因为他们的思想在各家中比较富有人民本位的色彩。哲学家们在整理中国传统思想的过程中,要善于剔除其腐朽的糟粕,把具有民主精神、科学精神的因素和唯物主义的传统发掘出来。

侯外庐等人在思想史研究中,旗帜鲜明地坚持马克思主义唯物史观,把批判学术史研究中的资产阶级观点和封建主义观点以及批判资产阶级学者对哲学史的严重歪曲,作为自己义不容辞的职责。他们一开始就明确地提出,要用"马克思主义的科学方法,有理有据地恢复唯心史家歪曲了的历史本来面目",向新一代青年提供一部用马克思主义观点写成的思想史。严格遵循科学的态

---

① 侯外庐. 近代中国思想学说史[M]. 上海:生活·读书·新知三联书店,2014:1.

② 中国哲学编辑部. 中国哲学第十辑[M]. 北京:人民出版社,1983:474.

③ 杜国庠文集编辑小组. 杜国庠文集[M]. 北京:人民出版社,1962:233.

度,运用唯物史观,科学地剖析每一个人物。他们的研究鲜明地体现了马克思主义哲学党性原则和科学性的统一,既善于汲取资产阶级学者所取得的成果,又善于改正其错误、消除其反动倾向,贯彻自己的唯物主义路线的精神。

20世纪三四十年代,中国的马克思主义哲学家和史学家,用马克思主义的方法研究和批判继承中国传统哲学,在学术领域取得了一系列重大成果,开创了一种用马克思主义哲学研究中国哲学的新方法,有利于中国传统哲学的现代化,对指导新民主主义革命实践也具有重要意义。

第三节　用马克思主义哲学的方法论批判继承中国传统哲学的历史意义

20世纪三四十年代,中国的马克思主义者以一种高度的自觉将马克思主义哲学与中国传统哲学结合起来,并使这种结合在较短的时间内取得重大成效。这一实现过程体现了中国马克思主义者的理论自觉,哲学家们用马克思主义的方法整理和探究中国哲学的发展及其内在逻辑,为马克思主义哲学中国化作出了贡献,推动了中国传统哲学的现代化。

一、有力地推动了民族文化事业的发展

文化是一个民族、一个社会的灵魂,它承载着人类的社会信仰、民族传统和民族精神。这一时期,中国共产党人和中国的马克思主义者用马克思主义的方法批判继承传统文化,取得了重大成果,帮助人们树立了科学的传统文化观,推动了传统文化的现代化,促进了新民主主义文化建设。

(一)树立了科学的传统文化观

1. 转变了对待传统文化的态度,形成了科学的传统文化观

新民主主义革命时期,中国共产党对待传统文化的态度经历了一个由拒绝排斥到批判继承的过程。五四时期,早期的共产党人举起民主和科学的大旗,对封建传统文化持排斥和否定的态度。20世纪30年代,民族危机日益加剧,中国共产党对传统文化作出理性反思,随之对待传统文化的态度也发生重大转

变。正如汪澍白所言:"马克思主义与中国传统文化的交融就从早期的无意识状态进入到有意识或自觉的新阶段。"①

20世纪30年代以前,中国共产党对中国传统文化的批判固然有其合理性,但没有遵循马克思主义的科学的研究方法,缺乏对传统文化的科学研究,没有处理好马克思主义与传统文化的关系,最终导致了马克思主义中国化的受阻和教条主义的盛行,其中教训是深刻的。在毛泽东发出"马克思主义中国化"的号召后,由于坚持了马克思主义的科学的指导原则,正确处理了马克思主义与传统文化的关系,中国共产党找到了引领中国革命的正确的意识形态,形成了中国化的马克思主义,使中国共产党在理论上和实践上都取得了巨大的成就。这正如侯外庐所指出的:"中国学人已经超出了仅仅于仿效西欧的语言之阶段了,他们自己会活用自己的语言讲解自己的历史与思潮了。他们在自己的土地上无所顾忌地能够自己使用新的方法,掘发自己民族的文化传统了。"②

2.明确了对待传统文化的基本原则和科学方法

这一时期,中国共产党人对传统文化的研究,掌握了马克思主义唯物辩证的科学方法,突破了五四以来思想学术界对待中国传统文化的非此即彼的文化研究范式,确立了以马克思主义为指导,对中国传统文化批判继承的原则和方法。在此原则的指导下,中国共产党人对传统文化进行了科学的分析,明确了其中精华与糟粕的界限,这是中国近代以来古今中西之争都没有解决的历史难题。尽管文化本位派、全盘西化派、形形色色的复古主义等思潮都力图解决这一难题,但始终没能正确解决。而以毛泽东为首的中国共产党人,用马克思主义的科学方法,对"凡属主张尊孔读经、提倡旧礼教旧思想、反对新文化新思想"的所谓"半封建文化"作了终结性的批判,提出了对包括传统儒学在内的一切古代文化要"剔除其封建性的糟粕,吸收其民主性的精华"的科学原则。这既是新文化运动取得决定性胜利的标志,也是中国化的马克思主义——毛泽东思想在文化观上成熟的标志。

① 汪澍白.二十世纪中国文化史论[M].北京:中国青年出版社,1999:214.
② 侯外庐.中国古代思想学说史[M].上海:上海文化服务社,1950:1.

（二）推动了中国传统哲学的现代化

中国共产党和中国的马克思主义哲学家用马克思主义哲学的方法批判继承中国传统哲学，是对中国传统哲学历史性的变革，推动了中国传统哲学向现代转型，促进了中国传统哲学的现代化。

马克思主义哲学和中国传统哲学属于不同的哲学传统，二者存在着时代性差异。马克思主义哲学是建立在资本主义工业文明基础上的，是在对西方哲学批判继承基础上形成的科学的世界观和方法论；中国传统哲学是建立在小农经济基础上的，是前现代性观念、习惯与规范的思想体系。在马克思主义哲学中国化的这个过程中，马克思主义哲学的科学研究方法取代了中国传统文化的直觉体悟方法，它所体现的科学理性和人道主义精神逐渐地战胜了中国传统文化中的蒙昧主义和封建主义因素，有力地推动了中国文化的现代化。

鸦片战争后，中华民族面临前所未有的危机，中国人开始寻求救亡的先进理论，西方社会各种文化思潮及哲学思想大量传入中国，中西古今文化与哲学发生了前所未有的碰撞、交流和融合。在这一过程中，马克思主义哲学由于它所具有的实践哲学的理论本性，满足了 20 世纪上半叶先进中国人救国救民的需要，在中国思想界产生了巨大而深刻的历史影响。马克思主义哲学在中国的传播过程，是中国人自觉地将马克思主义哲学与中国国情相结合的过程，这一过程是马克思主义哲学中国化的过程，同时也是中国哲学现代化的过程。武汉大学李维武教授指出："马克思主义哲学中那些对中国思想世界和中国文化历史产生积极作用的内容，特别是那些对塑造中国人新的时代精神和民族精神产生深刻影响的内容，在百年来已积淀为中国哲学现代传统的重要组成因素，直接参与了中国哲学现代传统的建构。"[①] 时代的发展和实践的任务使中国传统哲学中优秀和精华的内容得以凸显，形成它与马克思主义哲学的新的结合点，而新的结合的成功实现势必将使这些内容与马克思主义哲学融合，获得现代性，这将是中国传统哲学现代化的重要途径之一。马克思主义哲学中国化是马克思主义哲学与中国哲学、中国文化的结合的过程，换一个角度看，这也是中国哲学和中国文化的现代化过程。

---

① 李维武. 中国哲学的传统更新[M]. 北京：人民出版社，2012：304.

（三）推动了新民主主义文化建设

1940年1月，毛泽东发表了《新民主主义论》，指出新民主主义的文化是"民族的""科学的""大众的"文化。其中"民族的"和"科学的"这两个方面，都离不开中国的马克思主义哲学家的理论探索。20世纪三四十年代，中国共产党和中国的马克思主义者不仅在思想上分析了传统文化的研究对中华民族新文化建设的意义，而且在实践上对中国丰富的传统文化，特别是传统哲学遗产进行了发掘。这种对传统文化的研究活动以及在此基础上进行的文化创造活动，是新民主主义文化建设的重要组成部分，极大地丰富了新民主主义文化的内容。

对传统哲学的整理和研究有利于民族文化自信心的建立。党的理论工作者和马克思主义哲学家在用马克思主义哲学的方法分析整理中国传统哲学的过程中，发现了中国传统哲学有很多优秀文化遗产，马克思主义哲学中唯物论、辩证法、认识论和历史观的科学思想，在中国传统哲学几千年的发展历程中，都能够找到相似的基因，在中国传统哲学发展进程中不乏科学的元素。马克思主义哲学的本体论和认识论就是中国哲学几千年争论的名实问题和知行问题。马克思主义哲学不是单纯的外来思想，不是"舶来品"，中国传统哲学中也蕴藏着无数珍宝。对传统文化中的唯物论思想、唯物辩证法思想的发掘，使中国传统文化中的科学精神、科学知识重放光芒。

对传统哲学的批判继承有利于传统文化的科学性的建立。中国传统文化有许多精华，从孔子到孙中山，有很多需要我们继承的因素。但是我们也不能否认，中国传统文化特别是传统哲学中，有些概念含混不清、缺少严密的论证和逻辑推理，这就需要我们在马克思主义哲学的指导下，用马克思主义的科学的立场、观点和方法对其进行分析，这样才能使传统哲学不断地学习和吸收新的因素，不断丰富和发展，实现创造性的转化和创新性的发展。

二、促进了马克思主义哲学研究的学术繁荣

（一）丰富了马克思主义哲学中国化的理论形态

20世纪三四十年代，学术界探讨关注马克思主义哲学与中国哲学的关系。学者们从不同角度对二者关系的考察，使马克思主义哲学在中国呈现了"一本

而万殊"的丰富的理论形态,这与学者们的知识背景、哲学兴趣、文化素养相关联,同时也反映出他们对马克思主义哲学与中国传统哲学相结合所作出的独特的个性化的理解和尝试。尽管这一时期政治、军事领域的斗争是主流,但是在这一特定的历史时期哲学呈现出了新的活力,这就是不同文化交流带来理论创造的独特魅力。从当时的社会历史条件看,中国社会的政治力量一方面是在偏远的农村,一方面是在政治经济中心的大城市;思想文化界中有一支队伍聚集在革命的圣地延安,另一方面是分散在国民党统治的中心城市。在这种社会背景下,马克思主义哲学不可能成为统一的、唯一的意识形态,学术界的哲学家从不同角度来理解和阐发马克思主义哲学,使马克思主义哲学在中国呈现了不同的理论形态,丰富了中国化的马克思主义哲学。

(二)开辟了学术研究的一种新的路径

20世纪三四十年代,中国共产党坚持五四以来先进文化的发展方向,高举民主和科学的大旗,坚持武器的批判与批判的武器相结合,对以儒家思想为核心的中国传统文化进行了较为彻底的研究,发掘了中国历史上的文化遗产,对唯心主义、形而上学思想进行了批判;对中国传统哲学中的唯物主义、辩证法、认识论、历史观等传统进行了发掘、总结和继承,在某些方面加深了对传统哲学的了解,提高了认识,同时加强了对中国古代史、中国思想文化史的研究,促进了学术文化的繁荣。由此,中国共产党对传统文化的研究,代表了一种新的学术路径,即以马克思主义哲学的立场、观点和方法为指导去研究中国的历史和文化,为新中国成立后党的学术研究奠定了基础,可以说,这种研究方法,直接指导了新中国成立后的传统文化研究,开辟了学术研究的一种新的路径。

三、推动了新民主主义革命的实践

20世纪三四十年代,中国共产党人和中国的马克思主义者用马克思主义哲学的方法批判继承中国传统哲学,对历史上优秀的民族精神资源进行发掘和宣传,这有利于激发中华民族的爱国热情和民族精神,激励广大民众投身革命同革命敌人进行坚决的斗争。

(一)有力地促进了民族精神的凝聚和民族自信心的提高

抗日战争时期,战争的残酷性直接影响到民众的自尊心和自信心,提高民族自信心、自尊心是抗日民族统一战线团结和巩固的重要条件之一。郭化若对历史上的以弱胜强、以少胜多的战争进行研究,认为只要内部团结,采取正确的战略战术,最终弱国必然能够取得胜利。这对处在抗日战争相持阶段的中国军队和人民来讲,无疑具有重要的意义。可以说,强化民族主体性精神层面的教育,对于提升民族自尊心和自信心,弥补诸种条件不足具有重要意义。毛泽东在《中国革命和中国共产党》、范文澜在《中国通史简编》等著作中,对中华民族优秀的文化及灿烂辉煌的历史进行了描绘。这对提高民族自信心,增强救亡图存的信念,进行抗日战争,以保存中华优秀文明具有重要的作用。

(二)有效地动员了广大民众参与到革命斗争中去

中国传统文化是中华民族的精神支柱,对中国传统文化中唯物主义、辩证法等因素的发掘,有利于改变广大民众,特别是农民对待中国共产党及马克思主义的态度,有利于有针对性地做好群众工作。新民主主义革命时期,农民占全国人口的绝大多数,他们分布在广大的农村地区,深受传统文化的影响。对传统文化与马克思主义哲学共性因素的发掘,有利于缩短农民同共产党及马克思主义的思想距离,有利于发动广大农民投入革命斗争去。同时,用马克思主义科学的方法对传统文化进行扬弃,在一定意义上扫除了民众对封建文化的政治迷信,也扫除了民众心中的世俗迷信。对旧文化中这些糟粕的批判为新文化的发展扫清了障碍;对传统文化中人民主体思想的挖掘,对于发动民众反对批判封建专制思想具有深刻意义。

综上所述,20 世纪三四十年代,学者们对马克思主义哲学与中国传统哲学相结合的探索,具有积极的理论意义和实践意义。但不可否定,也存在着时代和思想的局限性。一是以马克思主义哲学"唯物主义—唯心主义"两条路线的对立为框架来探究二者相近似的内容,客观上忽视了中国传统哲学的特质,忽视了中国传统哲学中有合理性而难以用这个框架涵盖的内容,这在近年来受到多方面的批评和诘难。二是资料的缺乏也制约着学术的研究,尽管中国共产党非常重视传统文化研究,并尽可能为研究者创造良好的学术研究环境,但战争的环境、资料的匮乏是不可改变的现实,这些都会制约研究者研究的广度和深度。

第三章
马克思主义哲学的理论传播

中国的新民主主义革命事业需要科学理论的指引,这就需要中国共产党和中国的马克思主义者掌握马克思主义哲学这一科学的世界观和方法论,并对其开展广泛的传播。20 世纪 30 年代,马克思主义哲学在中国的传播呈现了体系化和大众化的趋势,这也是这一时期马克思主义哲学在中国传播的两条主要路径,由于受自身思维方式和关注点的影响,学者们选择了不同视角,从而形成了马克思主义哲学传播史上不同的研究风格。体系化、大众化的传播推动了马克思主义哲学的学理研究,探索了中国化的表达方式,促进了对广大民众的思想启蒙,赋予了马克思主义哲学以新的意蕴。

第一节　理论传播是马克思主义哲学 中国化的学理准备

自五四运动开始,中国社会涌现了一批具有初步共产主义思想的先进知识分子和马克思主义者,他们到日本、西欧、苏俄等地学习马克思主义哲学,归国后成立研究会、办报纸、翻译著作、著书立说,积极宣传马克思主义哲学,并且在这一过程中深化了对马克思主义哲学的理解。这一过程不是单纯地对马克思主义哲学理论的译介,而是在学术界大量学理研究的基础上,在传播中自觉地与中国民主革命实际相结合,是学者们把马克思主义哲学作为理论工具,用马克思主义哲学的方法论分析和解决中国社会的实际问题的过程。

一、在理论传播过程中自觉地实现马克思主义哲学与中国实际相结合

依据传播学理论,传播是指人们通过信息的传递和接受而建立共同意识的过程。一种传播是否有效及效果如何,在传播者和传播对象之间能否建立共同意识,往往要受到多重因素的制约,其中最重要的一个方面就是传播者所传播的信息是否符合传播对象的需要。如果传播者传播的信息符合传播对象的需要,一般会收到较好的效果。从马克思主义哲学在中国传播的百年历史可见,在传播者和传播对象之间所要建立的共同意识就是用马克思主义哲学改造中国社会的目的,马克思主义哲学之所以在中国得到广泛传播,关键在于它回答了"中国向何处去"的时代问题,满足了近代中国人民救亡图存的理论需要。而中国马克思主义者运用马克思主义哲学对"中国向何处去"问题的探索和回答,本身就是把马克思主义哲学与中国具体实际相结合的突出表现。

近代以来,中国社会面临千百年来未有之变局,中国社会的政治精英和知识精英不断探索挽救民族危机的方法。从鸦片战争到五四运动这近 80 年的时间里,先后爆发了一系列战争和运动,但都没有真正使中华民族摆脱受欺凌的命运。与中国人民反帝反封建的革命斗争相适应,在思想界也曾出现了为这些斗争服务的各种思想理论,但都不能成为有效解决中国危机的思想支撑。随之,中国开始接受进化论、天赋人权论和资产阶级共和国等思想理论和政治方案,但是中华民国的建立并没有使中国出现大家期望中的振兴,反而出现了社会秩序的混乱和价值体系失序。可以说,这些思潮本质上是不可能正确地回答"中国向何处去"的时代大问题的,也不可能在中国社会得到广泛的传播,其影响实际上没有超出知识分子的范围。十月革命的胜利,社会主义由理想变成了现实,极大地鼓舞了先进的中国人,促使先进的中国人开始探寻马克思主义,用马克思主义的思想武器指引中国革命道路。马克思主义像一盏明灯,照亮了在黑暗中苦苦求索的无数革命者和进步青年的前进道路,使他们看到了中华民族的前途和希望。

从五四运动到 1927 年大革命失败,这一阶段是中国新民主主义革命的初期,也是马克思主义哲学在中国传播的前期,一批具有初步共产主义思想的先进知识分子和马克思主义者,受十月革命的影响,积极宣传十月革命和社会主义,为马克思主义在中国的传播奠定了思想基础。他们办报刊、成立研究会,积极传播马克思主义。这一时期马克思主义哲学在中国的传播速度快、规模大,呈现出鲜明的中国特色,即非常注重和强调马克思主义理论在中国革命实践中的运用。李泽厚指出:"与俄国曾经经过普列汉诺夫等人的多年介绍、翻译、研究、宣传马克思主义,具有思想理论的准备阶段不同,马克思主义在中国,一开始便是作为指导当前行动的直接指南而被接受、理解和运用的。马克思主义在中国的第一天所展现的便是这种革命实践性格。"① 武汉大学汪信砚教授认为,马克思主义哲学在中国的传播,"一开始就是中国马克思主义者自觉结合中国的具体实际来宣传、阐释和应用马克思主义哲学的过程,它已经内在地包含着马克思主义哲学中国化即把马克思主义哲学与中国的具体实际相结合"②。

　　马克思主义哲学在中国的传播,一开始就带有结合中国实际的特点,这是中国马克思主义传播过程的优点,但同时也带来一些问题。一是对马克思主义哲学的理解还不够精准。在欧美一些国家,马克思主义的传播经历了一个较长的传介、消化和独立研究阶段。在这些国家里,从马克思主义的传播、第一批共产主义者的出现到无产阶级政党的创立,通常要经过 10～20 年,而在中国,这个过程仅用了 2—3 年,这不利于人们对其理论的系统学习和钻研。"早期中国共产党对马克思主义哲学的理解是非常肤浅且欠准确的。"③ 二是缺少对马克思主义及其哲学的整体性和系统性把握。早期的传播还处于译介阶段,对于马克思主义的理解和宣传依据的只是很少的原著,人们对马克思主义科学思想体系的理解并不全面,把马克思主义哲学仅理解为唯物史观和阶级斗争。20 世纪 20 年代,李大钊、陈独秀、李达对马克思主义哲学的认识和传播还局限在唯物史观。三是缺乏对苏联和日本人诠释的马克思主义的批判性认识。中国早期译介的马克思主义书籍大多是由苏联和日本引进和翻译的,打上了苏联哲学和他国哲学的印迹。以上特点说明了在新民主主义革命的早期,我们党对马克

① 李泽厚. 中国现代思想史论[M]. 北京:人民出版社,1988:173.

② 汪信砚. 马克思主义哲学在中国的传播与马克思主义哲学中国化[J]. 马克思主义研究,2013(8):22-34,159.

③ 安启念. 马克思主义哲学中国化研究[M]. 北京:中国人民大学出版社,2006:95.

思主义哲学以及马克思主义哲学指导中国革命的认识还缺乏科学的、整体性的认识。

从 1927 年大革命失败后到 30 年代中期,马克思主义哲学在中国的传播进入了一个新的历史时期。这是马克思主义理论在中国发展的需要,也是中国革命形势发展的要求。李达、艾思奇等马克思主义哲学家在推进马克思主义哲学中国化的道路上又向前迈进了一步。这一时期他们对马克思主义哲学的传播更加具有针对性,更加具有中国特色。李达对马克思主义哲学体系的研究主要是全面科学地介绍马克思主义哲学。这一时期他结合中国革命实际的需要把研究重点转向唯物辩证法的研究,在瞿秋白对唯物辩证法研究的基础上,对唯物辩证法进行了更加系统深入的研究,把辩证唯物论和历史唯物论统一起来进行传播。艾思奇也从中国的国情、党情、民情出发,探索出了具有中国鲜明特点的马克思主义哲学大众化传播方式。

二、理论传播的目的是用马克思主义哲学改造中国社会

大革命失败后,以李达为代表的马克思主义哲学体系化传播侧重学术研究,力图全面、科学、系统地阐述马克思主义哲学;以艾思奇为代表的马克思主义哲学大众化传播侧重语言的通俗表达,力图用通俗的语言文字向人们介绍马克思主义哲学。无论是体系化的研究,还是大众化的探索,他们研究和传播马克思主义哲学的目的都是回答"中国向何处去"的时代主题。

(一)体系化研究和传播的目的是用马克思主义哲学改造中国

理论的体系化是理论体系的建构,体系化的出发点和目的是用马克思主义理论分析和解决中国社会问题。20 世纪 30 年代前后,中国的马克思主义哲学家建构马克思主义哲学理论体系,不仅仅出于学理诉求,更主要的是基于指导中国革命实践的客观需要。为了实现指导中国革命实践这一目的,瞿秋白翻译俄国的马克思主义书籍,撰写马克思主义哲学著作,展开辩证唯物主义的研究和传播。1925 年他翻译了斯大林的《列宁与列宁主义》,1926 年翻译了郭列夫的《无产阶级之哲学——唯物论》。瞿秋白通过翻译撰文介绍俄国的理论与实践经验,为中国的民主革命提供理论指导和经验借鉴。同时,瞿秋白用辩证唯物主义理论分析中国社会变化,使辩证唯物主义中国化,从而成为中国人认识

中国社会、指导革命的工具。1923 年，瞿秋白开始在上海大学讲授《社会哲学概论》和《现代社会学》；1924 年，讲授《社会科学概论》，并由上海书店出版了以上三部讲稿。以上三部著作主要是围绕中国论题，较系统地阐发了辩证唯物主义的基本理论。1926 年，他以笔记的形式完成了《唯物论的宇宙观概说》和《马克思主义之意义》两篇论文，阐释了辩证唯物主义的观点。在瞿秋白的论著中，不但阐明了辩证唯物主义的理论，而且用辩证唯物主义理论分析中国革命的问题，体现了理论为实践服务这一理论研究的根本出发点。

李达始终坚持用马克思主义哲学改造中国社会，虽然李达属于学者型的哲学家，但李达研究马克思主义哲学的目的是认识和改造中国社会，回答"中国向何处去"这一时代主题。1926 年，李达出版了《现代社会学》，书中他指出："社会学之使命，惟在于发见社会组织之核心，探求社会进化之方向，明示社会改造之方针。"[①]《现代社会学》主要阐释唯物史观，并对中国社会的性质和革命的动力、对象和任务等问题进行了分析，彰显了唯物史观对中国社会的指导意义。

大革命失败后，李达深感我们前期对马克思主义及其哲学的理解还不够全面和系统，为了给中国革命提供全面的、系统的、科学的理论指导，李达等一批学者型革命家投身到马克思主义哲学的翻译和著述工作中。李达指出："我主张党内对于马克思学说多做一番研究功夫。"[②]李达主要从翻译和著述两个方面开展马克思主义哲学理论研究。李达对马克思主义哲学的翻译工作是回答"中国向何处去"的，服务于其用马克思主义哲学改造中国社会的目的。1928 年到 1932 年，李达翻译了 5 部马克思主义哲学著作。李达翻译马克思主义理论书籍，目的就是传播马克思主义，给广大人民群众以认识中国革命的武器。郭湛波在其 1935 年出版的《近五十年中国思想史》一书中提出，时代趋势是辩证唯物论之所以流行于中国社会的重要原因，而李达的译介工作绝对称得上功不可没。[③]

20 世纪 30 年代中期，李达在对马克思主义哲学进行精研的基础上撰写了

① 李达. 现代社会学[M]. 武汉：武汉大学出版社，2007：7.

② 汪信砚. 李达全集（第四卷）[M]. 北京：人民出版社，2016：269.

③ 郭湛波. 近五十年中国思想史[M]. 济南：山东人民出版社，1997：197.

《社会学大纲》这部中国马克思主义哲学史上的名著。陶德麟教授在给这部书撰写序言时指出,李达的著作目的不仅仅是系统阐述马克思主义哲学理论,其初衷乃是以马克思主义哲学世界观方法论揭示中国社会发展的特殊规律,最终落脚点是"认清中国革命的道路"[①]。李达认为这种性质的著作决不是任何外国理论家能完成的,只有靠中国人自己。《社会学大纲》的落脚点在对中国社会的研究上。此篇因作者的研究工作重心已转移到经济学货币学上,虽已作了准备,无暇整理,但它是全书的归宿,前五篇都为此作准备的,因而必然受这一论述方向的指导。理论与实践相结合,始终着眼于对中国现实问题的解决,是李达马克思主义哲学体系化的出发点与归宿。

(二)大众化研究和传播的目的是用马克思主义哲学改造中国

中国的新民主主义革命事业既需要马克思主义哲学家开展系统化的学理研究,同样也需要对马克思主义哲学开展通俗化、大众化的研究。马克思说:"哲学把无产阶级当作自己的物质武器,同样,无产阶级也把哲学当作自己的精神武器。"[②]毛泽东曾号召:"让哲学从哲学家的课堂上和书本里解放出来,变为群众手里的尖锐武器。"[③]马克思主义哲学是关于自然界、人类社会和思维发展规律的科学,它用普遍的概念、范畴和规律来概括和反映事物的本质和发展规律。而要使得哲学的抽象的、一般原理能够触动群众的思想,撼动群众的心灵,就必须和群众所关心的现实问题相结合,就必须和群众所熟悉的事实和使用的语言相结合,实现大众化、通俗化。

一方面,理论需要掌握群众。马克思主义哲学只有成为广大群众手中的思想武器,才能发挥其改造世界的功能,逐步完成自己的使命,这是由马克思主义哲学的本性所决定的。理论一经掌握群众就能变成物质力量,可以能动地去改造世界,马克思主义哲学同无产阶级以及广大人民群众紧密结合,密不可分,这是由马克思主义的人民性决定的。另一方面,群众需要掌握科学理论。人民大众特别是青年学生迫切需要寻找救亡图存改变社会生存环境的出路,在彷徨苦

---

① 李达. 社会学大纲[M]. 武汉:武汉大学出版社,2007:1.

② 中共中央马克思恩格斯列宁斯大林著作编译局. 马克思恩格斯选集(第一卷)[M]. 北京:人民出版社,1995:15.

③ 中共中央文献研究室. 毛泽东文集(第八卷)[M]. 北京:人民出版社,1999:323.

闷中热切渴望能揭示事物的本质、阐明问题的根本、指向光明的科学真理。

理论的生命力在于实践，其根本作用在于为群众服务，为实践服务。为满足群众掌握理论和理论掌握群众的需要，中国共产党人必须找到一条恰当地把两者结合起来的路径。20 世纪 30 年代，艾思奇率先开启了马克思主义哲学大众化研究和传播，他既有较好的马克思主义哲学理论功底，又有主持报刊问答栏的工作经历，比较了解和熟悉群众的呼声，他深知广大贫苦人民由于受教育机会很少，不仅对旧哲学望而生畏，就是对新哲学也难以理解。针对这一状况，艾思奇决心紧密联系民众现实生活实际，用深入浅出的手法、通俗的语言、浅近的事例阐述辩证唯物主义理论，使抽象、深奥的哲学具体化、通俗化，使马克思主义哲学冲破这块千百年的神秘禁地，成为人民群众认识世界、改造世界的锐利武器。

艾思奇之外，陈唯实、沈志远、胡绳等都投身于马克思主义哲学大众化研究，他们思考如何用马克思主义理论指引中国革命实践，思考如何能够将群众组织起来，使之投身到革命运动中去，将理论付诸实施，使那些非产业工人阶级接受马克思主义理论，其中艾思奇的大众化工作取得了最大成功，其《大众哲学》产生了极大的影响。有人甚至估计，当时《大众哲学》动员了十万青年参加革命。① 还有学者评价《大众哲学》："像火炬一般在广大青年、知识界中传递着。许多青年在精神饥荒中获得了渴望的精神食粮；许多青年在个人出路渺茫，陷于徬徨、苦闷、悲观的境地时，读了《大众哲学》后精神为之一振，在黑暗中看到了曙光；许多青年学生和知识分子由此对马克思主义哲学、对马克思主义理论产生极大兴趣，毅然走上革命的道路。"②

三、理论传播的内容是依据中国革命的需要变化的

无论是体系化传播，还是大众化传播，它们都服务于中国新民主主义革命实践，这一目的决定了其研究和传播的内容必将随着民主革命实践的需要作出调整，以适应中国新民主主义革命对理论建设的需要。

---

① 卢国英. 智慧之路——一代哲人艾思奇[M]. 北京：人民出版社，2006：100.

② 冯契. 中国近代哲学史（下册）[M]. 上海：上海人民出版社，1989：1007.

（一）体系化传播的主要内容是依据中国民主革命的需要变化的

从五四运动至 1927 年大革命失败,马克思主义哲学在中国的传播主要为唯物史观的传播。那时,许多中国马克思主义者甚至把整个马克思主义学说仅仅理解为唯物史观,这与当时中国马克思主义者的理论素养不高、对马克思主义哲学的理解还不准确和不全面有密切关系,同时也与中国社会发展的客观需要有关。

五四运动以后,一些先进分子在中国传播马克思主义哲学,就是希望在马克思主义哲学的指导下,通过像俄国十月革命那样的无产阶级革命彻底改造中国社会,在中国实现社会主义。他们认为,十月革命的胜利,实质上就是唯物史观的胜利。李大钊指出,若离开了马克思特有的史观,去考察他的社会主义,简直是不可能的①。毛泽东、蔡和森等新民学会会员在其关于建党问题的通信中反复强调"唯物史观是吾党哲学的根据"②。同时,他们还清醒地认识到,中国要取得无产阶级革命的胜利,必须建立一个以正确反映社会发展规律的唯物史观为理论指南的无产阶级政党。而中国无产阶级政党要领导中国革命走向胜利,也必须首先运用唯物史观对中国社会的性质、中国社会各阶级的地位以及中国革命的任务、对象、动力和前途等问题作出正确的分析。所有这些共同决定了当时中国马克思主义者在传播马克思主义哲学时,必然首先侧重唯物史观。20 世纪 20 年代中期,李达出版了《现代社会学》这部重要哲学著作,这是中国早期马克思主义者对唯物史观所作的最系统、最准确、最深入的阐释,在中国马克思主义哲学史上占有重要的位置。

1927 年大革命失败后,中国共产党和中国的马克思主义者亟须对中国革命的经验教训进行总结,同时更需要对引领中国民主革命的马克思主义理论有更加全面系统的把握,将具有普遍指导意义的马克思主义哲学与中国特殊的国情结合起来,有效地指导中国民主革命实践。在党的领导和组织下,一大批共产党人和进步知识分子积极投身于马克思主义理论研究,特别是唯物辩证法的研究和宣传工作。其中,以李达的《社会学大纲》最具代表性,该书涵盖了辩证唯物主义和历史唯物主义的基本内容,系统完整地阐述了马克思主义哲学的基

---

① 中国李大钊研究会. 李大钊全集(第三卷)[M]. 北京:人民出版社,2006:18.

② 中国革命博物馆,湖南省博物馆. 新民学会资料[M]. 北京:人民出版社,1980:162.

本原理。该书忠实于马克思、恩格斯、列宁等人的原著,把散见于他们著作中的科学理论汇集起来,加以组织整理,使之系统化、条理化,并加以准确系统的论述。《社会学大纲》对马克思主义哲学原理的阐述,就其系统性和完整性而言已经达到了 20 世纪 30 年代中国马克思主义哲学家对马克思主义哲学理解的最高水平。"《社会学大纲》是中国人以自己的表述方式撰写的第一部全面、系统、透彻阐述马克思主义哲学基本原理的教科书,代表着新民主主义革命时期中国马克思主义哲学教科书的最高水平,标志着辩证唯物主义和历史唯物主义教学体系在中国初步形成。"[①] 由上可见,马克思主义哲学体系化研究和传播的主要内容是依据中国民主革命的需要变化的,可以说,中国民主革命实践客观上推动了中国马克思主义哲学的研究,使中国马克思主义哲学的研究更加广泛和深入。

(二)大众化传播的主要内容是依据中国民主革命的需要变化的

20 世纪 30 年代,以艾思奇为代表的马克思主义哲学家开辟了马克思主义哲学大众化研究和传播道路。大众化是马克思主义哲学的本质要求,面对当时国内广大民众有限的文化水平和理解能力,为了使人们了解和掌握马克思主义哲学这一先进的思想理论武器,艾思奇逐步地认识到,马克思主义哲学只有立足现实,回答和解决人民大众最为关心、最为迫切的现实问题,才能被广大人民群众了解并接受。《大众哲学》的撰写和发表开辟了马克思主义哲学大众化的历程,极大地促进了马克思主义哲学在中国的普及和传播。它运用通俗化、大众化的语言,第一次把哲学与青年关注的社会问题结合起来,揭开了哲学的神秘面纱,使哲学走出书斋,走向普通群众,成为群众手中的锐利武器,为当时的进步青年及关注中国社会发展的人士进行了一场思想上的洗礼。

1937 年 10 月,在党组织的安排下,艾思奇、周扬等一批文化界知名人士来到延安,艾思奇的哲学研究由马克思主义哲学通俗化、大众化转向马克思主义哲学中国化、现实化研究,即密切联系中国革命的现状和具体问题,应用马克思主义哲学的立场、观点、方法,分析和解决中国革命实践中出现的各种矛盾和问题,这是那个特定年代推进马克思主义中国化、大众化的需要。

---

① 袁贵仁,杨耕. 马克思主义哲学教学体系的形成与演变(上)[J]. 哲学研究,2011(10):3-17,128.

　　艾思奇从上海来到革命圣地延安,与毛泽东有了较为密切的哲学交往,毛泽东重实践的哲学思维方式为艾思奇的哲学研究指引了新的方向。延安时期,艾思奇的马克思主义哲学研究已经由通俗化、大众化转向中国化、现实化的研究。即注重密切联系中国革命的现状和问题,应用马克思主义哲学的立场、观点、方法,分析和解决中国革命实践中出现的各种矛盾和问题。受毛泽东哲学研究为政治服务思想的影响,艾思奇理论研究与实际工作的政治性色彩逐渐深厚,对理论与实践相结合的认识也更为深刻。延安期间,艾思奇参加了毛泽东组织的哲学学习小组,对毛泽东的"两论"也进行了深入的研究与宣传。在整风运动期间,针对毛泽东整风运动的主要目标,艾思奇积极撰写文章大力支持这场意义深远的运动,同时也帮助大批党员干部提高了理论水平和认识问题的能力。更重要的是,延安时期也是他深入推进马克思主义理论研究的一个转折时期,即由上海时期自发性地宣传和研究马克思主义哲学转变为在政治上积极自觉地宣传与研究,由一名政治上不够成熟的理论工作者转变为我们党内战斗在马克思主义理论战线上的战士,这是特定年代推进马克思主义中国化、大众化的需要,也是艾思奇根据中国革命实践需要的主动选择。

　　由上可知,马克思主义哲学中国化离不开马克思主义哲学的传播,马克思主义哲学的传播本身就是马克思主义哲学中国化的一个重要组成部分。

第二节　马克思主义哲学理论传播的主要路径

　　20 世纪三四十年代,中国的马克思主义哲学的传播呈现出多样化的特点,马克思主义哲学家由于受自身思维方式和关注点的影响,对马克思主义哲学的研究和传播各有侧重,这使得他们在推进马克思主义哲学中国化道路上选择了不同视角和努力方向,从而形成了不同的研究风格和特点。瞿秋白、李达对马克思主义哲学体系化传播展开了有益的尝试,艾思奇、胡绳、陈唯实、沈致远等人对马克思主义哲学大众化进行了持续的探索,为马克思主义哲学中国化作出了重大贡献。

一、马克思主义哲学的体系化传播

马克思主义哲学是一个科学的理论体系,但马克思主义经典作家的思想散见于不同时期的著作中。为把马克思主义哲学思想完整地表现出来,20世纪二三十年代,以瞿秋白、李达为代表的马克思主义哲学家,在对唯物史观深入研究的基础上,尝试将辩证唯物主义与历史唯物主义统一起来。瞿秋白对构建马克思主义哲学体系进行了初步尝试,李达进一步把辩证唯物主义与历史唯物主义统一起来,并把二者建立在科学实践观的基础上,使中国人对马克思主义哲学的理解和把握达到科学的程度,推进了马克思主义哲学的系统化传播。

（一）马克思主义哲学体系化传播的历史发展

中国的马克思主义哲学的理论传播,不是单纯的译介,而是在传播过程中蕴含着大量的学术探索和实践探索。从20世纪20年代开始,瞿秋白、李达等人通过翻译出版、撰写马克思主义哲学著作,对马克思主义理论进行了系统研究和宣传。在马克思主义哲学体系化探索的进程中,瞿秋白是开先河者,李达深化了瞿秋白的体系化研究,撰写了"中国人自己写的马克思主义哲学教科书"。李达撰写的《社会学大纲》是这一理论探索的标志性成果。

1. 瞿秋白对马克思主义哲学体系的初步探索

瞿秋白是中国马克思主义体系化研究的开先河者,虽然体系化研究不是他哲学学理研究的目的,但客观上他的学术理论探究活动推动了中国人对马克思主义哲学全面的理解。

（1）瞿秋白首先在中国传播唯物辩证法,最早提出了"互辩律唯物论"的概念,概括了马克思主义的组成部分,对马克思主义哲学在中国的研究和传播作出了极大拓展。1920年,瞿秋白作为《晨报》特派记者被派驻莫斯科,在那里他学习和研究了普列汉诺夫、列宁、布哈林和斯大林的思想,接受了俄国的马克思主义哲学。他依据自己在俄国接触到的恩格斯的《反杜林论》、列宁的《唯物主义和经验批判主义》和普列汉诺夫的《论历史一元论之发展》等马克思主义哲学的经典文献,以及苏联哲学家对马克思主义哲学的理解,对马克思主义有了自己不同的理解。他意识到先前国人传播的马克思主义哲学只限于唯物史观,并不完整,把马克思主义哲学仅仅归结为唯物史观是对马克思主义哲学极其狭隘的理解,马克思主义哲学还包括唯物辩证法,且唯物辩证法是马克思主义哲学的基础。

1926 年,瞿秋白在《马克思主义之意义》一文中指出:"中国对于马克思主义理论上的研究,至今还是异常的贫乏,对于唯物史观的介绍往往还不大确切和明瞭。通常对于唯物史观及马克思主义的译名,即如'唯物史观'一词都嫌疏漏,马克思的哲学学说决不能以唯物史观概括得了。所以,必须知道马克思主义的真切意义。"① 那么,何为"马克思主义?",瞿秋白认为:"马克思主义,通常以为是马克思的经济学说,或者阶级斗争论,如此而已。其实这是大错特错。马克思主义是对于宇宙、自然界、人类社会之统一的观点、统一的方法。何以马克思主义的宇宙观及社会观是统一的呢?因为他对于现实世界里的一切现象都以'现代的'或互辩法的(dialectical)——即第亚力克谛的唯物论观点去解释。这是马克思主义的最根本的基础,就是所谓马克思的哲学。"②

瞿秋白把马克思主义的唯物论看作唯物论与互辩法的综合,并把互辩法的唯物论作为整个马克思主义宇宙观的基础。在此基础上,瞿秋白列出了马克思主义的成分表,他认为马克思主义包括互辩法唯物论、唯物史观、无产阶级经济学、科学社会主义四个组成部分。同时他强调:"理论上说来,科学的共产主义是马克思主义前三部分:(一)互辩法唯物论,(二)唯物史观,(三)无产阶级经济学之结论;而他在实践上却是马克思主义整个儿的系统形成之动机。"③这句话不仅表明了瞿秋白对马克思主义理论组成部分的理解,同时也向世人宣告了他探索马克思主义理论的出发点和最终目的。20 世纪 20年代,瞿秋白率先将辩证法传播到中国,而且将辩证法视作马克思主义理论的基础,并对马克思主义组成部分予以概括说明,对马克思主义哲学在中国的研究和传播作了极大拓展,深化了对马克思主义的理解,他对马克思主义的超越"定论"的理解,开启了马克思主义及其哲学在中国传播和发展的新阶段。

(2)瞿秋白首先把辩证唯物主义和历史唯物主义作为一个整体进行阐述,并重点阐述历史唯物主义。1923 年,瞿秋白在上海大学任教,编写了《社会哲学概论》《现代社会学》和《社会科学概论》等讲义,较系统地讲述了马克思主

① 瞿秋白文集·政治理论编(第四卷)[M]. 北京:人民出版社,2013:21.
② 瞿秋白文集·政治理论编(第四卷)[M]. 北京:人民出版社,2013:18.
③ 瞿秋白文集·政治理论编(第四卷)[M]. 北京:人民出版社,2013:20.

义哲学理论。《社会哲学概论》近 4 万字,1924 年 10 月由上海书店印行,主要讲述以下内容:哲学中之唯心唯物论;唯物哲学与社会现象;宇宙之源起;生命之发展;细胞——生命之历程;实质与意识;永久的真理——善与恶;平等;自由与必然;互变律;数与质——否定之否定;社会的物质——经济;原始的共产主义及私产之起源;阶级之发生及发展;分工;价值的理论;简单的与复杂的劳动;资本及剩余价值。该书讲授了辩证唯物论、历史唯物论的内容,同时也讲授了政治经济学的部分内容。《现代社会学》是瞿秋白撰写的另一本讲义,共6 万字,主要参考布哈林的《历史唯物主义》等书写成,1924 年 2 月由上海书店印行。《现代社会学》共五章:第一章为社会学之对象及其与其他科学的关系;第二章为社会科学之原因论与目的论;第三章为有定论与无定论;第四章为社会现象之互辩律;第五章为社会。《现代社会学》在阐释历史唯物主义的过程中介绍了辩证唯物主义的一些基本观点,重点介绍了历史唯物论内容。《社会科学概论》是瞿秋白在上海夏令讲学会的讲稿,是他撰写的第三本教材,1924年 10 月由上海书店印行。《社会科学概论》共十一章,包括总论、社会之意义、经济、政治、法律、道德、宗教、风俗、艺术、哲学、科学、社会现象之联系等,全书阐述了历史唯物论的内容。以上三部哲学著作是瞿秋白在借鉴苏联的马克思主义哲学理论著作的基础上撰写的,反映了瞿秋白对苏联马克思主义哲学著作的研究、消化和再创作。

袁贵仁、杨耕对瞿秋白的哲学体系研究活动给予了高度评价:"在中国开启了编写马克思主义哲学教科书的先河""标志着辩证唯物主义与历史唯物主义的教学体系在中国初步形成"[1]。胡为雄教授认为:"在 1920 年代上中期,瞿秋白是在学校讲台上讲授、传播马克思主义哲学的主要代表人物之一,他对马克思主义哲学的理解和解释代表了早期中国马克思主义者在那一时期所能达到的较高水准。"[2]

---

[1]　袁贵仁,杨耕. 马克思主义哲学教学体系的形成与演变(上)[J]. 哲学研究,2011(10):3-17,128.

[2]　胡为雄. 马克思主义哲学在中国传播和发展的百年历史(上)[M]. 南昌:百花洲文艺出版社,2015:313.

2. 李达对马克思主义哲学体系的发展

继瞿秋白之后，李达积极从事马克思主义哲学体系的研究，他是 20 世纪 30 年代马克思主义哲学体系化研究的杰出代表。为给中国民主革命提供理论指导，回答"中国向何处去"的时代主题，李达毕生从事马克思主义学理研究，通过翻译出版、撰写马克思主义哲学著作，在马克思主义哲学的系统化传播方面作出重要贡献。

（1）翻译出版马克思主义哲学著作，为马克思主义哲学在中国的体系化奠定基础。翻译出版马克思主义哲学经典著作和介绍马克思主义哲学的理论书籍，是马克思主义哲学理论研究和传播不可或缺的重要前提。20 世纪 30 年代前后，李达在严酷的环境下，在国统区依然坚守马克思主义的理论阵地，仍然顽强地从事马克思主义哲学的翻译出版工作。1928 年冬，李达与熊得山等人在上海创办昆仑书店，1932 年李达又以"王啸鸥"的名义在上海创办了笔耕书堂，出版马克思主义书籍。李达翻译出版了十余部马克思主义理论书籍，其中，翻译出版的马克思主义哲学专著有五部，包括日本学者杉山荣著的《社会科学概论》、德国学者塔尔海玛著的《现代世界观》、日本学者河上肇著的《马克思主义之哲学的基础》、苏联卢波尔著的《理论与实践的社会科学理论》、苏联西洛可夫等著的《辩证法唯物论教程》。与此同时，李达之前翻译的日本学者高素之的《社会问题总览》、荷兰学者郭泰的《唯物史观解说》等马克思主义哲学著作也再版了。

以上书籍从不同方面阐释了马克思主义哲学，为国人学习马克思主义特别是学习唯物辩证法提供了条件。郭湛波在 1935 年出版的《近五十年中国思想史》一书中，高度评价李达的哲学翻译贡献："今日辩证唯物论之所以澎湃于中国社会，固因时代潮流之所趋，非人力所能左右，然李达先生一番介绍翻译的工作，在近五十年思想史之功绩不可忘记。"①

（2）撰写《现代社会学》，系统传播唯物史观。20 世纪 20 年代，李达从事唯物史观和科学社会主义学说的研究与宣传工作。他在湖南长沙自修大学讲授唯物史观、剩余价值学说和科学社会主义等马克思主义基本理论，并写了《现代社会学》一书，于 1926 年 6 月正式出版。该书继李大钊、瞿秋白之后

---

① 郭湛波. 近五十年中国思想史[M]. 济南：山东人民出版社，1997：197.

系统地阐述了唯物史观的基本原理,是"唯物史观中国化的标志性成果"①。同时,该书以唯物史观为依据,完整地、系统地阐述了科学社会主义学说。

在早期的中国马克思主义者中,李达对唯物史观的认识、理解和传播是最全面的。与同一时期李大钊、陈独秀分别结合历史学和政治学的研究阐释唯物史观不同,李达在多学科的宽广视野中全面、系统地阐释唯物史观。《现代社会学》共有 18 章,对社会的本质、构造、起源、阶级、国家等唯物史观的问题进行了详细的介绍,同时还结合中国实际,用马克思主义的方法分析了中国社会的性质、革命的任务和前途等。李达在《现代社会学》中,对唯物史观阐发详细且广泛,基本涵盖了唯物史观的所有问题。

《现代社会学》对唯物史观的理解是深刻和全面的。如他对社会基本矛盾的分析,不但强调生产力决定生产关系、经济基础决定上层建筑,还强调生产关系对生产力、上层建筑对经济基础的反作用。他对唯物史观的认识既坚持了历史的唯物论,还坚持了历史的辩证法。此外,李达还提出了"阶级意识"这个极具特色的概念,并对其在无产阶级革命过程中的作用进行了具体的分析和说明。

《现代社会学》在阐发唯物史观时紧密联系中国革命实际。结合中国革命实际宣传中国共产党的主张,是李达传播马克思主义的显著特点。在此书中,李达在系统地介绍了列宁关于帝国主义的学说后,进而论述了帝国主义与中国、世界革命与中国革命等问题。他指出,中国革命的任务是"颠覆帝国主义","推翻为虎作伥之封建阶级或帝国主义之代表",断定领导中国革命运动的是"无产阶级",是"共产党"。李达从理论上对中国革命的基本问题作了阐释,并宣传了中国共产党的主张。

《现代社会学》基于当时革命的需要,完整地向中国人民介绍唯物史观关于人类社会发展的学说和科学社会主义学说,澄清对社会主义的种种误解,引导小资产阶级知识分子接受马克思主义的唯物史观和科学社会主义学说。该书在 1926 年出版后,在革命者中广为流传,影响甚大,到 1933 年共印行了 14 版,这说明了该书在传播马克思主义方面所作的贡献。

---

① 汪信砚,韦卓枫. 唯物史观中国化的标志性成果——李达的《现代社会学》探论[J]. 山东社会科学,2014(9):5-13.

（3）撰写《社会学大纲》，系统传播辩证唯物论和历史唯物论。李达在钻研马克思主义哲学的经典著作，参考苏联哲学教科书，并总结多年教学实践经验的基础上，经过几年的辛勤付出撰写了《社会学大纲》。该书是李达在国立北平大学担任教授时的著作，1935 年由北平大学法商学院作为讲义印行，1937 年 5 月在上海笔耕书堂出版，长达 47 万字。《社会学大纲》完整地阐述了辩证唯物论与历史唯物论，突出了马克思主义哲学的完整性和系统性，是 20 世纪 30 年代最重要的、最富有代表性的马克思主义哲学理论著作。它是继瞿秋白之后更加系统、更加完整地在中国传播辩证唯物主义和历史唯物主义的著作。李达曾将该书寄往延安，毛泽东和许多老一辈无产阶级革命家都读过该书，毛泽东还把它推荐给延安哲学研究会和抗日军政大学的同志阅读。该书对于传播马克思主义哲学，帮助进步知识分子树立辩证唯物主义世界观，起了重要作用。

在《社会学大纲》中，李达对马克思主义哲学基本原理进行了系统化的论述，在理论内容上和体系的构造上，具有完整性和体系化的特点。该书共分五篇：第一篇论述唯物辩证法，篇幅占全书的一半；第二篇至第五篇主要讲授历史唯物论的内容。《社会学大纲》已涵盖辩证唯物主义和历史唯物主义的基本内容，并把二者统一在科学实践观的基础上，系统、完整地阐述了马克思主义哲学的基本原理。全书思想忠于马克思、恩格斯、列宁等人的原著，把散见于他们著作中的科学理论汇集起来，加以组织整理，使之系统化、条理化，并进行了准确系统的论述。

李达撰写的《社会学大纲》在对马克思主义哲学的理解上也是更加深刻的。它在介绍和阐发马克思、恩格斯哲学思想的同时，尤其注意"说明和发挥"了列宁的哲学思想，同时吸收了 20 世纪 30 年代苏联哲学教科书的研究成果，并结合自己多年的研究成果对马克思主义哲学进行了进一步的发挥。李达遵照列宁的哲学思想，对马克思主义哲学的"说明和发挥"主要体现在：注重马克思主义的实践观，把马克思主义哲学称为"实践的唯物主义"；比较集中地说明和发挥了列宁关于对立统一法则是唯物辩证法核心的思想；在阐明实践对认识决定作用的同时，阐发了认识的积极的能动作用，阐发了辩证唯物主义认识论是能动的反映论；论述了辩证唯物主义和历史唯物主义不可分割的思想，阐明了二者统一的基础是实践等。

李达对马克思主义哲学的理解和阐述,就其系统性和完整性而言已经达到了20世纪30年代中国马克思主义哲学家对马克思主义哲学理解的较高水平。北京师范大学杨耕教授也给予该书高度评价,认为该书是"第一部全面、系统、透彻阐述马克思主义哲学基本原理的教科书,代表着新民主主义革命时期中国马克思主义哲学教科书的最高水平,标志着辩证唯物主义和历史唯物主义教学体系在中国基本形成"①。这是对李达马克思主义哲学研究的极其高度的评价。著名的马克思主义史学家侯外庐曾高度评价李达:"抗战前,在北平敢于宣传马克思主义学说的学者,党内外都有,大家都是很冒险的。但是,就达到的水平和系统性而言,无一人出李达之右。"②

20世纪二三十年代,瞿秋白、李达等学者深化马克思主义哲学学理研究,在翻译借鉴前人成果的基础上,拓展和深化了对马克思主义哲学的理解。

(二)马克思主义哲学体系化传播的理论特色

1. 注重马克思主义哲学系统化研究

马克思主义哲学是科学的理论体系,但是马克思主义经典作家并没有把自身哲学思想体系化,苏联哲学家历经几十年努力建构起马克思主义哲学体系,虽不尽完美,但基本上体现了马克思主义创始人的思想。20世纪二三十年代,瞿秋白、李达等一批中国的马克思主义哲学家,他们通过阅读翻译马克思恩格斯经典著作,翻译苏联、日本和西欧马克思主义哲学著作,撰写讲稿并将其出版,开启了中国马克思主义哲学体系化的进程。

一方面,体系化是马克思主义哲学在中国发展的需要。只有体系化才能使人民完整地理解马克思主义,才能更好地与非马克思主义和反马克思主义作斗争;另一方面,体系化是大众化的思想前提和根本保证。大众化的实质和核心就是用马克思主义武装群众,使其成为改造世界的强大物质力量,而要使其实现这种转化,就必须在对马克思主义哲学整体性理解的基础上,实现马克思主义哲学体系化。

瞿秋白首先在中国传播唯物辩证法,李达拓展了瞿秋白对唯物辩证法的研

---

① 袁贵仁,杨耕. 马克思主义哲学教学体系的形成与演变(上)[J]. 哲学研究,2011(10):3-17,128.

② 侯外庐. 韧的追求[M]. 北京:生活·读书·新知三联书店,1985:36.

究,进一步将唯物辩证法体系化。在中国的马克思主义哲学发展史上,瞿秋白是一个承上启下的人物,他首先在中国传播唯物辩证法。瞿秋白依据自己在俄国接触到的马克思主义哲学的经典文献以及俄国哲学家普列汉诺夫的哲学著作,改变了国人对马克思主义哲学的固有认识,指出唯物辩证法是其有机组成部分,是马克思主义哲学的基础,这开启了马克思主义及其哲学在中国传播和发展的新阶段。李达在瞿秋白研究的基础上,进一步将唯物辩证法体系化,拓展深化了唯物辩证法的研究,构建了一个以唯物辩证法为核心的理论体系。

瞿秋白试图将辩证唯物论和历史唯物论统一起来,从整体性上阐释马克思主义哲学,并正确地指出唯物论和辩证法、辩证唯物论和历史唯物论的统一,这使马克思主义哲学在中国的传播进一步深入。李达发挥了列宁关于马克思主义哲学是"一块整钢"的思想,把辩证唯物主义和历史唯物主义作为一个有机整体看待,其《社会学大纲》完整地阐释辩证唯物主义和历史唯物主义,维护了马克思主义哲学理论的整体性。

2. 注重马克思主义哲学的学理研究

马克思主义哲学是科学的世界观和方法论,是指导全世界无产阶级革命的锐利武器。中国共产党自成立起,就明确以马克思主义为指导,但什么是马克思主义,如何在中国运用马克思主义,这是理论问题,需要中国的马克思主义者的学术研究和探索。

那么,学术化研究为何能成为李达等学者马克思主义哲学中国化的思想进路和研究方法呢?第一,可以说是由哲学研究所具有的形而上的本质决定的。任何哲学的研究都必然是以学理性的分析为基础。王向清教授曾提出了判别学术层面马克思主义哲学中国化的标准,即涵盖政治、学术和话语方式三个方面。其中"学术标准是指中国化的马克思主义哲学必须有理论上的创新,包括新范畴的推演、新命题的展开、新体系的建构"[①]。这里他提到了"新范畴的推演、新命题的展开、新体系的建构",这是极其严谨的学术研究,而这些只有掌握了丰富的马克思主义哲学理论的专家才能做到。第二,是由马克思主义哲学中国化的任务决定的。马克思主义理论建设最终的目的是指引实践,只有科学

---

① 王向清. 学术层面马克思主义哲学中国化的逻辑发展[J]. 马克思主义与现实,2007
(6):125-128.

严谨的学术研究才能准确地、深入地把握马克思主义哲学的本质,才能达到指引实践的目的。因此,从学理上完整地阐释马克思主义哲学是马克思主义哲学中国化的内在要求,也是中国马克思主义者的责任和使命。

瞿秋白在中国首先传播唯物辩证法,使中国人认识到马克思主义不但包括唯物史观,还包括唯物辩证法,这是他对马克思主义哲学学理研究的结果,也是中国马克思主义哲学传播和理论研究的一个新的阶段的开始。李达的《现代社会学》从理论上全面地阐释唯物史观,他的《社会学大纲》在理论上全面深刻地阐释辩证唯物主义和历史唯物主义。在对马克思主义哲学的学术研究中,他指出马克思主义哲学是"实践的唯物论",认为对立统一法则是唯物辩证法的根本法则,把辩证唯物论和历史唯物论作为一个有机整体看待并指出二者统一的基础是实践。这些富有创建性的观点都是他坚持学术研究的理论成果。

学理研究是马克思主义哲学理论研究的基础。纵观瞿秋白、李达对马克思主义哲学的体系化研究,无论是译著还是专著,都充分展现了学者们在学理上对马克思主义哲学的精准把握,这就为继续学习和运用马克思主义哲学提供了前提条件。

二、马克思主义哲学的大众化传播

马克思主义哲学是立足实际,变革现实的实践哲学,它不但需要学术型哲学家对其进行系统的学理研究,同时也需要马克思主义理论家对其进行解释和说明。20世纪30年代,中国学术界出现了马克思主义哲学大众化运动,这是一场将马克思主义与中国实际相结合,通过对马克思主义哲学的通俗传播,将其运用到中国革命实践中的学术思想活动。马克思主义哲学大众化就是从大众的立场、日常生活出发,把理论活用到大众的生活事实中去,使之在内容和形式上真正成为大众的或为大众所掌握的哲学。马克思主义哲学大众化是中国民主革命实践发展的需要,同时也是马克思主义理论在中国发展的客观要求。

(一)马克思主义哲学大众化传播的杰出代表及其理论成果

20世纪30年代中期,马克思主义及其哲学在中国的通俗化传播达到繁盛时期。在通俗宣传马克思主义的过程中,以艾思奇、沈志远、胡绳、陈唯实等为代表的青年知识分子最为突出,他们对马克思主义哲学进行通俗解释,为马克思主义哲学的理论传播作出了重要贡献。

1. 艾思奇对马克思主义哲学大众化的传播

艾思奇在创作《大众哲学》的过程中,注意到哲学的发展要适应时代的需求,自觉地将自己的哲学研究和国家、民族的存亡以及和人民大众的诉求紧密结合起来,用哲学来思考和解决现实问题。艾思奇和广大知识青年有着密切联系,1933—1934 年,他在《读者问答》栏目工作时,每天负责处理青年读者的来信,引导读者选择读物,解答读者提出的思想、生活和学习中遇到的各种问题。在一年的时间里,他在报上公开发表的具有普遍意义的回信就有 30 万字。艾思奇深刻地感受到帮助广大民众,尤其是帮助广大青年寻找救国救民的真理和生活道路是理论工作者的责任。因此,他以马克思主义哲学为指导,回答广大青年所关心的实际问题,引导广大青年树立革命的人生观。从 1933 年至 1937年,他出版了《大众哲学》《思想方法论》《哲学与生活》等大众化传播的代表性著作。

在艾思奇的早期著作中,《大众哲学》最具有代表性。1934 年 11 月至1935 年 10 月,艾思奇在上海《读书生活》杂志"哲学讲话"专栏上连续发表了24 篇文章,这些文章后来汇编成《哲学讲话》一书,于 1936 年 1 月出版,受到读者欢迎,很快就在广大青年中产生了巨大的影响。1936 年 6 月,艾思奇对该书稍加修改后,更名为《大众哲学》再版。《大众哲学》影响巨大,截至 1949 年出版发行过 32 版。

《大众哲学》用生动活泼、通俗易懂的语言介绍、解读和宣传马克思主义哲学。在第一章中,艾思奇以《哲学并不神秘》为标题,阐明了哲学与日常生活的关系,说明了哲学的内涵和哲学的主要任务。在这里艾思奇打破了哲学的神秘感,将哲学与日常生活联系起来,引发人们对哲学的兴趣。第二章中艾思奇主要阐释本体论,他以《一块招牌上的种种花样》《客观的东西是什么》《不如意的事》《牛角尖旅行记》为标题,用浅显的例子说明了哲学上的两大世界观以及它们对待主观和客观关系的看法。第三章是认识论,艾思奇以《用照相作比喻》《卓别林和希特勒的分别》《抬杠的意义》《由胡桃说起》《我们所能认识的真理》为标题,介绍了唯物论的反映论。第四章主要阐释了方法论,艾思奇以《天晓得》《不是变戏法》《追问雷峰塔的倒掉》《没有了》等为标题阐释了辩证法。《大众哲学》用通俗的语言阐释了马克思主义哲学中的本体论、认识论和方法论等内容。

《大众哲学》是艾思奇的代表作,书名主题鲜明,内容通俗易懂、理论联系实际。许多青年在该书的影响下纷纷走上了革命的道路,该书也被称为"启蒙的书""革命的书""救命的书""终身受益的书"。《大众哲学》是第一本针对人民群众的思维方式以及所关注的现实问题而写的中国式的马克思主义哲学著作。当年李公朴在为该书写的序言中指出:"这本书是用最通俗的笔法,日常谈话的体裁,融化专门的理论,使大众的读者不必费很大的气力就能接受。这种写法,在目前出版界中还是仅有的贡献。"[①] 冯契先生曾高度评价《大众哲学》,认为该书因为采用深入浅出的形式,把握了时代脉搏、回答了时代问题,特别是在理论联系实际方面,得到爱国青年与革命群众的喜爱,因此能够风行一时。[②]

《思想方法论》是艾思奇撰写的另一本马克思主义哲学著作,阐明了马克思主义的世界观和方法论,在写作时也是贯彻通俗易懂的原则。在 1936 年由生活书店出版,1940 年由重庆的生活书店印行了 9 版,1945 年抗日战争胜利后又由生活书店印行了 6 版。该书出版之后影响很大,毛泽东曾阅读过该书并留有 42 个字符的批注。全书共六章:第一章是方法论和思想方法论,第二章是本体论和思想方法论,第三章是认识论和思想方法论,第四章是形而上学的方法和辩证法,第五章是唯物辩证法的诸法则,第六章是唯物辩证法的应用上的要点。艾思奇的《思想方法论》是他用两个月断断续续写成的 5 万字的著作,正如他在后记中所写的,该书"在叙述方面,是努力使它有着一贯的系统;在文字方面是尽量也使它浅明易解;在内容方面是以切实有用,不落空洞为宗旨"[③]。

《哲学与生活》是艾思奇在 1935 年至 1937 年间为《读书生活》等刊写的《读书问答》专辑,由上海读书生活出版社于 1937 年 4 月出版。该书的通俗性在于用哲理解释现实社会问题,在当时产生了较大影响。毛泽东在 1937 年 9 月前读过此书,并写下了 3 780 字的摘录。在《哲学与生活》中,艾思奇以答读者问的形式展开自己的观点,主要说明了相对和绝对、世界观的确立、形式逻辑和辩证逻辑、内因论与外因论、真理的问题、认识论上的问题等。

---

① 艾思奇. 艾思奇全书(第一卷)[M]. 北京:人民出版社,2006:589.

② 冯契. 中国近代哲学的革命进程[M]. 上海:华东师范大学出版社,1997:503.

③ 艾思奇. 艾思奇全书(第二卷)[M]. 北京:人民出版社,2006:185.

从以上艾思奇在 20 世纪 30 年代前中期的哲学大众化的著作中,我们可以知道艾思奇在进行马克思主义哲学宣传时,可以说是开辟了一种新的传播途径。在一定程度上解决了一些爱国学生和民众想要掌握引领革命的先进武器,又能力不足的问题。既通俗易懂,又深入浅出,在联系实际方面比同一时期其他学者做得更到位。大众化的传播方式在启蒙民众智慧,激发青年树立积极向上的人生态度上意义重大。有的学者在评价艾思奇对马克思主义哲学大众化的贡献时,称其为"马克思主义哲学大众化的第一人"[①]。美国学者弗格尔也曾评价艾思奇是"中国唯一的最重要的马克思主义哲学通俗化大家"[②]。

2. 陈唯实对马克思主义哲学大众化的传播

陈唯实是马克思主义哲学大众化传播的另一个代表性人物。1935 年到上海后,他像艾思奇一样积极投身到马克思主义哲学大众化、通俗化运动中。1936 年 6 月至 1937 年 2 月,他出版了三本著作:1936 年 6 月出版了《通俗辩证法讲话》,1936 年 9 月出版了《通俗唯物论讲话》,1937 年 2 月出版了《新哲学体系讲话》。这三本书是陈唯实通俗宣传唯物辩证法的代表性著作,陈唯实撰写的马克思主义哲学著作通俗易懂,目的是为人民大众提供科学的人生观、社会观、宇宙观,他认为新哲学应是大众的哲学,学者应为大众提供所必需的知识,让新哲学成为大众生活的指南针。

《通俗辩证法讲话》全书 12 讲,1 至 2 讲谈了辩证法的先决问题及其应用,3 至 6 讲阐述了辩证法的变化定律、矛盾定律、突变定律和联系定律四大定律,7 至 9 讲讲了中国古代哲学的辩证法、西洋哲学辩证法的历史、黑格尔的辩证法,10 至 12 讲分别讲了马克思、恩格斯、列宁的辩证法。该书较为全面地介绍了古今中外的辩证法理论,重点介绍马克思主义的唯物辩证法,并把辩证法理论大众化、通俗化,提倡在理解和把握唯物辩证法的基础上将其运用到革命实践中去。

《通俗唯物论讲话》是与《通俗辩证法讲话》相关联的"兄弟书"。共 8 讲,先后讲述了唯物论与唯心论的起源、唯物论的复兴、近代唯物论哲学、机械论的

---

① 艾思奇. 大众哲学(修订本)[M]. 北京:人民出版社,2011:引言 16.

② 李金山. 大众哲学家——纪念艾思奇诞辰百年论集[M]. 北京:中共党史出版社,2011:378.

唯物论批判、唯心辩证法与唯物辩证法、机械唯物论与辩证唯物论、科学的辩证唯物论、现阶段的战斗唯物论。此书奉行"哲学到大众中去"的宗旨,在对旧哲学的批判中向民众传播马克思主义的辩证唯物论,并引导大家运用这一科学的方法论和世界观认识和解决现实中的问题。

《新哲学体系讲话》是陈唯实的又一本哲学大众化著作,20余万字,于1937年、1938年、1939年三次印行,广受读者欢迎。该书内容丰富,虽然力求语言通俗,但学理性较强。由新哲学的实际应用、新哲学的宇宙观、新哲学的认识论、新哲学的方法论和世界观四部分组成。"本书一方面说明新哲学的原理,但是偏重应用方面,把新哲学从客观上、生活上发挥出来,所研究的是人生问题,社会问题,宇宙问题,思想问题,实践问题。"[1]

陈唯实致力于马克思主义哲学的通俗化、大众化研究,他的著作《通俗辩证法讲话》和《通俗唯物论讲话》,书名都有"通俗"二字,也都叫"讲话",意在适合大众需要。他喊出"哲学到大众中去"的口号,成为他致力于哲学研究的座右铭,他也曾自豪地把自己的书叫作"大饼油条式"的东西,大饼油条虽然比不上西式糕点精致,但它更适合学生、工人和知识分子的口味,所以他乐于在这方面作出自己的贡献。

3. 胡绳对马克思主义哲学大众化的传播

胡绳也是马克思主义哲学大众化和通俗化的学者,他从事大众化宣传的时间很长,对马克思主义哲学大众化的贡献较大,在1936年到1948年间,胡绳撰写了6部哲学著作宣传大众化思想。

《新哲学的人生观》写于1936年年底至1937年年初。他在此书《自序》中写道:"我所最希望的是,这本书能够对于青年读者们的生活实践有相当作用,帮助他们更结实地、更合理地处理身边的一切事情,渡过这个艰难的年头。"[2]又说:"因为这本书是拿新哲学作根据,拿生活的实践作中心的,所以在有些部分就不能不讲得简略一点。"[3]全书共有六章,分别是:人·人生·人生观、哲学和人生观、观念论和机械论的人生观、人生的意义和价值(上)、人生的意

---

① 陈唯实. 新哲学体系讲话[M]. 上海:上海杂志公司,1939:序言 1-2.

② 胡绳全书(第四卷)[M]. 北京:人民出版社,1998:3.

③ 胡绳全书(第四卷)[M]. 北京:人民出版社,1998:4.

义和价值(下)、人生中的客观标准。该书是向青年传播马克思主义有关人生观的观点,在青年中提倡一种积极向上的人生观,引导青年用哲学来改造自己,改造客观环境,具有十分积极的意义。

《哲学漫谈》写于 1937 年,目的是以简明的话语、漫谈的方式来讨论哲学,让哲学从教授的讲坛中解放出来,教青年勇于追求真理,投身改造社会的斗争。他在书中指出:"只有历史上最进步的人类能把过去一切腐朽的社会制度和产生这些社会制度的根源,一股脑推翻,重新建立光明灿烂的新的世界。"[①] 号召青年要勇于追求真理,推翻一切腐朽的社会制度。

《辩证法唯物论入门》是胡绳写于 1938 年 7 月的一本通俗著作,他在该书《前记》中写道:"这本书的名字既然是叫做'入门',自然是比较通俗的,是为了对于哲学还缺少基本的完整的认识的人而写的。"[②] 还说:"一本真正通俗的,能够给工人、农人阅读的辩证唯物论的读本,必须根本改变一般的叙述的系统,要从现实的具体生活的描写出发,加以分析,逐步达到客观现实的法则性的揭发,最后达到哲学上的最高理论的阐明。"[③] 该书紧密联系中国革命的实际和抗日战争的现实,从事实说明理论,较好地阐明了马克思主义哲学的基本理论,通俗易懂,是名副其实的"给广大工人、农人阅读的辩证唯物论的读本"。

此外,胡绳还在 20 世纪 40 年代写了《思想方法》《怎样搞通思想方法》《中国问题讲话》等著作。这几本书通俗易懂、简明扼要,用非常简明的语言介绍唯物辩证法,从中国的国情和中国的革命实际出发,说明马克思主义哲学的世界观和方法论。在马克思主义哲学基本理论的大众化传播中,胡绳功不可没。

(二)马克思主义哲学大众化传播的理论特色

1. 以学术研究为基础,以通俗化表达为特点

哲学大众化的显著特点是语言表达的通俗性,但绝不能简单地把哲学的大众化归结为通俗化。语言表达的通俗化是建立在马克思主义哲学的学术研究基础上的。首先,大众化是以学术研究为基础。被人们誉为"大众哲学家"的艾思奇,曾两度留学日本,具有良好的马克思主义哲学理论功底,精通日文和德

---

① 胡绳全书(第四卷)[M]. 北京:人民出版社,1998:157.

② 胡绳全书(第四卷)[M]. 北京:人民出版社,1998:161.

③ 胡绳全书(第四卷)[M]. 北京:人民出版社,1998:161.

文,并且曾经和郑易里合作翻译米丁主编的苏联哲学教科书《新哲学大纲》,这为其大众化研究奠定了基础。学术研究是其话语表达方式大众化的前提。正如中国人民大学郝立新教授所说:"哲学的大众化不只是通俗化的哲学,不能把大众化简单等同于'大众话'。"①大众化是建立在对马克思主义哲学的"理解精通"基础上的"大众化"。换句话来说,大众化首先是表达内容的大众化,是思想内容上的"大众化",是与大众的生活实践紧密相连的"大众化",不只是语言表达形式的"大众化"或一般意义上的"通俗化",这是理解哲学大众化、通俗化的前提。

其次,在学术研究基础上,通俗化表达为"大众化"的鲜明特点。艾思奇曾说过:"文体的软化,是通俗文的一个条件,然而单单软化了文体,不一定就是通俗文。"②通俗化还要软化理论,还要理论联系实际,注重理论的应用,注重理论与大众的生活相结合。"换句话说,通俗文并不单是要软化文体,还要软化理论,软化理论的方法,就是应用理论,把理论活用到大众生活事实中去。"③如果说理论侧重于内容,文体侧重于形式,那么只有将内容和形式结合起来,方能产生真正意义上的大众哲学。大众化传播既注重马克思主义哲学的学理研究,又关注人民群众的语言,注重理论的通俗化表达,尽量采用老百姓的思维方式,为马克思主义哲学的普及作出了重要贡献,在马克思主义传播史上是具有中国特色的理论创造。

2. 以人民大众关注的时代问题为传播的出发点

以时代问题为导向,这是马克思主义哲学始终倡导和坚持的原则。哲学是时代精神的精华,它的使命就是力求把握并解答时代提出的重大理论和现实问题。时代不是抽象的,它是具体的,存在于现实的世界中;时代不是静止的,它是变化的,时代对我们提出了要求,我们的理论研究也要根据时代的变化,不断丰富发展,适应时代需要。马克思主义哲学只有立足现实,回答和解决人民大众最为关心、最为迫切的现实问题才能被广大人民群众了解并接受。

马克思主义哲学认为,哲学及哲学家是特定时代的产物,哲学要反映人民

①　郝立新. 大众哲学之话语与范式[J]. 哲学研究,2015(9):26-29.

②　艾思奇. 艾思奇全书(第一卷)[M]. 北京:人民出版社,2006:364.

③　艾思奇. 艾思奇全书(第一卷)[M]. 北京:人民出版社,2006:364.

群众的实践和人民群众的智慧。哲学的源泉是人民群众的生活实践,哲学是否具有感召力和影响力,从根本上体现在哲学是否关注和如何关注包括民生在内的社会生活。马克思曾经强调过,理论只要彻底,就能打动群众、说服群众,而理论的彻底表现在要抓住"人"这个根本。他还认为,思想一旦离开民众的利益就要出丑。毛泽东也从哲学应被人民群众掌握的角度反复强调哲学的大众性。他指出,"让哲学从哲学家的课堂上和书本里解放出来,变为群众手里的尖锐武器"①,又说:"洋八股必须废止,空洞抽象的调头必须少唱,教条主义必须休息,而代之以新鲜活泼的、为中国老百姓所喜闻乐见的中国作风和中国气派。"② 大众哲学是面向中国民众、运用中国话语、回应中国问题的哲学。马克思主义哲学之所以能够被中国先进知识分子迅速接受并在民众中广为传播,一个主要原因就在于马克思主义哲学本质上是人民的哲学、大众的哲学。

3. 以大众心理诉求为逻辑起点,以反映民众生活为根本

以中国民众为主体,主要是指坚持以大众诉求为价值取向,以大众生活为认识对象,以大众智慧为思想养料。哲学要自觉关心广大民众的利益,反映民众实践与生活的需求,吸收民众中的智慧。马克思主义哲学的科学性与大众性是一致的,它反对把理论变成脱离人民群众根本利益、脱离群众社会生活的空洞说教。马克思主义哲学根本上就是大众的哲学、生活的哲学。大众与生活是同一个问题的两个方面,大众是主体,生活是大众的生存样态和实践方式。大众哲学还承担了指导群众、引领社会的责任。大众哲学从根本上说是反映民众生活的哲学,当哲学疏远民众、远离生活的时候,民众和生活也就冷落了哲学。我们的时代需要充满时代气息、生活气息并具有大众风格的哲学。

哲学要贴近生活,要善于寻找生活中的问题,提炼出相应的理论问题,并作出智慧的回答。一方面,哲学要寻求大众化、通俗化的形式来掌握群众。另一方面,哲学要在内容上贴近民众的生活。当哲学贴近生活且采取大众化或通俗形式来表达时,哲学就成为受欢迎的大众哲学。《大众哲学》之所以产生如此影响力,根本原因就在于艾思奇十分重视把马克思主义理论同中国革命的实际结合起来,重视研究群众关心的社会现实生活中的问题,重视用中国化、生活

---

① 中共中央文献研究室. 毛泽东文集(第八卷)[M]. 北京:人民出版社,1999:323.

② 毛泽东选集(第二卷)[M]. 北京:人民出版社,1991:534.

化的语言通俗地表达深奥的哲理,重视把马克思主义理论的宣传同广大人民群众的需要结合起来。在上海期间,艾思奇担任《读书生活》栏目的主编,接触的是中国各阶层最广大的读者,每天会收到大量的读者提问,回答的是读者们最关心和困惑的社会问题和心理问题。正是由于他将马克思主义哲学纳入中国人的思维模式,在理论研究上特别关注民众的心理和思维习惯,才探索出中国化的马克思主义哲学的表达方式。毛泽东在倡导用马克思主义哲学来分析解决中国的实际问题时,指出要善于运用平民大众喜闻乐见的语言来阐述马克思主义哲学,把马克思主义哲学的世界观和方法论变成广大人民群众能够掌握和运用的思想方法与工作方法。马克思主义哲学经典作家以及中国共产党人倡导马克思主义哲学的大众化,根本上是要求人们认识到,理论只要掌握群众才能变成物质力量。只有实现马克思主义哲学的大众化,才能真正使马克思主义哲学深入人心,增强马克思主义哲学的生命力、吸引力和凝聚力。

20世纪三四十年代,以李达为代表的马克思主义哲学体系化传播和以艾思奇为代表的马克思主义哲学大众化传播对马克思主义哲学的普及意义重大。二者思维方式不同,理论研究的视角和方法存在差异,理论研究风格和特点也不尽相同,但是他们理论研究的出发点和归宿都是回应中国民主革命实际问题,他们个性化的传播,推进了马克思主义哲学中国化的进程。

第三节 马克思主义哲学理论传播的历史意义

20世纪三四十年代,瞿秋白、李达等学者对马克思主义哲学体系化的传播,艾思奇等学者对马克思主义哲学大众化的传播,深化了中国人民对马克思主义哲学的理解,赋予了马克思主义哲学以新的意蕴,对马克思主义哲学进行了创造性的阐释,对广大民众思想具有重大启蒙作用。

一、推动了马克思主义哲学的学理研究

无论是体系化传播,还是大众化传播,都是以马克思主义哲学的学理研究为基础和前提的。为准确地把握马克思主义哲学及其精神实质,中国的马克思主义哲学家广泛阅读马克思主义哲学原著、翻译哲学文献、撰写哲学专著,为马

克思主义哲学的理论研究投入大量心血。掌握马克思主义哲学的本质,是理解和阐释马克思主义哲学的一个关键性的问题,五四运动以后,李大钊、陈独秀,包括李达在内的早期的马克思主义哲学家,从唯物史观的角度理解马克思主义哲学。20 世纪 20 年代,瞿秋白拓宽了理论研究的视野,把对马克思主义哲学的理解向前推进了一步,他开始在中国传播辩证唯物主义,率先开展马克思主义哲学本体论研究,但瞿秋白所理解的马克思主义哲学的宇宙观,带有自然本体论倾向和科学化、实证化的特征,忽视了人的活动、实践的意义。到了 30 年代,李达通过阅读当时苏联等国外马克思主义哲学研究的新文献,对马克思主义哲学本体论作了深入的探讨,凸显了本体论在马克思主义哲学中的基础地位及实践概念在马克思主义哲学中的重要意义。对马克思主义哲学的精神实质作了独到而深刻的理解,凸显了马克思主义哲学"实践的唯物论"的本质特征,把马克思主义哲学规定为"实践的唯物论"。"实践的唯物论"的提出,是对马克思主义哲学的本质所作的新的阐释,反映了中国人对马克思主义哲学的新理解、新把握。

李达以"实践的唯物论"规定唯物辩证法,一方面突出地从认识论意义上来理解实践概念、来理解唯物辩证法,这种对马克思主义哲学的理解,在历史上起过积极的作用,使马克思主义哲学成为斗争的指南。正是在这个基础上,毛泽东进一步把中国马克思主义哲学的焦点由本体论转向"实践论"。另一方面,李达又强调和凸显了实践概念在马克思主义哲学中的重要地位,主张马克思主义哲学是"实践的唯物论"。李达指出:"唯物辩证法是唯物辩证法的历史观与自然观的统一,两者统一的基础是社会的实践。"①"辩证法的唯物论,以劳动的概念为媒介,由自然认识的领域扩张于历史认识的领域,使唯物论发生了本质的变化,变成了实践的唯物论。"② 这就深刻地揭示了马克思主义哲学的本质,指出了马克思主义哲学与其他哲学的根本区别,标志着中国人对于马克思主义哲学有了更深入的理解和更准确的把握。《社会学大纲》对马克思主义哲学的理解和阐释"代表了 30 年代中国的专门哲学家所达到的理论水平"③。

---

① 汪信砚. 李达全集(第十二卷)[M]. 北京:人民出版社,2016:45.
② 汪信砚. 李达全集(第十二卷)[M]. 北京:人民出版社,2016:45.
③ 汪信砚. 李达论著和思想研究[M]. 北京:人民出版社,2016:99.

艾思奇在对马克思主义哲学大众化的研究中,也深化了对马克思主义哲学本质的理解,他强调马克思的唯物辩证法与以往的唯物主义之根本不同,在于看重实践对认识的决定作用,"实践是辩证法唯物论的理论之核心""而别的哲学者所最不能了解的也就是实践"①。这里,艾思奇也已经认识到马克思主义哲学与其他哲学的本质不同在于科学的实践观。

由此可见,20世纪30年代,李达、艾思奇等哲学家对马克思主义哲学的认识是深刻和科学的。这一时期,在宣传马克思主义哲学的过程中,产生了一批有影响力的哲学理论家,马克思主义哲学也已经进入大学的课堂,各类宣传马克思主义哲学的教科书也广泛出版发行。纵观各个不同历史时期马克思主义哲学家的著作,我们可以看到他们对马克思主义哲学的理解在不断拓展和深化,其理论水平也在不断提高。从开始大量的翻译到仿写,再到撰写出有中国特色的哲学教科书,这一过程体现了学术界马克思主义理论水平在逐渐提高。

二、启发了广大党员干部和民众的思想

20世纪30年代,马克思主义哲学在中国的知识界,尤其是青年知识分子中间产生了重大影响,马克思主义哲学教科书和大众性哲学作品的不断产生和丰富,为投身于抗日战争的中国共产党人提供了思想指导,为毛泽东哲学思想的形成和发展提供了肥沃的土壤。同时,马克思主义哲学的体系化、大众化的研究和传播影响了广大民众,为广大民众参加革命活动提供了强大的思想武器。可以说,每次深刻的社会变革都是以哲学思想的启蒙和成熟为基础和前导的,如果没有马克思主义哲学的体系化、大众化传播,就不可能有中国民众思想的进步。

体系化传播在启发民众思想方面发挥了重要作用。《现代社会学》在传播唯物史观时紧密结合中国实际,注重对广大民众的思想启蒙,对中国革命的基本问题进行了阐释,宣传了中国共产党的主张。李达在阐释唯物史观的过程中,澄清了对社会主义的误解,引导了小资产阶级和知识分子接受唯物史观。该书共印刷了14版,可见在当时革命者中影响之大。国民党当局称李达为"共首",称其冒充大学教授,还曾以"宣传赤化"之罪名通缉李达。这从反面反映出李

---

① 艾思奇. 艾思奇全书(第一卷)[M]. 北京:人民出版社,2006:99.

达在传播唯物史观、启发民众思想中所作出的巨大贡献。《社会学大纲》是系统地宣传辩证唯物主义与历史唯物主义的著作，李达曾将该书寄往延安，毛泽东和中国共产党的其他领导人都读过该书，毛泽东还把它推荐给延安哲学会和抗日军政大学。该书在20世纪三四十年代，宣传了马克思主义哲学，在帮助进步的知识分子树立科学的世界观中发挥了重要作用。

大众化传播也在启发民众思想方面发挥了重要作用。它真正地使哲学从哲学家研究的领域走出来，变成广大群众能够掌握的精神武器，真正走进人们的生活。艾思奇适应时代的要求，把自己的哲学研究和国家民族的存亡结合起来，用哲学解决现实问题。他引导青年读者选择读物，解答他们在思想上和学习生活中遇到的各种问题，真正了解广大青年的心声，这就使他的文章更加紧密地联系广大青年的思想，具有强烈的时代气息。特别是20世纪30年代初，日本侵华，民族危机加重，有强烈责任感的青年陷入迷惘时，他深深地感到帮助青年掌握正确的革命理论、寻找正确革命道路和生活道路的紧迫性。他深知这是理论工作者的责任和使命，因此他以马克思主义哲学为指导，回答青年关注的实际问题，引导青年树立革命的人生观。同时还对社会流行的各种错误思潮进行批判，帮助青年明辨是非。《大众哲学》像火炬一般在青年中广为传播，使青年获得渴望的精神食粮，使青年在黑暗中看到曙光，引领他们毅然走上了革命的道路。

从形式上看，哲学大众化探索是成功的。李公朴在1935年12月为《哲学讲话》所写的序言中认为《大众哲学》一书深入浅出、笔法通俗，在日常谈话形式中融入理论，很能吸引大众兴趣引起大众共鸣，从而使更多的读者较容易接受，因而在写法上是很成功的。而从内容来看，则非常突出一个"新"字——新哲学、新观点。在艾思奇大众化传播方式的启发下，胡绳、沈致远、陈唯实、张如心等马克思主义理论家投身于大众化的传播，对普及传播马克思主义哲学发挥了重要作用。

综上所述，马克思主义哲学的体系化传播和大众化传播在探析真理、启发民众方面发挥了重要作用，在20世纪上半叶马克思主义传播史上画上了浓重的一笔，为马克思主义哲学中国化作出了重要贡献。但是，我们知道无论是体系化的研究，还是大众化的探索，基本上都属于一种理论性的活动，"虽然这些活动也都是最终服务于革命实践的,但本身毕竟仍在理论活动范围内"①。但马克思主义不限于解释世界,而在于改变世界,从根本上来说,解释世界是从属于改变世界的。因此,归根到底,马克思主义哲学理论最终是要融入实践的。在马克思主义理论融入中国革命实践过程中,还有一个民族化、具体化的问题,需要用马克思主义哲学指导中国革命实践,并在实践中丰富发展马克思主义理论,这就涉及在实践基础上对马克思主义哲学的理论创新问题。

① 王南湜. 中国哲学精神重建之路:马克思主义哲学中国化探讨[M]. 北京:北京师范大学出版集团,2012:146.

第四章
在实践基础上对马克思主义哲学的理论创新

理论创新是马克思主义哲学中国化的核心和关键。理论创新是马克思主义哲学的内在要求,同时也是分析和解决中国革命实际问题的客观要求。20世纪30年代,以李达、艾思奇为代表的中国马克思主义哲学家,在对马克思主义哲学进行体系化、大众化研究的同时,也深化了对马克思主义哲学的学理研究,为马克思主义哲学的理论创新作了学理准备。毛泽东将马克思主义哲学、中国实际以及中国传统哲学相结合,从哲学高度回答了中国革命最迫切、最关键的需要解决的理论问题,实现了马克思主义哲学的理论创新。在实践基础上的马克思主义哲学的理论创新,为马克思主义中国化和党的思想路线奠定了哲学基础,最终促成了新民主主义革命的胜利。

第一节　理论创新是马克思主义哲学
中国化的核心和关键

理论创新,究其本质是以马克思主义为指导,将马克思主义同中国的具体实际有机结合,以此形成中国化的马克思主义,并用以指导中国的革命以及建设事业。1937年4月至8月,毛泽东在延安抗日军政大学讲授马克思主义哲学,编写了《辩证法唯物论(讲授提纲)》,提纲共三章十六节,第二章第十一节"实践论"和第三章第一节"矛盾统一法则"是其中最为详细、最为深刻和最为精彩的内容。20世纪50年代初,这两节内容独立成篇为《实践论》和《矛盾论》,学界简称"两论"。"两论"将马克思主义哲学、中国革命实际以及中国传统哲学结合起来,它的发表被认为实现了马克思主义哲学的理论创新,这一点在学界已取得共识。

一、理论创新是马克思主义哲学理论本性的内在需要

产生于19世纪40年代欧洲的马克思主义哲学,之所以能突破地域和时间的限制,指导20世纪上半叶的中国民主革命,并对中国社会主义建设事业产生重大深远的影响,根源在于马克思主义哲学的理论本性。马克思主义的实践性、科学性、人民性和发展性的特征,必然要求并促进其根据时代的特点和现实要求,不断地进行理论创新。马克思主义从产生到发展,表现出了强大的生命力,这种生命力源于其以实践为基础的科学性与革命性的统一。

（一）理论创新是由马克思主义哲学实践性的本质属性决定的

理论创新是马克思主义哲学实践性的必然要求,实践性是马克思主义哲学突出的理论特征和核心要义。首先,实践具有直接现实性的特点,它是具体的、特定的现实条件下的实践。马克思主义要有效地发挥其对各国无产阶级革命实践的指导作用,就必须将马克思主义基本原理在不同的时空中不断实现具体化。其次,实践还具有自觉能动的特点。实践是人类的实践,人具有主观能动性,实践中体现着人的创造性、选择性以及主动性,主体的人依靠实践自觉地进行探索、选择和创造,才能推动社会历史向前发展和马克思主义哲学的创新发展。再次,实践还具有社会历史性的特点,实践本身是不断发展与深化的。自马克思主义哲学诞生以来,人类的生产实践和生活实践发生了翻天覆地的变化,这就要求马克思主义与时代特征相结合,从而有效地发挥对人类实践的指导功能。马克思主义最鲜明的品格体现为时代性,概括而言就是与时俱进。作为人类历史上的优秀财富,马克思主义理论始终伴随着实践的发展而发展,不断地与各国现实有机结合。一方面,马克思主义哲学深刻地指导着各国的革命与建设,另一方面,其自身也得到不断的丰富与发展,不断形成新的理论成果。总之,实践是具体的、历史的,马克思主义哲学要实现其理论指导功能,就要不

断地总结新的实践经验,不断地研究实践中涌现出来的新问题。

(二)理论创新是马克思主义哲学的科学性的本质要求

科学性是马克思主义的又一鲜明特征,其源于实践性并与实践性密切相关。马克思指出:"人的思维是否具有客观的真理性,这不是一个理论的问题,而是一个实践的问题。"① 马克思主义是科学的世界观和方法论,它是经过实践检验的科学理论,是由无产阶级革命和社会主义建设实践证明了的颠扑不破的真理,它总结了人类认识发展的积极成果,正确地反映了客观世界和人类社会的发展规律。作为世界观,它从根本上揭示了自然界、人类社会和思维发展的一般规律;作为方法论,它给予无产阶级认识世界和改造世界的锐利的思想武器。恩格斯指出:"马克思的整个世界观不是教义,而是方法。它提供的不是现成的教条,而是进一步研究的出发点和供这种研究使用的方法。"② 列宁指出:"马克思的哲学是完备的哲学唯物主义,它把伟大的认识工具给了人类,特别是给了无产阶级。"③ 马克思主义是一种真理性的科学体系,但它从不认为自己穷尽了一切真理,而是一贯强调自己只是为认识真理开辟了道路。毛泽东也说:"马克思列宁主义并没有结束真理,而是在实践中不断地开辟认识真理的道路。"④ 中国共产党人最初选择和信仰马克思主义,并把它作为观察宇宙、认识社会的工具,就是因为它反映了客观规律,特别是社会发展的客观规律。这种源于真理性的信仰力量,促使中国共产党人指引中国革命不断走向新的胜利。马克思主义作为一种科学体系,也必然随着实践的发展和人类认识的发展而不断发展。马克思主义的科学性要求中国共产党根据时代特征和时代主题不断作出新的实践总结和理论概括,结合不同时期的时代特点和社会历史条件,与时俱进,推动马克思主义理论创新。

---

① 中共中央马克思恩格斯列宁斯大林著作编译局. 马克思恩格斯选集(第一卷)[M]. 北京:人民出版社,2012:134.

② 中共中央马克思恩格斯列宁斯大林著作编译局. 马克思恩格斯选集(第四卷)[M]. 北京:人民出版社,2012:664.

③ 中共中央马克思恩格斯列宁斯大林著作编译局. 列宁全集(第二十三卷)[M]. 北京:人民出版社,2017:45.

④ 中共中央文献研究室. 毛泽东思想年编(1921—1975)[M]. 北京:中央文献出版社,2011:156.

（三）理论创新是马克思主义哲学人民性的根本要求

马克思主义政党的理论和实践都应致力于实现以劳动人民为主体的最广大人民的根本利益,这是马克思主义最鲜明的政治立场。马克思主义哲学在科学实践观的基础上,实现了人类哲学史上的最伟大的革命性变革,它把伟大的认识工具给了广大人民群众,特别是无产阶级。马克思主义哲学从诞生之日起,就毫不隐瞒自己的阶级性质和根本目的,公然申明是为无产阶级服务的,是无产阶级的世界观和方法论。马克思主义本身是适应无产阶级革命实践的需要而产生的,它的历史使命就在于为无产阶级解放全人类并最后解放自己的伟大实践提供理论指南。马克思明确表示:"哲学把无产阶级当作自己的物质武器,同样,无产阶级也把哲学当作自己的精神武器。"[①] 马克思主义给了无产阶级精神武器,但是,并没有给各国的共产党人解决具体问题的办法,这就需要各国的无产阶级从自己的国情出发,将马克思主义的基本立场、观点、方法和本民族的革命实践相结合,只有这样,才能找到解决问题的办法。

（四）理论创新是马克思主义哲学发展性的要求

作为马克思主义的创始人,马克思和恩格斯一贯反对把自己的理论教条化、凝固化,强调理论的运用"随时随地都要以当时的历史条件为转移",强调理论必须随着时代和实践的发展而不断发展。自马克思主义诞生以来,人类社会发生了翻天覆地的变化,无产阶级革命和社会主义建设在不同的时期、不同的历史背景下面临着极不相同的条件和问题,有着各自不同的历史任务,这就要求马克思主义与时代特征相结合。马克思主义是不断发展的学说,它具有鲜明的时代性和与时俱进的理论品质,它是时代的产物,并随着时代、实践和科学的发展而不断发展。马克思主义理论体系是开放的,它不断吸收人类最新的文明成果来充实和发展自己。马克思主义在指导人们认识世界和改造世界的过程中,在指导无产阶级革命的过程中,不断地与时代特征和各国具体实际相结合,并不断丰富和发展,形成新的理论成果。马克思主义与时俱进的理论品质根源于它的实践性和科学性,同时实践性和科学性必然要求和促使人们根据时代条件的变化和实践的要求不断地进行马克思主义的理论创新,这是 170 多年

---

① 中共中央马克思恩格斯列宁斯大林著作编译局. 马克思恩格斯文集(第一卷)[M]. 北京:人民出版社,2009:17.

来马克思主义始终保持蓬勃生命力的关键所在。

二、理论创新是思考和解答中国民主革命实际问题的必由之路

从动因上来说,毛泽东写作"两论",根本上来自对中国民主革命现实问题的思考,思考和解答中国民主革命的实际问题始终是他哲学研究的出发点和最终归宿。他对前人和同时代思想家思想材料的吸收,始终有一个围绕中国革命实际问题的主题。在 20 世纪 60 年代初,毛泽东曾说:"我们在第二次国内革命战争末期和抗战初期写了《实践论》和《矛盾论》,这些都是适合于当时需要不能不写的。"[①] 那么,为什么"不能不写"?

(一)理论创新是对国内革命战争经验教训进行哲学总结的需要

"两论"是毛泽东对第一次和第二次国内革命战争的经验教训进行的哲学总结。毛泽东认为总结经验必须提高到哲学高度,因为"一切大的政治错误没有不是离开辩证唯物论的"[②]。党内"左"倾、右倾错误最深刻的根源是思想路线的错误,如果不从思想路线上、哲学上解决问题,那么纠正一种错误必定会犯另一种错误。我们党在纠正陈独秀右倾错误以后,又连续犯了三次"左"倾错误,而且一次比一次严重,最后,王明的第三次"左"倾错误几乎使中国革命陷入绝境,根本原因就在于始终没有从思想路线上解决问题,没有从哲学上进行总结。1935 年 12 月,毛泽东作《论反对日本帝国主义的策略》的报告,着重从政治路线、政治策略上总结经验,批评党内长期存在的狭隘关门主义和对于革命的急性病。1936 年 12 月,毛泽东作《关于中国革命战争的战略问题》的演讲,着重从军事上总结经验,批评"左"倾教条主义军事路线的错误。所有这些,毛泽东认为都是必要的,但是在他看来还很不够,还需要对"左"倾、右倾错误作系统的、哲学的分析、概括和总结,因此,在 1937 年 4 月至 8 月,他在延安抗日军政大学重点讲授哲学问题。

事实上,20 世纪二三十年代,党在"幼年"时期出现的右倾和"左"倾两次错误路线,导致第一次国内革命战争的失败和第二次国内革命战争初期的挫

---

① 龚育之,逢先知,石仲泉. 毛泽东的读书生活[M]. 北京:生活·读书·新知三联书店,1986:36.

② 中共中央文献研究室. 毛泽东哲学批注集[M]. 北京:中央文献出版社,1988:311-312.

折。两次失败的根源在于我们党在理论上还不成熟,在于错误的思想路线。经过两次失败,中国共产党对中国革命的认识有了重大的飞跃,对中国革命的具体实际的认识也更加清醒。经过两次胜利和两次失败经验的比较,中国共产党逐步摸清了中国革命的规律,同时也认识到能否将马克思主义理论与中国实际相结合,是革命成败的关键。特别是在对政治和军事教训反思和经验总结的基础上,党具备了更深刻的哲学反思的条件,在此基础上形成了正确的思想路线。只有思想路线正确,才能有正确的军事路线、政治路线和组织路线。民主革命战争需要人民群众的广泛参与,人民群众参与革命战争需要有党的领导,而党的认识,特别是党的领导人对革命战争规律的把握,主观想法能否与客观实际相符合,往往决定着革命的成败。两次战争的失败,客观上要求中国共产党必须从哲学上对党内的"左"倾和右倾错误进行批判,即不但要在政治上、军事上对党内的"左"倾、右倾错误进行批判,而且必须从理论上、哲学上进行反思,也就是从认识路线、从哲学方法论上进行根本的批判。

(二)理论创新是为抗日战争提供强大的思想武器

实践催生理论,理论指引实践。毛泽东的哲学创新活动,既是对以往革命经验的总结,同时也为即将到来的抗日战争提供思想武器。一方面,我们党在抗日战争中的伟大实践为马克思主义哲学中国化提供了现实的沃土,为中国共产党的理论创新提供了契机。20世纪30年代,日本发动侵华战争,中华民族面临前所未有的民族危机,如何解决这一危机始终是萦绕在无数仁人志士心中的重大问题。革命实践引发了毛泽东的哲学思考,毛泽东基于形势的变化作出了中日矛盾是中国社会主要矛盾的判断,对主要矛盾的解决决定着事物的性质和发展方向。正是在解决革命实际问题形成的直接经验的基础上,毛泽东撰写了《论反对日本帝国主义的策略》《关于中国革命战争的战略问题》等文章,阐明了政治领域和军事领域的辩证法,成为写作"两论"的思想前导。在一定程度上,我们可以说抗日战争的实践,催生了"两论"的产生。

另一方面,抗日战争时期中国社会各种矛盾复杂尖锐,分析和解决各种矛盾对我们党提出了更高的要求。抗日民族统一战线的形成,要求革命理论进一步完善和系统化。在形成广泛的抗日民族统一战线的形势下,中国共产党作为全国性的大党,必须公开系统地向全国人民阐明自己的纲领政策,回答抗日战争的前途问题,指出中国社会前进的方向和道路。特别是西安事变后,由于日本侵略升级,抗日战争面临更加严峻和复杂的局面。在新的考验面前,如何指导抗日战争,如何科学分析和解决战争发展中的各种问题,这些都客观地摆在党和全国人民面前,这就要求党在总结前两次革命经验的基础上,作出新的理论思考和分析,使革命理论进一步系统化,用马克思主义哲学科学的世界观和方法论来武装全党。

三、理论创新是马克思主义哲学与中国传统哲学相结合的必然要求

中国传统哲学是中华文化的精髓和活的灵魂,其历史悠久、博大精深,在漫长的历史长河中,在维护社会稳定、抚慰民众心灵方面发挥了重要作用。近代以来,建立在农业文明基础上的中国传统哲学已经不能指导中国革命取得胜利,难以继续发挥其引领作用。20 世纪三四十年代,以毛泽东为代表的中国共产党人以马克思主义理论为指导,用马克思主义的立场、观点和方法对传统哲学进行批判性改造,实现了马克思主义哲学的理论创新以及中国传统哲学的现代化。

(一)理论创新是对中国传统哲学的批判继承

毛泽东哲学思想实现了马克思主义哲学与中国哲学传统的有机融合。这种融合不但表现在对中国语言、中国风格、中国气派的继承上,更为深刻、更为核心地表现在对中国传统哲学的重现实、重实践的性格的弘扬上。中国传统哲学注重实用理性、求真务实的精神。汉代以来,诸多学者在治学思想和方法上大都坚持“务实”传统。两宋以后形成的湖湘学风,以其鲜明的务实风格影响了一代又一代中国先哲。明末清初,中国早期的启蒙学者顾炎武、黄宗羲、王夫之等,无一例外地提倡“经世致用”的学风,提倡“言必征实,义必切理”[①],“兴利之事,须有实功”[②]。王夫之为中国古典哲学贡献了全面的、体系化的本体论,同时他十分重视历史的实际与现实的实践,从两者相结合的角度丰富了中国传统哲学的宝库。魏源的经世之学与公羊之学在他的名著《海国图志》中得以充分体现,并且他提出的“师夷长技以制夷”的观念,事实上作为一种战略思维,

---

① 中国哲学史编写组. 中国哲学(下册)[M]. 北京:人民出版社,2012:139.

② 侯外庐. 宋明理学史(下卷)[M]. 北京:人民出版社,1987:895.

在 19 世纪中期产生了巨大的影响,引发了中国社会开始放眼现实、直面世界的潮流,成为一种新的思考。中国哲学重实用理性、强调"学以致用"的精神对青年毛泽东产生了深远的影响。

学生时代,毛泽东就拥有治学济世的抱负,苦苦探索救国救民之道,他阅读了大量经、史、子、集等中国古典文献,并广泛参加社会实践活动,这对他政治思想的形成起到重要作用。他主张探讨"大本大源",从哲学、伦理学入手,从而达到从根本上变革中国社会思想的目的,这为他以后的政治生涯作了精神与知识上的储备。同时,毛泽东还继承了中国传统文化中的务实精神,这无论是对其关注中国革命现实,还是对立足实际从事理论研究都产生了深远的影响。毛泽东的《实践论》,在一定意义上可以说是对中国传统文化,特别是对重现实、重实践的湖湘学风的承继与发展。李维武教授认为,"特别是重现实、重实践的湖湘学风,给了毛泽东以直接而深刻的影响。毛泽东的'实践论',在一定意义上说,正是对重现实、重实践的湖湘学风的承继与发展。"[1] 在《实践论》中,毛泽东对于知与行、理论与实践的关系问题作了更为深刻的阐发。他说:"世上最可笑的是那些'知识里手',有了道听途说的一知半解,便自封为'天下第一',适足见其不自量而已。知识的问题是一个科学问题,来不得半点的虚伪和骄傲,决定地需要的倒是其反面——诚实和谦逊的态度。你要有知识,你就得参加变革现实的实践。你要知道梨子的滋味,你就得变革梨子,亲口吃一吃。"[2] 毛泽东的知行观与王夫之、魏源、陈天华的知行观可以说有着明显的承继关系。他的《实践论》在某种意义上正是对传统文化中"学以致用"传统的继承和弘扬。

(二)理论创新是中国传统哲学现代化的必然要求

中国传统哲学为我们留下了宝贵的文化遗产,但它毕竟是农业文明的产物,其中还存在着很多不适应现代社会发展需要的因素,这就需要我们批判继承中国传统文化。

---

① 李维武. 毛泽东"实践论"的中国性格[J]. 中国社会科学,2007(4):18-30,204.

② 毛泽东选集(第一卷)[M]. 北京:人民出版社,1991:287.

1. 中国传统文化中存在着不利于主体独立人格养成的因素,不适应新民主主义革命对独立革命主体的内在要求

中国传统文化是在以小农经济为基础的封建社会里形成的具有前现代化的观念、习惯与规范的系统,它是与相对封闭的地理环境和自然经济相适应、以血缘关系为纽带的宗法制度和专制政治为基础的文化形态,以伦理政治为轴心,以封建等级制度、纲常礼教为基本内容。在人与自然的关系上,它主张“天人合一”“顺应天时”,教人顺应自然,反映了人对自然的依赖性;在家庭关系中,它强调子对父遵守“天下无不是的父母”之规则,女性则按照“在家从父,出嫁从夫,夫死从子”的规范行事;在社会政治领域,中国传统文化强调臣子必须对君主竭忠尽孝,有“君要臣死,臣不得不死”“君为臣纲”等观念。这些传统观念阻碍了个人主体意识的生成和对人的价值的追求。

在新民主主义革命时期,中华民族面临亡国灭种的危机,这就需要中国人民族意识的觉醒,需要先进的知识分子和广大民众投身于救亡图存的战争中。马克思主义哲学作为“时代精神精华”,是在西方社会经历了文艺复兴和启蒙运动的基础上建立起来的。西方社会先后经历了几百年的文艺复兴和启蒙运动,使人文精神得以彰显,人的才智、能力得以肯定,人的自由、个性和价值追求得到尊重,科技理性和人文精神得到尊重和弘扬。同时,西方国家完成了工业革命,资本主义生产方式得以确立。马克思主义哲学正是在前两者的基础上,总结人类历史发展规律,借鉴西方哲学成就而发展起来的现代哲学,可以说,马克思主义哲学是现代资本主义工业文明的产物,它继承了古希腊哲学以来西方文化中的科学理性和人道主义传统,同时克服了旧唯物主义和唯心主义的局限性,从现实的人出发,从作为实践的主体的人出发去理解整个世界都是人的实践活动的产物。由此,人的主体性和能动性在马克思主义唯物主义哲学中凸显出来。所以,从根本上说,当时的中国传统文化缺少西方文艺复兴和启蒙运动所强调的人的尊严和价值的人道主义,缺乏对人的关注,特别是缺乏对个人的关注。在新民主主义革命时期,要动员先进的知识分子和广大民众投身救亡图存的战争,中国革命亟须新文化、新哲学的时代精神引领。

2. 中国传统哲学缺乏系统的逻辑理论论证和分析,无法为新民主主义革命提供科学的指引

中国传统哲学中,虽然有“唯物论”“辩证法”“认识论”和“大同”等哲学

思想,但都具有朴素、粗浅、空想、不系统等特点。

第一,在中国传统哲学中,认识论思想集中体现为对知行关系问题的探讨。关于知行关系,中国哲学家争论了两千多年,主要是知和行孰先孰后、孰轻孰重,是以知鉴行,还是以行鉴知的问题。但这个问题正如毛泽东指出的:"中国的古人也没有讲清楚。老子、庄子没有讲清楚,墨子讲了认识论方面的问题,但也没有讲清楚。张载、李卓吾、王船山、谭嗣同都没有讲清楚。"①综观古人的观点,无论是先验论,还是唯物论,对这一问题都没有解释清楚,都带有经验论的特点。

第二,在辩证法方面,中国传统哲学中的辩证法思想生动直观、具有对事物所包含的对立、转化的思想,但我们也应看到这些思想使用的概念还不够科学、明确,思想本身缺乏科学的论证,也缺少系统性,还只是一些朴素的想法。

第三,在历史观方面,中国传统思想中的"大同"理想有益于中国人对科学社会主义理论的接受,但其很大程度上反映了自然经济中的农民追求公平和绝对平均的文化传统,它既认识不到理想社会是社会发展客观规律所致,也找不到其实现的正确的道路和动力所在,且具有平均主义、忽视个人利益和空想的特点,难以回答"中国向何处去"的时代主题。

历史和现实说明了中国传统文化无法为 20 世纪上半叶中国的新民主主义革命提供指引,这就从现实性和必要性两方面,对中国传统文化提出了新的要求,必须将中国传统文化同其他先进文化有机结合,为中国传统文化注入现代内涵。

四、理论创新是马克思主义哲学在中国传播和发展的逻辑结果

中国的民主革命实践为马克思主义哲学的理论创新提供了契机,激发了马克思主义哲学家的理论思考,但这并不必然产生符合中国国情的科学理论,要想产生符合中国国情的理论,需要中国的马克思主义者对马克思主义哲学有全面深刻的理解和把握,掌握指导革命的"精神武器"。从马克思主义传播史来看,中国共产党对这一"精神武器"的理解和掌握不是凭空产生的,也不是一蹴而就的,而是经历了一个漫长的探索过程。从马克思主义哲学在中国的早期传

---

① 　中共中央文献研究室. 毛泽东文集(第八卷)[M]. 北京:人民出版社,1999:390.

播到毛泽东对马克思主义哲学的理论创新,这一过程凝结了无数中国马克思主义者的思考和心血。

五四运动到大革命失败这一阶段是中国新民主主义革命的初期,马克思主义哲学在中国的传播也发端于此。李大钊、陈独秀等早期的中国马克思主义者对马克思主义哲学的学习和理解是比较粗浅的,囿于时代条件的限制,他们对马克思主义的整体性及其各部分的有机联系缺乏深刻的认知,对马克思主义的理解仅限于唯物史观,且带有科学实证的特点。20 世纪 20 年代中期,瞿秋白首先在中国宣传辩证法,最早提出了"互辩律唯物论"的概念,使中国人第一次了解到马克思主义哲学不只包括唯物史观,还包括唯物辩证法,这是他对马克思主义哲学中国化的一大贡献。但瞿秋白所理解的马克思主义哲学本体论也同样带有强烈的自然本体论倾向和科学化、实证化特征,主张用现代自然科学成果去证明马克思主义哲学本体论。总体来说,这一时期马克思主义哲学具有科学主义的倾向,在一定程度上抹杀了哲学与科学的区别,不利于我们对马克思主义哲学实践精神和批判精神的理解,忽视了人的活动和实践的意义。

20 世纪 30 年代,中国的马克思主义哲学的研究更加深入和系统。李达、艾思奇等哲学家通过阅读、翻译当时苏联等国外马克思主义哲学研究的新文献,不断推动中国知识分子以系统的、整体的眼光研习马克思主义哲学,同时也对马克思主义哲学本体论作了更加深入和有益的探讨,进一步凸显了本体论尤其是实践概念在马克思主义哲学中的特殊意义和地位。艾思奇把马克思的唯物辩证法通俗且又不失准确地划分为本体论、认识论、方法论三个有机相连的板块。同时强调,马克思的唯物辩证法与旧唯物主义哲学的根本不同,关键在于重新审视了实践对认识和理论的决定性作用。他谈道:"实践是辩证法唯物论的理论之核心……而别的哲学者所最不能了解的也就是实践。"[①]李达更加明确地把马克思主义哲学规定为"实践的唯物论",这一命题的提出,反映了中国人对马克思主义哲学本质的把握,反映了中国人对马克思主义哲学的新理解、新把握。

在广泛阅读马克思主义哲学著作,总结中国民主革命经验教训的基础上,毛泽东实现了马克思主义哲学的理论创新。如果说李达、艾思奇对马克思主义

---

① 艾思奇. 艾思奇全书(第一卷)[M]. 北京:人民出版社,2006:99.

哲学"实践的唯物论"的理解是在学理方面,那么毛泽东的"实践论"则是对中国民主革命经验教训的哲学总结。20世纪30年代,作为中国共产党主要领导人的毛泽东,进入到他哲学学习和创作的一个黄金时期,这时中国的新民主主义革命也历经了二十多年,革命的经验教训为毛泽东的哲学创造活动提供了实践基础。

《实践论》《矛盾论》的前身是1937年4月至8月毛泽东在延安抗日军事政治大学讲授哲学时所写的《辩证法唯物论(讲授提纲)》的部分章节。其中,《实践论》是最能体现毛泽东哲学思想的文本,与之相联系的《矛盾论》则是在方法论上对《实践论》的进一步展开。以《实践论》为标志、为核心所展开的毛泽东哲学思想,可以称之为"实践论"。"'实践论'的创立,标志着中国马克思主义者已经成功地把马克思主义哲学同中国的文化传统、哲学资源和革命实践密切地结合起来,使马克思主义哲学具有了极其鲜明的中国性格。"[①] 这一时期,理论联系实际、实事求是,已经成为中国共产党人认识问题和解决问题的思维方式。

五、理论创新是革命家兼哲学家的主体选择

实现理论创新,离不开具有革命精神和批判精神的马克思主义哲学家。与瞿秋白、艾思奇、李达等马克思主义理论家相比,毛泽东对哲学的研究和思考更加注重中国的现实问题,并且与中国革命实践紧密相连,从现实的角度看,更加符合当时中国社会的迫切需求。这主要源于毛泽东是以一个革命家的立场从事哲学研究工作的,这使得他的哲学研究活动的目标更加指向中国革命实践。毛泽东哲学思想所强调的观点和问题完全是中国革命实践的反映,"毛泽东的这些哲学思想主要是依据他自己长期的革命的经验上升而来"[②]。毛泽东直接参加了中国民主革命,而且还不是一般性地参加了中国革命,他是中国新民主主义革命的主要领导者。在相当长一段时期内,他同党内各种错误思潮进行了直接的和艰苦的斗争,在思想斗争中,他意识到实践问题与矛盾问题是党内思想路线的焦点问题,从而力求在哲学上进行思考和解决。总的来说,中国新民

---

① 李维武. 毛泽东"实践论"的中国性格[J]. 中国社会科学,2007(4):18-30,204.

② 李泽厚. 中国现代思想史论[M]. 北京:人民出版社,1988:173.

主主义革命实践所获取的正反两方面的经验教训为其理论创造提供了丰富的材料。

除了亲历民主革命实践外,毛泽东还具有独立的人格和非凡的勇气,这也构成其哲学理论创造活动不可或缺的条件。独立的个性是所有创新工作的必要条件,而哲学作为一种抽象思维活动更加需要自由的个性与意识。因此,哲学家的独立人格与自由个性对于哲学思维的发展而言显得更加至关重要。针对 20 世纪 30 年代前期党内愈演愈烈的教条主义,毛泽东深刻地认识到绝不可僵化地将马克思、列宁的话语当作经卷而照搬,应当灵活地运用马克思主义理论研究中国现状和中国问题。他强调应当辩证地看待苏联经验,既汲取有益元素又不能迷信,只有将马克思主义哲学具体化,才能真正地解决中国问题。同时必须正视中国近代社会历史的特殊性,源于这样的特殊环境,中国大地必然会出现马克思主义经典著作中没有的新情况、新问题。对于特殊性的把握,就需要更加灵活地将马克思主义理论与中国实际进行有机融合,不断地发展马克思主义的新观点和新思想,这需要极大的理论勇气。

第二节　理论创新的准备阶段:学术界对马克思主义哲学的创造性阐释

毛泽东的"两论"实现了马克思主义哲学的理论创新,这已在学界取得共识,但同时,我们要看到李达、艾思奇等中国的马克思主义哲学家在对马克思主义哲学进行体系化、大众化研究的同时,也深化了对马克思主义哲学的学理研究,对马克思主义哲学进行了创造性的阐释。李达在提到《社会学大纲》时曾谦虚地说:"本书内容,虽没有新的创见,但基于数年的研究,自信还有一些新的收获。"① 这里所说的"新的收获",就是对马克思主义哲学基本原理的一些发挥。李公朴先生在为《大众哲学》写的"编者序"中说:"作者对于新哲学中的许多问题,有时解释得比其他一切的著作更明确。虽然是通俗化的著作,但

---

① 汪信砚. 李达全集(第十二卷)[M]. 北京:人民出版社,2016:3.

也有许多深化了的地方。"① 在这里"新的收获"和"深化了的地方"就是对马克思主义哲学的创造性阐释,这些富有创见性的阐释和发挥,对毛泽东的理论创新具有重要意义。

一、学术界对马克思主义哲学(中国化)认识的深化

20 世纪 20—40 年代,中国学术界对马克思主义哲学进行了艰辛的研究和广泛的传播。通过持续不断地研究,学术界对马克思主义哲学的理解也更加全面、更加深刻。

(一)对马克思主义哲学本质的认识

20 世纪 30 年代,是马克思主义理论传播和创新的一个黄金时期,中国的马克思主义理论家从各自的领域开展对马克思主义哲学的学理研究,深化了对马克思主义哲学的理解。至 30 年代中期,李达深入钻研了当时已出版的马克思、恩格斯、列宁等经典作家所有的哲学著作,其中也包括马克思的早期哲学著作和列宁的晚期哲学著作。李达对马克思主义哲学经典的精深研究,对各国马克思主义哲学家代表性著作的翻译和把握,再加上多年来他对马克思主义理论体系的辛勤探索,使得他对马克思主义哲学及其精神实质具有极为准确、深刻的理解。他将科学的实践观置于马克思主义哲学的核心地位。

李达作为职业的哲学家,在深入研究马克思主义哲学经典文献资料基础上,立足中国革命实践经验,提出了辩证唯物论与历史唯物论统一于实践的唯物论的观点。首先,李达强调实践在马克思主义哲学中的重要地位。在《社会学大纲》中,李达明确地把马克思主义哲学规定为"实践的唯物论",并且阐明了辩证唯物论与历史唯物论统一于实践的观点,这是他对马克思主义哲学作出的创造性的阐释。在中国的马克思主义哲学著述中,用"实践的唯物论"称谓马克思主义哲学,李达是开先河者。把马克思主义哲学概括为"实践的唯物论"是对马克思主义哲学的本质作了新的阐释,反映了中国人对马克思主义哲学的新理解。李达指出:"唯物辩证法是唯物辩证法的历史观与自然观的统一,两者统一的基础是社会的实践。"② 其次,李达从认识论来理解实践对于认识的基础

---

① 艾思奇. 大众哲学(修订本)[M]. 北京:人民出版社,2011:序 2.

② 汪信砚. 李达全集(第十二卷)[M]. 北京:人民出版社,2016:45.

和决定作用。他认为马克思的"实践"使认识论发生了根本性的变革。他指出了旧唯物主义认识论的缺陷根本上在于不理解"实践",正是"实践"将马克思主义认识论与旧唯物主义认识论区别开来。李达强调了作为认识论基础的实践范畴的重要性,凸显了实践对认识的决定作用。这种对马克思主义的理解,在民主革命时期曾起过积极作用,使马克思主义哲学真正成为指导中国民主革命实践的科学指南和指导中国革命斗争的旗帜。

与李达对马克思主义哲学本质的理解一致,艾思奇在《大众哲学》中,把马克思的唯物辩证法划分为本体论、认识论、方法论三部分。在这三部分中,他认为本体论是最根本的,同时又与认识论、方法论相联系。他强调,马克思的唯物辩证法与以往的唯物主义之根本不同,在于看重实践对认识、理论的决定作用,"实践是辩证法唯物论的理论之核心"①"而别的哲学者所最不能了解的也就是实践"②。在这里,艾思奇对马克思主义哲学的理解是深刻且准确的,他把握住了马克思主义哲学的本质特征。

20世纪90年代,当代中国学术界对马克思主义哲学的认识是在实践唯物主义这一观点上达成共识的,而在20世纪30年代,李达和艾思奇等哲学家就对马克思主义哲学是"实践的唯物论"进行了系统论证,由此可见他们对马克思主义哲学本质的精准把握。

(二)对马克思主义哲学中国化的认识和深化

20世纪30年代初,艾思奇在上海主要从事马克思主义哲学大众化研究,1937年10月,艾思奇来到延安,在毛泽东的影响下,更加关注用马克思主义理论分析中国革命的实际问题,将马克思主义哲学的研究方向由大众化研究转向中国化、现实化研究,深化了对马克思主义哲学中国化的理解。

1.率先提出了马克思主义哲学中国化的命题

1938年4月,针对抗战以来中国哲学界存在的一些理论脱离实际和滥用哲学公式的观念论倾向,艾思奇发表了《哲学的现状和任务》一文,提出过去的

---

① 艾思奇. 艾思奇全书(第一卷)[M]. 北京:人民出版社,2006:99.
② 艾思奇. 艾思奇全书(第一卷)[M]. 北京:人民出版社,2006:99.

哲学通俗化运动"是有极大意义的,而且这也就是中国化现实化的初步"①,但通俗化并不等于"中国化现实化"。为了适应时代的要求,"现在需要来一个哲学研究的中国化、现实化的运动"②。在中国马克思主义哲学发展史上,艾思奇是明确提出"马克思主义哲学中国化"命题的第一人。

此外,艾思奇还阐明了哲学通俗化与中国化现实化的关系,他认为过去的哲学只做了一个通俗化的运动,把高深的哲学用通俗的词句加以解释,打破了哲学的神秘感,但这还不是哲学中国化现实化的全部内容,只是它的初步工作,我们要以通俗化为出发点,最终目标是实现中国化、现实化。他指出当前要开展的哲学中国化、现实化运动,不是书斋课堂的运动,不是滥用公式的运动,而是要从各部门的抗战动员的经验中吸取哲学的养料,发展哲学的理论,然后再把发展的哲学理论拿来,指导我们的思想行动。可见,艾思奇所讲的"哲学中国化现实化",就是要运用辩证法唯物论即马克思主义哲学于中国的抗战实践,以解决抗日战争的认识论问题和方法论问题,为夺取抗战胜利服务。

2. 详细阐明了马克思主义哲学中国化的内涵及实现路径

在1938年9月召开的党的六届六中全会上,毛泽东作了《论新阶段》的政治报告,明确地向全党提出了"马克思主义中国化"的历史任务。艾思奇响应毛泽东的号召,分别于1940年2月、1941年8月在延安的《中国文化》上发表《论中国的特殊性》《抗战以来的几个重要哲学思想评述》,对"马克思主义中国化"的内涵作了系统的论述。

首先,艾思奇阐明了马克思主义哲学中国化就是马克思主义及其哲学在中国的应用。艾思奇认为,马克思主义中国化,就是要在中国的"具体环境"之下实践马克思主义,在中国的"特殊条件"之下创造马克思主义。他指出:"我们说马克思主义中国化就是在于把马克思主义的真正精神,马克思主义的基本原则,应用到中国的具体问题上来,就是在中国的现实地盘上来把马克思主义加以具体化,加以发展。"③马克思主义中国化就是"马克思主义与中国革命实际相结合",马克思主义哲学中国化就是"辩证法唯物论与中国的实际革命运

---

① 艾思奇. 艾思奇全书(第二卷)[M]. 北京:人民出版社,2006:491.

② 艾思奇. 艾思奇全书(第二卷)[M]. 北京:人民出版社,2006:491.

③ 艾思奇. 艾思奇全书(第三卷)[M]. 北京:人民出版社,2006:250.

动的结合"。在这里,艾思奇强调两点。一是必须坚持马克思主义的基本原则和真正精神,绝不能借口中国的特殊性而丢弃马克思主义的基本原则和真正精神,把马克思主义变成非马克思主义的东西。这是马克思主义中国化的理论前提。二是必须运用科学的方法来具体地、客观地研究中国社会的实际情况,真正把握中国的特殊性,在实践中运用和发展马克思主义,绝不能使马克思主义空洞化、公式化。这是马克思主义中国化的国情前提。

其次,艾思奇阐明了马克思主义哲学中国化就是马克思主义及其哲学在中国的创新和发展。针对叶青等人认为"马克思主义是'舶来品',不适合中国国情"的谬论,艾思奇在《论中国的特殊性》一文中指出,马克思主义和实践是分不开的,"马克思主义者所谓的精通马克思主义不仅是指马克思主义的理论研究,而同时是指在一定的具体环境之下实践马克思主义,在一定国家的特殊条件之下来进行创造马克思主义的事业。这里就一定有'化'的意思,也就有'创造'的意思"①。中国化的过程也就是运用和发展马克思主义的过程。他强调:"马克思主义哲学中国化,不是滥用哲学公式,而是要从抗战的经验中吸取学养料,发展哲学理论,然后把发展的哲学理论拿来应用,指导我们的行动,并根据每一时期的经验,不断地来丰富和发展我们的理论。"②

由上可见,有关马克思主义哲学中国化的内涵和实现路径,即实际应用和创造发展的思想在这里已初见端倪。在 1940 年发表的《论中国的特殊性》一文中,艾思奇则进一步从马克思主义自身特点和中国社会现实条件出发,探讨马克思主义中国化问题,非常明确地从"应用"和"创造"的角度,深刻阐述了马克思主义中国化的那个"化"字的两层含义。一是从"应用"的角度,说明在中国应用马克思主义或使马克思主义中国化,就是要坚决地站在马克思主义的观点上,在马克思主义基本原理和基本精神基础上,用辩证唯物论和政治经济学的科学方法,来具体地客观地研究中国社会关系,来确定中国无产阶级在中国民主革命斗争中的具体任务及战略策略。也就是说,马克思主义中国化不仅仅是个理论问题,更为重要的是个实践问题。二是从"创造"的角度,说明马克思主义者所谓精通马克思主义,不仅是指马克思主义的理论研究,同时是指

---

① 艾思奇. 艾思奇全书(第二卷)[M]. 北京:人民出版社,2006:774-775.

② 雍涛. 毛泽东哲学思想与马克思主义哲学中国化[M]. 北京:人民出版社,2003:70.

要能在一定的具体环境之下实践马克思主义,在一定国家的特殊条件下来丰富和发展马克思主义。这种创造就是指在不变更马克思主义基本原理的基础上丰富和发展马克思主义,给马克思主义的宝库作出新的贡献。在艾思奇看来,马克思主义中国化,就是马克思主义在中国具体环境中的应用和创新,就是在中国的现实的地盘上来把马克思主义加以具体化,加以发展。艾思奇特别强调,"在一定的具体环境之下实践马克思主义","在一定国家的特殊条件下来进行创造马克思主义的事业",就是马克思主义中国化,就是应用和发展马克思主义。

(三)对马克思主义哲学基本原理的认识和深化

1. 在本体论和认识论上深化了对"实践"的理解

李达认为在马克思主义哲学中,"实践"具有本体论和认识论两层意义。一方面,就本体论来说,李达认为"实践"使唯物论发生了根本的变革。它使唯物论既超出了唯心论把劳动当作抽象的精神性的劳动看待;同时又超出了旧唯物论把人类劳动当作生物学的范畴理解。李达认为马克思强调的实践并不是抽象意义的精神或者主观的思维活动,也不同于费尔巴哈在生物学意义上理解的实践,而是与人的劳动、历史联系在一起的感性的现实的人类活动。实践的唯物论的确立,使哲学的内容发生了本质的变革。

另一方面,就认识论意义而言,李达认为马克思的实践使认识论发生了根本的变革。实践的认识论克服了观念论认识论把实践解释为抽象的精神活动的缺陷,辩证唯物主义认识论把实践当作历史的社会的范畴,能够从社会生活的关联上去理解人类认识的全部发展史。同时,李达认为实践概念把马克思的认识论与旧唯物主义认识论区别开来,旧唯物主义认识论因为不能理解认识发展过程的辩证法,不知道实践是认识发展的原动力,不能说明认识的发展、认识的相对性与绝对性的关系,而实践的唯物论把实践作为认识的发展的杠杆,主张实践是认识的源泉、认识发展的契机和真理的检验标准,阐明了认识过程的辩证法,因而克服了旧唯物论的缺陷。李达认为,是"实践"使辩证唯物主义认识论真正获得了认识的基础和辩证的性质,正确地说明了外在于人的客观世界是怎么反映到人的主观世界中来的认识论难题,从而使认识论获得了历史性的飞跃。马克思的实践的唯物论强调实践是认识的基础、是认识的出发点和源泉,是检验认识真理性的标准。

正是以科学的实践观为基础,唯物论从自然领域延伸到社会历史领域,成为彻底的、统一的"科学的世界观"即唯物辩证法。李达的《社会学大纲》把实践观点贯彻到底,与观念论和旧唯物论划清了界限,体现了马克思主义哲学科学性和革命性的高度统一。

2. 对辩证唯物主义认识论的理解和阐释

李达依据马克思、恩格斯和列宁对认识论问题的经典论述,同时吸收了苏联哲学家 20 世纪 20 至 30 年代哲学研究的成果,比较集中地阐释了辩证唯物主义认识论是能动的反映论。

(1)对实践与认识辩证关系的阐发。李达在广泛阅读学习马克思主义经典作家的论述,以及吸收苏联哲学教科书研究成果的基础上,对实践与认识的关系的认识更加深入。李达强调实践在人类认识过程中的决定作用,强调实践是人类认识的源泉,认为人类的认识由实践而发,最终又复归于实践。他对于二者的关系曾这样概括:"认识由实践而生,为实践所证明,而又指导实践。"[①]他认为实践是比认识更高级的东西。

艾思奇在《大众哲学》中,尤其强调人们只有在实践中才能认识事物。他指出:"只有在实践中可以得到最高的真理"[②]"要认识一件事的真理,只有在改变的行为中去认识,只有实践"[③]"只有变革的实践,能够使人认识真理……只有那在变革的实践中得来的理论,才能真正把握着事物的本身"[④]。艾思奇强调只有在人的实践活动中,人类发挥主观能动性,才能获得对事物的认识,才可能在此基础上改变世界。

(2)对认识的过程及其发展规律的阐述。列宁曾指出:"从生动的直观到抽象的思维,并从抽象的思维到实践,这就是认识真理、认识客观实在的辩证途径。"[⑤]在《社会学大纲》中,李达概括了认识的过程,他认为,人的整个认

① 汪信砚. 李达全集(第十二卷)[M]. 北京:人民出版社,2016:72.

② 艾思奇. 艾思奇全书(第一卷)[M]. 北京:人民出版社,2006:497.

③ 艾思奇. 艾思奇全书(第一卷)[M]. 北京:人民出版社,2006:498.

④ 艾思奇. 艾思奇全书(第一卷)[M]. 北京:人民出版社,2006:499.

⑤ 中共中央马克思恩格斯列宁斯大林著作编译局. 列宁全集(第五十五卷)[M]. 北京:人民出版社,2017:142.

识活动可以用这个公式:"实践→直接的具体→抽象的思维→媒介的具体→实践。"① 李达把作为出发点的直观的具体称为"直接的具体",把辩证思维所把握的具体叫作"媒介的具体"。他认为由直接的具体到媒介的具体,是"从出发点与到着点之间的辩证法的统一"②,他强调这个统一是在实践的基础上完成的。

在对认识过程阐发的基础上,李达阐发了认识过程的规律。他指出:"认识是随着客观世界的发展而发展,随着社会的实践的发展而发展……所以认识的这种圆运动是一个历史的发展过程,是由相对真理到绝对真理去的发展过程。"③ 李达认为认识的"圆运动"不是形而上学的循环,而是辩证的发展,是随着实践的发展不断发展的。在客观事物发展过程中,客观世界不断涌现出新矛盾,新问题不断暴露出来,它将促使认识的新运动,使人类的认识发展到一个新的阶段。

李达对认识过程及发展规律的理解是准确和深刻的,它符合列宁关于认识过程的理念,并在此基础上进一步具体化,具体阐释了在实践基础上认识如何由直接的具体到媒介的具体的过程,揭示了辩证唯物主义认识论本质的内容,为在中国传播马克思主义认识论作出了贡献,为毛泽东对认识运动和认识规律的把握提供了丰富的思想资源。

艾思奇同李达一样,在努力普及与传播马克思主义哲学的过程中,提出了一些新见解,尤其是在认识论方面。《大众哲学》虽然没能充分地说明认识过程,但它对上文提及的列宁关于认识真理的逻辑与路径进行了深入的、持续性的探究。正如艾思奇在谈到"从感性到理性,又由理性到实践"的认识过程之后,又写道:"我们的认识也就愈更丰富,所以这种循环,是螺旋式的循环,而不是圆圈式的循环,它永远在发展、进步,决不会停滞在原来的圈子里。"④

艾思奇把认识过程理解为开放的并且无限前进的螺旋运动,这和李达具有一致性。不同的是,李达着重论述实践基础上的由具体到抽象,再由抽象到具

---

① 汪信砚. 李达全集(第十一卷)[M]. 北京:人民出版社,2016:20.

② 汪信砚. 李达全集(第十二卷)[M]. 北京:人民出版社,2016:202.

③ 汪信砚. 李达全集(第十二卷)[M]. 北京:人民出版社,2016:202.

④ 艾思奇. 艾思奇全书(第一卷)[M]. 北京:人民出版社,2006:495.

体的真理发展的一般过程。而艾思奇着重探讨实践基础上的感性与理性往复循环并不断发展的辩证关系。后来毛泽东吸取了二者所长,对人类认识运动的过程及其规律作了更全面、更具有哲学高度的理论概括。

(3)认为辩证唯物主义认识论是能动的反映论。李达认为人的意识对外物的反映是在实践基础上的能动的反映,即辩证唯物主义认识论就是建立在实践基础上的能动的反映论,这就把辩证唯物主义认识论中最重要的问题凸显出来了。这种能动的反映不仅表现在由物质到意识的推移过程中,还体现在由感觉到思维的认识的深化过程中,认识的能动性就表现为人类的创造能力。

3. 对唯物辩证法对立统一规律的探讨与阐发

列宁曾指出对立统一规律是唯物辩证法的实质和核心,李达将列宁关于对立统一法则是唯物辩证法的实质和核心的思想进行了进一步的深化和论述。在唯物辩证法的诸法则中,李达写道:"所以对立统一的法则,是辩证法的根本法则,是它的核心。这个根本法则,包摄着辩证法的其余的法则……这个根本法则是理解其他一切法则的关键。"[①]李达深入细致地阐发了对立统一法则在唯物辩证法中的中心地位——是它的根本法则,而其他规律和范畴是这一规律的"显现形态"。

李达还阐释了矛盾分析的方法。他把对立统一理论和矛盾分析的方法结合起来,形成了关于矛盾问题的理论,体现了世界观和方法论、辩证法和认识论、理论和实践的统一。李达认为我们在应用对立统一法则认识任何对象时,首先要把这个对象当作一个发生、发展及转变的过程去考察,要把这个对象分解为许多互相渗透的对立物。同时,他也强调要研究各种具体矛盾,要研究特定现象中固有矛盾发展之具体性,要研究事物发展过程中的具体矛盾。因为解决一切特色事物的矛盾,只有在"具体的矛盾中去探求"。在20世纪30年代中期,李达论述了对立统一法则在辩证法中的中心地位及矛盾分析方法,这是他在研究理论和传播理论中对马克思主义哲学的贡献。

此外,李达对辩证唯物论与历史唯物论的关系以及历史唯物主义的研究对象及其性质的论述,有其深刻的理论意义,有利于从理论上阐明世界观、认识论同历史观的统一、理论和实践的统一,推进了马克思主义哲学系统化。

---

① 《李达文集》编辑组. 李达文集(第二卷)[M]. 北京:人民出版社,1981:132.

二、学术界对马克思主义哲学创造性阐释的历史意义

20世纪30年代,马克思主义理论家对马克思主义哲学的学术性研究为马克思主义哲学中国化作出了重要贡献。中央党校许全兴教授认为:"专门的哲学家与革命家兼哲学家两者之间有着密切的关联,可以讲,没有专门哲学家对马克思主义哲学的宣传、研究和发展,就没有革命家对马克思主义哲学的运用与发展。"① 武汉大学汪信砚也评价道:"没有广义的马克思主义哲学中国化,就不可能有狭义的马克思主义哲学中国化这种结果,就绝不可能有中国化的马克思主义哲学。李达先生虽然没有创造出像毛泽东哲学那样的中国形态的马克思主义哲学,但他却是广义的马克思主义哲学中国化的一位杰出代表,并由此也为狭义的马克思主义哲学中国化、为毛泽东哲学的理论创造作出了重要贡献。"②

(一)学术界的研究开阔了毛泽东的理论视野

自青年时期开始,毛泽东一直注重马克思主义哲学的学习和研究。延安时期是其理论研究的一个重要时期,但囿于革命战争的历史条件,毛泽东能接触到的马克思主义经典著作有限,苏联哲学教科书、李达和艾思奇等哲学家的著作就成了毛泽东理论研究的重要工具。有的学者这样评价:"在中国马克思主义哲学发展史上,李达的哲学思想,是马克思主义哲学与中国实际结合的中介,是列宁阶段走向毛泽东阶段的中介,为毛泽东思想的创造作了学理上的准备。"③

在李达的哲学译著中,最具有代表性的是《辩证法唯物论教程》,此书1931年在苏联出版,1932年李达和雷仲坚将其翻译介绍到中国。李达在译者例言中指出:"本书是集体研究的结晶,是最近哲学大论战的总清算,是辩证唯物论的现阶段,是辩证法唯物论的系统说明。"④ 该书突出了列宁的哲学思想,坚持了哲学的党性原则,阐述了辩证唯物论的认识论和辩证法的规律与范畴,其对

---

① 许全兴. 马克思主义哲学自我革命[M]. 北京:中国社会科学出版社,2009:115.

② 汪信砚. 李达开创的学术传统及其意义[J]. 哲学研究,2010(11):19-25.

③ 丁晓强,李立志. 李达学术思想评传[M]. 北京:北京图书出版社,1999:229.

④ 汪信砚. 李达全集(第十卷)[M]. 北京:人民出版社,2016:3.

毛泽东哲学思想的形成和发展产生了直接的影响。从 1936 年 11 月到 1937 年 4 月,毛泽东阅读了三四遍《辩证法唯物论教程》第 3 版的部分章节,并写下了大约 12 000 字的批注,这是毛泽东"批注文字最多"的一本著作。"这些旁批,后来就逐渐发展成为他的光辉著作《实践论》。"① 毛泽东还致信中央研究组及高级研究组,建议将李译《辩证法唯物论教程》第六章唯物辩证法与形式论理学作为理论学习和研究思想方法的参考材料。② 武汉大学雍涛教授认为:"李达翻译的苏联西洛可夫等人的《辩证法唯物论教程》对毛泽东哲学思想的形成和发展产生了直接的影响,主要表现是,它为《实践论》《矛盾论》的写作提供了重要的思想资料;毛泽东受该书的启发,发挥和创新了某些哲学原理。"③ 李达译著为毛泽东学习掌握马克思主义哲学开阔了理论视野,毛泽东通过阅读以上著作,充分了解到苏联哲学界研究动态,开阔了毛泽东及中国马克思主义研究者的视野,丰富和深化了他们对马克思主义哲学的理解。

(二)为毛泽东的理论创造提供了理论参考和启示

在广泛阅读马列主义著作和精研苏联哲学教科书的基础上,李达撰写了《社会学大纲》这部系统化深入阐释马克思主义哲学理论的著作。《社会学大纲》是李达在民主革命时期的代表作,它完整地、系统地、准确地阐述了马克思主义哲学基本原理。《社会学大纲》一出版,就在革命根据地和国统区广泛传播,3 年再版了 3 次。1937 年 5 月此书出版后,李达寄到延安请毛泽东指正。毛泽东阅读了 10 遍《社会学大纲》,写下了 3 400 字的批注,并向延安哲学研究会和抗日军政大学推荐此书,指出这是"中国人自己写的第一本马列主义的哲学教科书"④,并写信给李达,热情称赞他是"真正的人"。

根据毛泽东留下的哲学批注与读书笔记,他批读李达《社会学大纲》的时间是 1938 年 1 月 17 日至 3 月 16 日,所用的版本是 1937 年上海笔耕堂书店版。在整个《毛泽东哲学批注集》中,他批读《社会学大纲》时写下的批注文字与批

---

① 郭化若. 毛泽东同志八十五诞辰纪念文选[M]. 北京:人民出版社,1979:128.

② 毛泽东书信选集[M]. 北京:人民出版社,1983:189.

③ 雍涛. 李达与马克思主义哲学中国化——纪念李达诞辰 115 周年[J]. 武汉大学学报:人文科学版,2006(1):5-11.

④ 汪信砚. 李达全集(第一卷)[M]. 北京:人民出版社,2016:序 16.

注符号,其篇幅仅次于《辩证法唯物论教程》所作的批注。《社会学大纲》对毛泽东哲学思想的影响,主要表现在以下几方面。

一是对唯物辩证法前史的考察让毛泽东开阔了眼界。《社会学大纲》第一章第一节主要讲哲学的起源和古希腊哲学史。这些内容苏联哲学教科书鲜有提及。毛泽东通过阅读李达的《社会学大纲》,开阔了眼界,深化了认识,他开始逐步运用马克思主义哲学的历史分析方法分析人类思想发展史,将社会生产力的发展状况和水平与哲学的形成和发展结合起来,将社会发展史与哲学发展史紧密地结合起来考察。

二是对"认识过程三阶段"的论述引发了毛泽东的思考。《社会学大纲》中关于人的认识过程,李达指出:"认识的过程,由实践出发,而复归于实践,其中包括着由物质到感觉及由感觉到思维的认识的发展过程。"[①]毛泽东在此批注道:"还有,由思维到物质。"[②]《社会学大纲》又提到:"我们当分析认识过程时,第一要阐明由物质到意识的推移的辩证法,第二,要阐明由感觉到思维的推移的辩证法。为要阐明由物质到意识的辩证法,就必须展开唯物辩证法的反映论。"[③]毛泽东在此批注道:"第三要阐明由思维到物质推移的辩证法,即检验与再认识。"[④]毛泽东的这两条批注,显示了他不同于李达以及同一时期苏联哲学教科书的观点,他更为强调认识需要接受实践的检验以及再认识,由此推进认识的深入与发展。这是他对李达书中哲学观点的补充,也是他对认识过程的重要贡献。20世纪30年代的苏联哲学教科书分析认识过程的辩证法运动,虽然都引用了列宁关于"从生动的直观到抽象的思维,并从抽象的思维到实践"的论述,但在分析认识的具体过程时,却往往只分析从物质到意识和从感觉到思维这两个过程。毛泽东认为,人的认识到理性思维阶段并没有完全结束,还需要回到实践中去检验或再认识,认识过程的这一阶段往往为一般哲学家所忽视。毛泽东根据列宁的思想,把认识过程分解为三个阶段,而不是两个阶段。正是基于这样的认识,毛泽东把他在《实践论》中"两个过程、三个阶段"的观

---

① 汪信砚. 李达全集(第十二卷)[M]. 北京:人民出版社,2016:159.

② 中共中央文献研究室. 毛泽东哲学批注集[M]. 北京:中央文献出版社,1988:265.

③ 汪信砚. 李达全集(第十二卷)[M]. 北京:人民出版社,2016:159.

④ 中共中央文献研究室. 毛泽东哲学批注集[M]. 北京:中央文献出版社,1988:265-266.

点进一步明确化了。可以看出,李达的哲学研究启发了毛泽东的哲学思考,而毛泽东的哲学思考则更进一步,这与他作为党的领导人,长期从事革命实践有直接的关系,他更加注重实践对认识的检验。

三是李达对唯物辩证法三大规律的认识启发了毛泽东。《社会学大纲》第一篇第三章中对唯物辩证法的诸法则的阐释中,李达指出对立统一规律是唯物辩证法的根本的规律,它"包摄着"其余的规律和范畴。他在对立统一规律一节里写道:"对立统一法则,是辩证法的根本法则,是它的核心。这个根本法则,包摄着辩证法的其余法则——由质到量及由量到质的转变法则、否定之否定法则、因果法则、形式与内容法则等。这个根本法则,是理解其他一切法则的关键。"[1] 李达对对立统一法则在唯物辩证法的地位和作用的认识,可以说比苏联哲学教科书更进一步。毛泽东对李达的这一观点极为重视,从批注上看,"这三个法则之中,对立统一的法则是根本的法则"处,漏了一个"最"字,毛泽东在"根本"二字前面补上了一个"最"字[2]。20 世纪 50 年代,毛泽东在修改后的《矛盾论》开篇指出:"事物的矛盾法则,即对立统一的法则,是唯物辩证法的最根本的法则。"[3] 毛泽东的哲学批注表明,他关于对立统一法则是唯物辩证核心法则的观点受到了李达的影响,可以说李达的观点为后来毛泽东的思考提供了启示。

综上所述,20 世纪 30 年代,李达、艾思奇在传播马克思主义哲学时,也深化了对马克思主义哲学的理解。他们的研究成果完整地、系统地、准确地阐述了马克思主义哲学基本原理,对推进 30 年代唯物辩证法在中国的广泛传播作出了重大的贡献。同时,李达、艾思奇对马克思主义哲学基本原理的新的见解和发挥,对推进马克思主义哲学中国化起了重要作用,为毛泽东的理论创新活动作了思想准备。

---

① 《李达文集》编辑组. 李达文集(第二卷)[M]. 北京:人民出版社,1981:132.

② 中共中央文献研究室. 毛泽东哲学批注集[M]. 北京:中央文献出版社,1988:250.

③ 毛泽东选集(第一卷)[M]. 北京:人民出版社,1991:299.

第三节　理论创新的生成阶段：毛泽东在实践基础上对马克思主义哲学的理论创新

20 世纪 30 年代，为了揭露党内的教条主义和经验主义，特别是教条主义这种主观主义的错误，以毛泽东为代表的中国共产党人加强马克思主义学理研究，用马克思主义的方法指导中国民主革命实践，用马克思主义哲学审视、反思中国的文化传统，对中国传统哲学进行创造性转变和创新性发展，实现了马克思主义哲学的理论创新。《实践论》和《矛盾论》是这一时期马克思主义哲学中国化的经典之作，真正实现了马克思主义哲学、中国实际和中国传统哲学的有机结合，实现了马克思主义哲学中国化。毛泽东对马克思主义哲学的理论创新主要表现在以下几个方面。

一、建构了中国化的马克思主义认识论

对马克思主义哲学认识论的集中阐发和继承发展，是毛泽东对马克思主义哲学最突出的贡献。"实践的唯物论"是李达对马克思主义哲学的高度概括，如果说李达的概括来自学理研究的话，那么毛泽东的"实践论"则更多地来自对中国新民主主义革命实践经验教训的哲学总结。毛泽东兼革命家与哲学家于一身，他的哲学思考和研究活动更多的是针对中国新民主主义革命的现实需要，更加指向现实。

1937 年 4 月至 8 月，毛泽东在延安抗日军政大学讲授马克思主义哲学，编写了《辩证法唯物论（讲授提纲）》，提纲共三章十六节，其中第二章第十一节"实践论"是最为重要、最为深刻、最能体现毛泽东哲学思考和哲学创新的篇章。1950 年 12 月，《实践论》正式发表。以《实践论》为标志、为核心所展开的毛泽东哲学思想，被称为"实践论"。

"实践论"不是简单地阐释认识论的一般原理，而是将马克思主义与中国革命具体实践和中国传统哲学相结合，它突出强调了马克思主义哲学的实践唯物主义精神，全面系统地阐明了实践对认识的决定作用，系统分析了认识发展

过程中的两次"飞跃",科学概括了认识运动的总规律。通过对认识与实践的具体的历史统一的科学原理的阐释,引导我们在中国革命的实践中去探索中国革命的特殊规律,从而坚持和发展马克思主义。实践论突出的特点是对马克思主义哲学的实践唯物主义本质精神的集中阐发,构建了具有中国特色的马克思主义认识论。

（一）全面系统地阐释了实践对认识的决定作用

马克思和恩格斯把实践看作辩证唯物主义认识论的基础。马克思在《关于费尔巴哈的提纲》中曾指出:"关于离开实践的思维是否具有现实性的争论,是一个纯粹经院哲学的问题。"① 恩格斯指出:"一切哲学上的怪论的最令人信服的驳斥是实践。"② 列宁也高度重视社会实践的作用,他指出:"生活、实践的观点,应该是认识论的首要的和基本的观点。"③ 毛泽东在《实践论》中丰富、发展了这个观点,明确指出:"实践的观点是辩证唯物论的认识论之第一的和基本的观点。"④ 全面地揭示了认识对实践的依赖关系,系统地阐发了实践对认识的决定作用。

毛泽东阐释实践对认识的决定作用时,吸收了中国传统哲学有关知行关系的观点。毛泽东在给延安抗日军政大学讲哲学时,科学地总结了中国革命的经验,深刻地批判了教条主义的理论基础,精辟地阐述了辩证唯物主义的认识论,列举了中国革命的例子加以论述。他不仅认真研读马克思主义经典哲学著作,而且结合中国传统哲学中的知行关系问题,创建了辩证唯物主义的知行统一观。

《实践论》不仅继承了从墨子到颜元重视"亲知"的唯物主义认识论传统,而且对"秀才不出门,全知天下事"以及老子的"不出户、知天下;不窥牖,见天道"的唯心观念进行了深刻有力的批判。为了反对教条主义的倾向,毛泽东还

---

① 中共中央马克思恩格斯列宁斯大林著作编译局. 马克思恩格斯选集(第一卷)[M]. 北京:人民出版社,2012:134.

② 中共中央马克思恩格斯列宁斯大林著作编译局. 马克思恩格斯选集(第四卷)[M]. 北京:人民出版社,2012:225.

③ 中共中央马克思恩格斯列宁斯大林著作编译局. 列宁全集(第十八卷)[M]. 北京:人民出版社,2017:144.

④ 毛泽东选集(第一卷)[M]. 北京:人民出版社,1991:284.

提出了"读书是学习,使用也是学习,而且是更重要的学习"[1]的观点。他在《实践论》中重点阐释了认识对实践的依赖关系。他指出:"你要知道梨子的滋味,你就得变革梨子,亲口吃一吃。你要知道原子的组织同性质,你就得实行物理学和化学的实验,变革原子的情况。你要知道革命的理论和方法,你就得参加革命。一切真知都是从直接经验发源的。"[2]这段论述实践的重要性的话也与颜元的"要想知道蔬菜的味道,就必须'箸取而纳知'"[3]的论断很相似,不仅充分表明了二者哲学思想的相通之处,而且表明了毛泽东哲学思想与中国传统哲学思想的渊源。

在检验认识真理性的标准问题上,毛泽东学习借鉴了中国传统哲学的思想。中国历代哲学家曾经提出过许多见解,他们探讨过的以"知"鉴"行",还是以"行"鉴"知"的问题,实质上就是检验认识的标准问题。明清之际的王夫之已经初步认识到最终检验认识真理性的标准是"行"(实践)。他指出:"甚哉,力行者之难也,知固不可恃以为真知。"(《四书训义》卷二)他进一步指出:"知者非真知也,力行而后真也。"(《四书训义》卷十三)这就不仅指出了"行"(实践)之艰难,还强调了只有经过行(实践)的检验之后,才能判断认识是不是真理。

在马克思主义哲学发展史上,毛泽东是第一个完整论述实践在认识过程中具有决定性作用的经典作家。在《实践论》中,毛泽东继承发展了马克思、列宁的观点,并吸收中国传统哲学有关知行关系的观点,系统地阐发了实践对认识的决定作用,阐明了实践是认识的源泉和基础、实践是认识发展的动力、实践是认识的目的、实践是检验认识真理性的标准问题。《实践论》集中体现了中国化的马克思主义认识论成果,提出了实践第一的观点,强调了实践对认识的决定作用,它以实践为基本线索贯穿认识诸问题,形成了一个系统的实践观。在马克思主义哲学发展史上,毛泽东是第一位对实践在认识过程中的决定作用作了如此完备阐述的经典作家,他将以上四个方面的内容作为认识论的有机环节

---

[1]　毛泽东选集(第一卷)[M]. 北京:人民出版社,1991:181.

[2]　毛泽东选集(第一卷)[M]. 北京:人民出版社,1991:287-288.

[3]　毕国明,许鲁洲. 中国哲学与马克思主义哲学中国化[M]. 北京:人民出版社,2010:208.

系统地贯穿起来,对实践在认识过程中的决定作用作了系统而完备的阐发。

(二)揭示了认识的辩证运动过程和发展规律

1. 科学地揭示了认识的发展过程

关于认识的过程,列宁曾有这样的说明:"从生动的直观到抽象的思维,并从抽象的思维到实践,这就是认识真理、认识客观实在的辩证途径。"[①] 在列宁对认识过程阐发的基础上,毛泽东进一步发挥了列宁的上述思想,把认识发展过程概括为"三个阶段、两次飞跃"。他在《实践论》中指出:"认识的过程,第一步,是开始接触外界事情,属于感觉的阶段。第二步,是综合感觉的材料加以整理和改造,属于概念、判断和推理的阶段。"[②] 这两步就是感性认识阶段和理性认识阶段,这是认识过程中的第一次飞跃。同时他指出认识过程还包括一个由理性认识到实践的第二次飞跃。毛泽东特别强调第二次飞跃的重要性,他认为从理性认识到实践的飞跃,既是理论指导实践的过程,又是在实践中检验理论和发展理论的过程。第二次飞跃比第一次飞跃意义更加重大,只有通过第二次飞跃,才能检验认识是否正确和达到改造世界的目的。他指出:"辩证唯物论的认识运动,如果只到理性认识为止,那末还只说到问题的一半。而且对于马克思主义的哲学说来,还只说到非十分重要的那一半,……认识的能动作用,不但表现于从感性的认识到理性的认识之能动的飞跃,更重要的还须表现于从理性的认识到革命的实践这一个飞跃。"[③] 在这里,毛泽东把第二次飞跃,既看作以实践检验认识的过程和发展认识的过程,又看作实现认识目的的过程。既充分体现了认识过程的辩证法,又进一步突出了马克思主义哲学的实践性特点。

毛泽东对认识过程的突出贡献主要表现在他把认识过程总结为"两次飞跃",并且凸显第二次飞跃的重要性。在此之前,虽然列宁、李达也认识到思维要回到实践中去指导实践,但是没有强调第二次飞跃的重要性。毛泽东认为第二次飞跃,即实现由理性认识到实践的飞跃,比第一次更重要。原因有两点:一

---

① 中共中央马克思恩格斯列宁斯大林著作编译局. 列宁全集(第五十五卷)[M]. 北京:人民出版社,2017:142.

② 毛泽东选集(第一卷)[M]. 北京:人民出版社,1991:290.

③ 毛泽东选集(第一卷)[M]. 北京:人民出版社,1991:292.

是通过这次飞跃,理论回到实践中去,才能变为改变客观世界的物质的力量,从而理论的作用得以显现;二是理论回到实践中,才能检验这种认识是否正确。在这个过程中正确的理论得到证实,错误的理论被发现和纠正。没有这个过程,认识的任务就没有完成。

毛泽东强调第二次飞跃的重要性,主要源于他作为革命的主要领导人的深刻感悟。他认为,马克思主义理论是科学的理论,但只有适合本国国情,经过中国民主革命实践检验了的理论,才是能够指导革命实践的正确理论。实践出真知,实践检验真理,这既体现了马克思主义哲学的实践性特征,又体现了认识过程的辩证法。

2. 科学地揭示了认识的发展规律

在完整地揭示了认识过程的基础上,毛泽东科学地揭示了认识运动的总规律。毛泽东指出:"通过实践而发现真理,又通过实践而证实真理和发展真理。从感性认识而能动地发展到理性认识,又从理性认识而能动地指导革命实践,改造主观世界和客观世界。实践、认识、再实践、再认识,这种形式,循环往复以至无穷,而实践和认识之每一循环的内容都比较地进到了高一级的程度。这就是辩证唯物论的全部认识论,这就是辩证唯物论的知行统一观。"①这一论述高度概括了人类认识的客观规律,充分体现了马克思主义以实践为基础的唯物主义反映论和辩证法,其中凝结了中国革命曲折发展的历史经验,是对马克思主义认识论的重大贡献。特别是把"再认识"作为人类认识总过程中的一个基本环节加以强调,这在马克思主义哲学发展史上还是第一次,不仅具有深刻的理论意义,而且具有重大的实践意义。

毛泽东关于认识的过程和规律的思想是对列宁思想的进一步发展,它揭示了认识和实践的矛盾是贯穿整个人类认识过程的基本矛盾,完整地概括了认识过程的两次能动的飞跃,阐明了认识的总过程"实践、认识、再实践、再认识"是主观和客观、理论和实践、知和行的具体的历史的统一的理论,并把"知行"关系问题,提到辩证唯物论的认识论高度来探讨,坚持了辩证法和唯物论的统一。

---

① 毛泽东选集(第一卷)[M]. 北京:人民出版社,1991:296-297.

3. 阐释了理论与实践的统一是具体的历史的统一

毛泽东强调:"马克思列宁主义并没有结束真理,而是在实践中不断地开辟认识真理的道路。我们的结论是主观和客观、理论和实践、知和行的具体的历史的统一,反对一切离开具体历史的'左'的或右的错误思想。"① 理论和实践、知识与行动的这种"具体的历史的统一",完全是由于实践的社会历史性特点和实践的现实性特点所决定的。人类的实践的发展正是人类社会本身的客观历史与现实的发展,而人类的认识也正是随着社会客观历史与现实的发展而发展的。

毛泽东认为,在实践和认识的辩证运动中,主观必须统一于客观,认识必须统一于实践。这种统一是认识和实践的矛盾在发展中的统一,是具体的、历史的统一。所谓具体的统一,是指主观认识要与一定时间、地点、条件下的客观实践相符合,它是具体的而不是抽象的;所谓历史的统一,是指主观认识要同特定历史发展阶段的客观实践相符合。由于客观实践是具体的、历史的,所以主观认识也应该是具体的、历史的。客观实践变化了,主观认识应当随之转变。

(三)提出了能动的革命的反映论

能动的革命的反映论是毛泽东哲学理论创新的重要组成部分,它的产生不仅是中国哲学史上一次伟大的革命变革,而且在马克思主义哲学发展史上是一个重大的理论创新。能动的革命的反映论是中国共产党人指导和解决中国革命问题的哲学理论,同时也是对中国革命经验的科学总结和理论概括。

20 世纪 30 年代,在革命阵营内部产生了两种错误倾向:一种是把马克思主义教条化、把共产国际决议和苏联经验神圣化的"左"的教条主义错误倾向,一种是忽视马克思主义理论指导的右的经验主义错误倾向。这两种错误倾向是哲学史上的"唯理论"和"经验论"错误的具体体现。二者都是以主观和客观、认识与实践相脱离为特征的。因此,以毛泽东为代表的中国共产党人与这两种错误进行了坚决的斗争,克服了两种错误倾向,坚持把马克思主义哲学与中国具体实际相结合,经过长期的革命实践,才逐步深刻地、全面地把握了辩证

---

① 毛泽东选集(第一卷)[M]. 北京:人民出版社,1991:296.

唯物主义和历史唯物主义，实现了哲学史上的伟大革命，这一革命的伟大成果，毛泽东用"能动的革命的反映论"进行概括。

　　毛泽东在论述能动的革命的反映论时，强调在实践基础上把自觉能动性运用于认识的发展过程。毛泽东指出，能动的革命的反映论就在于把实践基础上的认识的辩证运动理解为"客观过程的反映和主观能动性的作用"。在这里，实践观点、主观能动性和对客观过程的反映三者是密切联系的。毛泽东既坚持了唯物主义反映论原则，建立了认识论的唯物论，又强调了认识的能动性，阐明了认识论的辩证法，克服了形而上学唯物主义反映论脱离实践和缺乏辩证法的根本缺陷。能动的革命的反映论既唯物地又辩证地解决了思维与存在、社会存在与社会意识的关系。

　　毛泽东在阐明能动的革命的反映论时，还阐述了自觉能动性的思想和实践主体性的思想。自觉能动性是在实践的基础上，能动地认识世界和通过实践能动地改造世界。毛泽东一方面强调主观能动性的发挥离不开一定的客观条件，从而坚持了唯物主义；另一方面，又阐明了在一定的客观条件的基础上认识世界和改造世界的必要性，这就坚持了辩证法。

　　同时，人类在发挥自觉能动性的时候，离不开实践主体的作用，需要发挥实践主体性。实践主体性是指人在实践和认识过程中的自主性和主观能动性。辩证唯物主义不但强调世界的客观物质性，同时也注重人类能动性的发挥。马克思指出："哲学家们只是用不同的方式解释世界，而问题在于改变世界。"[①] 马克思的这句名言一方面体现了实践是认识的目的，另一方面凸显了作为主体的人在改造世界过程中的能动作用。这体现了实践主体性的意义。列宁也曾明确指出："人的意识不仅反映客观世界，并且创造客观世界。"[②] 由此可见，马克思主义经典作家对人的主体性给予高度的肯定。

　　中国传统哲学一直重视知行问题，这是基于中国人对自身社会生产生活的深刻体验和认识。中国传统哲学具有关注人生、关注自然的特点。荀子曾说："大天而思之，孰与物畜而制之？从天而颂之，孰与制天命而用之？"这句话既

---

① 中共中央马克思恩格斯列宁斯大林著作编译局. 马克思恩格斯选集（第一卷）[M]. 北京：人民出版社，2012：140.

② 中共中央马克思恩格斯列宁斯大林著作编译局. 列宁专题文集·论辩证唯物主义和历史唯物主义[M]. 北京：人民出版社，2009：138.

表明了唯物主义的立场,同时也赋予了主体在实践和认识过程中的能动地位。明清时期,王夫之阐述了"天之天",也就是天然的自然转变为人化的自然和人能"相天""造命"的理论。上述"天人之辨"的观点,既坚持唯物主义的前提,又注重发挥人的主观能动性,实现了朴素唯物主义与朴素辩证法的统一。

毛泽东特别强调"能动"二字,认为这二字更完整、更准确地表述了主观能动性的含义。毛泽东在《实践论》中曾多次讲到"认识的能动作用""能动地改造世界""能动地指导革命实践",突出了辩证唯物主义认识论中实践的观点和辩证的方法。既坚持了实践第一的观点,又强调了认识的能动作用,这是毛泽东认识论的一个突出特点。

毛泽东的哲学思想是在长期领导新民主主义革命的伟大实践中形成的,他深刻地认识到充分发挥主观能动性的重要性。在遵循规律的前提下,充分发挥人的主观能动性是其哲学思想中的一个显著特点。无产阶级要承担历史使命,就必须充分发挥自觉的主观能动性,积极认识和改造世界。

(四)揭示了认识论与群众路线的一致性

毛泽东揭示了认识论与群众路线的一致性,将辩证唯物主义认识论与群众史观统一起来,这是毛泽东对辩证唯物主义认识论的一大贡献,是他对马克思主义认识论的发展。重视广大群众的地位,强调群众的作用,是毛泽东在革命实践和哲学认识活动中的突出特点。

在《关于建国以来党的若干历史问题的决议》中,有一个著名的论断,即毛泽东把马克思主义的认识论与党的群众路线统一起来了,这是对毛泽东关于马克思主义认识论发展的高度评价。马克思、恩格斯和列宁都认识到,人们对客观事物的认识是经过实践与认识运动的多次反复获得的,毛泽东不但坚持了这一观点,而且对这一观点进行了发挥。他将马克思主义的认识论与我们党的群众路线统一起来,把马克思主义认识论具体化为群众路线的领导方法和工作方法,在运用中发展了马克思主义认识论,这是对马克思主义认识论的一个重要贡献。

1941 年 3 月,毛泽东在《〈农村调查〉的序言和跋》中说:"必须明白:群众是真正的英雄,而我们自己则往往是幼稚可笑的,不了解这一点,就不能得到起码的知识。"① 这里毛泽东把群众史观转化为认识论,确认了群众认识主体的地位,既是实践的主体,又是认识的主体。1943 年 6 月,毛泽东在《关于领导方法的若干问题》一文中,从哲学认识论高度论述了领导和群众相结合的群众路线。他说:"在我党的一切实际工作中,凡属正确的领导,必须是从群众中来,到群众中去。这就是说,将群众的意见(分散的无系统的意见)集中起来(经过研究,化为集中的系统的意见),又到群众中去作宣传解释,化为群众的意见,使群众坚持下去,见之于行动,并在群众行动中考验这些意见是否正确。然后再从群众中集中起来,再到群众中坚持下去。如此无限循环,一次比一次地更正确、更生动、更丰富。这就是马克思主义的认识论。"② 在毛泽东看来,实践与认识的多次反复实际上就是从群众中来,到群众中去的过程。群众既是实践的主体,又是认识的主体,从实践到认识的过程,就是将群众的未经实践检验的、带有片面性的认识集中到领导者手中,经过领导者的分析、综合,抽象、概括为一般性的认识;到群众中去的过程就是用一般性的认识指导群众的实践,检验其是否正确的过程。换言之,马克思主义的认识论与群众路线是一致的,离开了群众路线,要想获得真理性的认识是不可能的。

20 世纪 30 年代,毛泽东坚持马克思主义哲学与中国具体实际相结合,不仅继承和发展了马克思主义认识论,而且批判地继承和吸收了中国传统哲学知行观,形成了富有鲜明民族特色的以实践为特征的唯物辩证的知行统一观。他的《实践论》以"论认识和实践的关系——知和行的关系"为副标题,是对中国哲学史上关于知行问题的争论进行的科学的总结,是把马克思主义哲学和中国优秀传统哲学相结合的光辉典范,是马克思主义哲学中国化的重要成果。

二、概括了中国化的唯物辩证法理论

1937 年 4 月至 8 月,毛泽东在延安抗日军政大学讲授马克思主义哲学,编写了《辩证法唯物论(讲授提纲)》,其中第三章第一节讲授的是"矛盾统一法则",1952 年 4 月,此节内容独立成篇,以《矛盾论》为名正式发表。《矛盾论》

---

① 中共中央文献研究室. 毛泽东思想年编(1921—1975)[M]. 北京:中央文献出版社,2011:283.

② 毛泽东选集(第三卷)[M]. 北京:人民出版社,1991:899.

是从中国民主革命实践的需要出发,针对党内存在的教条主义错误而撰写的一部唯物辩证法的专著。它阐释了唯物辩证法的实质和核心,突出阐发了矛盾的特殊性,提出了矛盾问题的精髓的思想,创造性地阐释了矛盾发展不平衡的思想。毛泽东通过对唯物辩证法的阐发,引导我们在马克思主义原理的指导下,立足中国特殊国情,具体研究中国革命战争的特殊规律,从而制定符合中国实际的路线、方针、政策。在这一过程中,毛泽东对唯物辩证法的阐释拓展和深化了唯物辩证法理论。

(一)对唯物辩证法实质和核心的系统发挥

关于对立统一规律,在马克思、恩格斯和列宁的著作中有或多或少的论述,《矛盾论》把这一规律进一步系统化,形成了比较完整的对立统一规律的理论体系。马克思指出:"两个相互矛盾方面的共存、斗争以及融合成一个新范畴,就是辩证运动。"[1] 恩格斯指出,矛盾的对立"通过自身的不断的斗争和最终的互相转化或向更高形式的转化,来制约自然界的生活"[2]。从以上可以看出,马克思和恩格斯在论述唯物辩证法时,已经关注到矛盾双方的同一性和斗争性在事物发展中的作用。列宁在马克思主义哲学史上第一次明确地提出了对立统一规律是辩证法的实质和核心的著名论断。他指出:"统一物之分为两个部分以及对它的矛盾着的部分的认识,……是辩证法的实质(是辩证法的本质之一,是它的基本的特点或特征之一,甚至可以说是它的基本的特点或特征)。"[3] 他还说:"可以把辩证法简要地规定为关于对立面的统一的学说。这样就会抓住辩证法的核心,可是这需要说明和发挥。"[4]

中国传统哲学中,也有对立统一的思想。《周易》中有阴阳对立统一的概念,老子的"反者道之动",《易传》中"一阴一阳为之道",宋明理学中对"两

① 中共中央马克思恩格斯列宁斯大林著作编译局. 马克思恩格斯选集(第一卷)[M]. 北京:人民出版社,2012:225.

② 中共中央马克思恩格斯列宁斯大林著作编译局. 马克思恩格斯选集(第三卷)[M]. 北京:人民出版社,2012:908.

③ 中共中央马克思恩格斯列宁斯大林著作编译局. 列宁全集(第五十五卷)[M]. 北京:人民出版社,2017:305.

④ 中共中央马克思恩格斯列宁斯大林著作编译局. 列宁全集(第五十五卷)[M]. 北京:人民出版社,2017:192.

一"关系的探讨,探讨的都是对立统一规律。中国传统哲学中关于宇宙事物的运动,也都是围绕对立统一规律展开的。从矛盾出发把握宇宙运动及变化,是我国传统哲学辩证法的一大特点。

毛泽东在研究马克思主义经典作家思想的基础上,吸收了中国传统哲学的智慧,对马克思主义辩证法的本质和核心——对立统一规律作了系统、具体、深刻的论述和发挥,完成了列宁"需要说明和发挥"的任务,并将这些问题进一步系统化,形成了相对完整的对立统一规律理论体系。

1. 阐明了形而上学和辩证法两种根本对立的宇宙观,并从辩证法的发展观出发说明了内因和外因的关系

在《矛盾论》的开篇,毛泽东提出在人类认识史上,有两种根本对立的宇宙观,一种是形而上学的宇宙观,一种是辩证法的宇宙观。形而上学的基本特征就是用孤立的、静止的和片面的观点去看世界;相反,唯物辩证法的宇宙观认为世界上一切事物都是互相联系、互相制约的,并不断运动、变化、发展的。唯物辩证法认为事物发展的根本原因在于事物内部的矛盾性,它要求人们用联系的、发展的、全面的观点,即对立统一的观点看问题。形而上学的根本错误是简单地从事物外部去找发展的原因,否认唯物辩证法所主张的事物发展是由内部矛盾引起的。毛泽东强调指出,辩证法和形而上学这两种发展观的斗争焦点在于是否承认"事物因内部矛盾引起发展",即是否承认事物的内部矛盾是发展的根本动力,是否承认对立统一规律。毛泽东进而深刻阐明了内因与外因的辩证统一关系,明确指出事物内部的矛盾性是事物发展的源泉和动力,外因是变化的条件,内因是变化的根据,外因通过内因而起作用。这样,毛泽东就把中国传统哲学关于内因的论述建立在既全面又科学的辩证法基础之上,有力地驳斥了形而上学的机械唯物论和庸俗进化论的外因论或被动论。

2. 强调对立统一规律是唯物辩证法的本质和核心,指出事物的矛盾法则是唯物辩证法最根本的原则,贯穿于辩证法的总纲之中

毛泽东认为掌握了对立统一法则,就可以从根本上理解唯物辩证法;掌握了这一法则,就可以更好地理解和把握辩证法的其他规律及范畴。在 20 世纪30 年代的理论界,李达对对立统一法则进行过论述,认为对立统一法则是唯物辩证法的根本法则,包摄着辩证法的其余法则。对于李达的观点,毛泽东表示

赞同。他批注道,"这三个法则之中,对立统一的法则是根本的法则"处,漏了一个"最"字,毛泽东在"根本"二字前补了一个"最"字①,这体现了他对对立统一法则的深刻理解,更加明确了这一法则在整个唯物辩证法中的核心地位。无论是在实践中还是在理论上,毛泽东都是对这一法则运用最纯熟和理解最深刻的人。毛泽东指出:"辩证法的核心是对立统一规律,其他范畴如质量互变、否定之否定、联系、发展等等,都可以在核心规律中予以说明。"②毛泽东以这一法则和规律为中心,系统地论述了矛盾的共性和个性、主次矛盾和矛盾的主次方面、矛盾的对抗性和非对抗性等问题,使列宁所提出的唯物辩证法的本质和核心——对立统一规律,更加具体、丰富和生动。

3.阐释了矛盾同一性和斗争性关系原理

毛泽东继承和发挥了马克思主义经典作家,特别是列宁的辩证法思想,系统地阐明了矛盾的同一性和斗争性的含义和两者之间的相互关系。关于矛盾的同一性,毛泽东着重发挥了对立面互相转化的思想,阐述了同一性的含义,即矛盾双方相互依赖,在一定条件下向自己的对立面转化,指出同一性是有条件的、暂时的、相对的。关于矛盾的斗争性,就是指矛盾双方互相排斥、互相对立的性质和趋势。矛盾的斗争性是无条件的、永恒的、绝对的、贯彻始终的。在此基础上,毛泽东根据列宁的辩证法思想,进一步阐明了矛盾的同一性和斗争性的相互关系,并指出有条件的相对的同一性与无条件的绝对的斗争性共同推动事物向前发展。毛泽东在《矛盾论》中,对中国传统哲学中的"矛盾"——"相反相成"这一朴素辩证法思想进行了改造和发挥,把它改造成唯物辩证法的"矛盾的同一性和斗争性"范畴,并作了科学的说明。用马克思主义辩证法的观点对古代朴素辩证法的哲学命题重新作了科学的解释,使中国传统哲学的"相反相成"具有了现代哲学的精确规定性,又直接采用了"相反相成"这一命题来说明矛盾的同一性与斗争性的关系,这就使矛盾概念和矛盾规律精确化、科学化,具有唯物辩证法的理论形态。

---

① 中共中央文献研究室. 毛泽东哲学批注集[M]. 北京:中央文献出版社,1988:250.

② 建国以来毛泽东文稿(第 11 册)[M]. 北京:中央文献出版社,1988:502-503.

（二）结合实践重点阐发了矛盾普遍性与特殊性的关系

毛泽东依据对立统一关系原理,分析了矛盾普遍性与特殊性的关系问题。他首先概述了矛盾普遍性的内涵,即一切事物的发展过程中都存在着矛盾,矛盾是无处不在、无时不有的。在此基础上,他重点阐发了矛盾的特殊性,对矛盾特殊性的阐释是他对唯物辩证法最突出的贡献。

1. 对矛盾特殊性问题作了详尽的阐发

毛泽东对矛盾特殊性的论述是《矛盾论》中最为精辟的部分,也是对马克思主义辩证法的创造性发展。毛泽东指出:"任何运动形式,其内部都包含着本身特殊的矛盾。这种特殊的矛盾,就构成一事物区别于他事物的特殊的本质。这就是世界上诸种事物所以有千差万别的内在的原因,或者叫做根据。"① "因为矛盾的各各特殊,所以造成了个性。"② 他明确指出,任何事物内部都包含自身特殊的矛盾,正是这种特殊的矛盾构成了一事物区别于其他事物的特殊的本质。

毛泽东在《矛盾论》中多方面、多层次地具体分析和论述矛盾的各种特性,精辟概括了矛盾特殊性的五种情形:一是各个物质运动形式的矛盾,二是各个运动形式在各个发展过程中的矛盾,三是各个发展过程中的矛盾的各方面,四是各个发展过程在其各个发展阶段上的矛盾,五是各个发展阶段上的矛盾的各个方面。③ 他提出了一系列分析矛盾特殊性的方法,要求对于事物的矛盾要进行全面的具体的深入的分析研究,既要分析不同事物之间的矛盾,又要分析同一事物内部不同矛盾之间的关系,既要分析同一矛盾不同方面之间的对立统一关系,还要进一步具体分析这些矛盾及矛盾不同方面之间的关系在事物发展各个过程、各个阶段中所发生的复杂变化。由上可见,毛泽东对矛盾特殊性的研究极大地超越了马克思主义经典作家的思想。

毛泽东不仅详尽地阐明了如何具体地研究和分析事物矛盾的特殊性,还从理论上深刻论述了认识矛盾特殊性的重要意义。他指出,认识矛盾的特殊性是认识事物的基础。"如果不研究矛盾的特殊性,就无从确定一事物不同于他事

---

① 毛泽东选集(第一卷)[M]. 北京:人民出版社,1991:308-309.

② 毛泽东选集(第一卷)[M]. 北京:人民出版社,1991:320.

③ 毛泽东选集(第一卷)[M]. 北京:人民出版社,1991:317.

物的特殊的本质,就无从发现事物运动发展的特殊的原因,或特殊的根据,也就无从辨别事物,无从区分科学研究的领域。"①

可以说,《矛盾论》中最具有特色、最能体现毛泽东辩证法思想的就是他有关矛盾特殊性的阐发。这主要源于中国新民主主义革命实践,我们党从 20 世纪 20 年代开始,到 30 年代前半期,党内的主要错误和分歧就是以王明为代表的教条主义,它忽视中国新民主主义革命的特殊性,不能从中国新民主主义革命的特殊国情出发,导致了政治和军事领域的各种问题。毛泽东对矛盾特殊性的深刻阐发,根本上在于对中国新民主主义革命的哲学反思。他认为只有从中国特殊的国情出发,从新民主主义革命实际出发,才能找到通往胜利的革命道路。所以,他才说不研究特殊性,就不能找到解决事物的办法。这是对中国新民主主义革命经验教训进行总结才得出的科学结论。

2. 阐明了矛盾普遍性和特殊性的关系

毛泽东学习借鉴马克思主义唯物辩证法,吸收、改造中国古代传统哲学中的阴阳矛盾辩证法,创造性地阐述了矛盾的普遍性和特殊性的统一。一是指出任何事物都是矛盾的普遍性和特殊性的辩证统一体。就一事物和另外的事物的关系而言,特殊的事物总是和一般的事物相互联系,任何个别的、特殊的事物都不是孤立地存在的,而是某一类具有共性的事物中的一个,因而都是处于普遍联系之中的;就某个具体事物而言,它既包含了矛盾的特殊性,包含了一事物区别于其他事物的特点,又包含了矛盾的普遍性,包含了一事物同其他事物的共同本质。这也就是"共性寓于个性之中"。在《矛盾论》中,毛泽东指出:"由于特殊的事物是和普遍的事物联结的,由于每一个事物内部不但包含了矛盾的特殊性,而且包含了矛盾的普遍性,普遍性即存在于特殊性之中,所以,当着我们研究一定事物的时候,就应当去发现这两方面及其互相联结,发现一事物内部的特殊性和普遍性的两方面及其互相联结,发现一事物和它以外的许多事物的互相联结。"②二是指出矛盾普遍性和特殊性的区分是相对的,在一定条件下可以互相转化。"由于事物范围的极其广大,发展的无限性,所以,在一定场合为普遍性的东西,而在另一一定场合则变为特殊性。反之,在一定场合为特殊

① 毛泽东选集(第一卷)[M]. 北京:人民出版社,1991:309.

② 毛泽东选集(第一卷)[M]. 北京:人民出版社,1991:318.

性的东西,而在另一一定场合则变为普遍性。"①

毛泽东还指出认识和把握矛盾普遍性和矛盾特殊性的关系,对于我们分析矛盾和解决矛盾具有极其重要的意义。在《矛盾论》中他反复强调,我们不但要研究客观事物的矛盾普遍性,而且更重要的是要研究它的特殊性,要把二者很好地结合起来,推动事物向有利于革命和建设的方向发展。决不能把辩证法看作是可以死背硬套的公式,而应当把它与具体实践和调查研究紧密结合,加以灵活运用,才能取得成功。因为矛盾具有共性(普遍性),所以必须坚持处理问题的一般原则和方法,又因为矛盾具有个性(特殊性),所以要对具体问题具体分析。他强调指出,具体问题具体分析是马克思主义的活的灵魂。他还从矛盾特殊性得出一个著名观点,即要用不同质的方法去解决不同质的矛盾。这既是对列宁辩证法思想的创造性的发挥,又是对中国古代朴素辩证法思想的改造和提升,表现出了鲜明的中国特色。

(三)提出了矛盾问题精髓的思想

毛泽东对唯物辩证法的又一大贡献,是他创造性地提出矛盾普遍性与特殊性的关系是事物矛盾问题精髓的思想。关于矛盾普遍性与特殊性的关系,在马克思主义经典作家那里均有所论述,他们把关于普遍性与特殊性的辩证法看作分析自然与社会矛盾运动的最基本的方法。毛泽东在此基础上将普遍性与特殊性的关系提高到事物矛盾问题的精髓的高度来认识,并对其作了具有中国特色的系统发挥。在《矛盾论》第三部分末尾,毛泽东指出:"这一共性个性、绝对相对的道理,是关于事物矛盾的问题的精髓,不懂得它,就等于抛弃了辩证法。"②

事物矛盾问题的精髓这一重要思想,是对马克思主义与中国实际相结合实践经验的哲学概括,是对中国革命历史经验教训的哲学总结,同时也是对中国古代辩证法思想的批判、吸收和改造提高。关于矛盾的普遍性与特殊性的问题,中国传统哲学虽然未能直接概括出"一般"与"个别"的哲学范畴,但已经提出一些相关的思想。例如,战国时代后期的墨家,就提出了"同异交得放有

---

① 毛泽东选集(第一卷)[M]. 北京:人民出版社,1991:318.
② 毛泽东选集(第一卷)[M]. 北京:人民出版社,1991:320.

无"①的观点，认为只有把事物的相同和相异之点加以比较，才能把握事物的特点进而认识多种事物。这里已蕴含着事物的同和异，即普遍性和特殊性、共性和个性的辩证关系这一"精髓"的萌芽了。明代方以智认为："人物灵蠢各殊，是曰独性，而公性则一也。公性在独性中，遂缘习性。"②这就明确地提出"公性在独性中"的重要命题。他把矛盾的普遍性、共性称为"公性"，把矛盾的特殊性、个性称为"独性"，认为二者之间的关系就是"公性在独性中"，明显隐含着普遍性存在于特殊性之中，共性存在于个性之中这一关于事物矛盾问题精髓的思想。但是，由于历史局限，这一可贵的思想在当时还带有朴素的直观性质特点，还未能真正揭示关于事物矛盾问题的"精髓"。毛泽东在《矛盾论》中，坚持马克思主义普遍原理与中国革命具体实际相结合，总结中国革命的历史经验，并加以哲学概括，在系统论述了矛盾的普遍性和特殊性之后，把两者结合起来进行综合分析，深刻揭示了事物矛盾问题的精髓，并把它提到理解和把握马克思主义唯物辩证法的钥匙的重要地位，贯穿在其全部矛盾学说中，从而丰富发展了马克思主义辩证法理论，推进了马克思主义哲学的中国化。

此外，毛泽东依据矛盾的普遍性和特殊性的关系这一矛盾问题的精髓，提出了一般号召与个别指导相结合的方法，并将其与马克思主义认识论和群众史观结合起来。毛泽东指出："从群众中集中起来又到群众中坚持下去，以形成正确的领导意见，这是基本的领导方法。在集中和坚持过程中，必须采取一般号召和个别指导相结合的方法，这是前一个方法的组成部分。从许多个别指导中形成一般意见（一般号召），又拿这一般意见到许多个别单位中去考验（不但自己这样做，而且告诉别人也这样做），然后集中新的经验（总结经验），做成新的指示去普遍地指导群众。"③从中可见，毛泽东在这里实际上已经把"实践—认识—实践"的公式、"群众—领导—群众"的公式、"民中—集中—民主"的公式同"个别——一般—个别"的公式统一起来了，也就是把认识论、辩证法和唯物史观统一起来了。

毛泽东关于矛盾问题精髓的思想在马克思主义哲学史上是一个新命题，是

① 柴文华. 中国哲学史学史[M]. 北京：人民出版社，2018：168.
② 中国哲学编辑部. 中国哲学第十三辑[M]. 北京：人民出版社，1985：87.
③ 毛泽东选集（第三卷）[M]. 北京：人民出版社，1991：900.

中国革命的基本经验在哲学上的升华,对于人们的认识和实践活动,具有根本性的指导意义,为寻求马克思主义普遍原理与中国实际相结合的道路提供了哲学依据,也为把握理论与实际的统一提供了普遍的方法论原则。

(四)创造性地阐述了矛盾发展中的不平衡思想

矛盾发展不平衡的思想,在马克思主义哲学发展史上经历了一个认识和发展的过程。马克思、恩格斯没有使用过主次矛盾和矛盾主次方面的概念,他们在分析复杂问题时,注重区分主次以及决定和从属,辩证地处理主从关系。列宁在此基础上进一步发展了马克思和恩格斯的观点,提出了链与环的概念。他指出:"你要抓住整条链子,就必须抓住主要环节。"[①]列宁把整个历史过程,政治事件比作一条链子,把决定历史进程中的重大政治事件比作关键的环节。列宁的这句话已经向我们揭示了解决事物发展过程的矛盾,要抓主要环节。在列宁阐发的基础上,20世纪30年代的苏联哲学教科书对复杂事物的矛盾的认识更近了一步,即已经出现了主要矛盾、次要矛盾这样的提法,但没有作为专门的概念使用,而且没有形成体系,主要观点还散见于不同的章节。毛泽东在前人研究的基础上,提出了一个完整的、系统的矛盾发展不平衡理论。

毛泽东认为主要矛盾和次要矛盾、矛盾的主要方面和次要方面都是矛盾特殊性在矛盾问题上的表现,毛泽东对它们的科学内涵作了明确规定以及对其辩证关系进行了系统阐述。他明确规定了主要矛盾和矛盾的主要方面的内涵和地位,指出主要矛盾是在事物存在发展过程中起主导、决定作用,规定或影响其他矛盾存在和发展的矛盾。"任何过程如果有多数矛盾存在的话,其中必定有一种是主要的,起着领导的、决定的作用,其他则处于次要和服从的地位。因此,研究任何过程,如果是存在着两个以上矛盾的复杂过程的话,就要用全力找出它的主要矛盾。捉住了这个主要矛盾,一切问题就迎刃而解了。"[②]此外,他还对矛盾主要方面进行了说明:"矛盾着的两方面中,必有一方面是主要的,他方面是次要的。其主要的方面,即所谓矛盾起主导作用的方面。事物的性质,

---

① 中共中央马克思恩格斯列宁斯大林著作编译局. 列宁全集(第四十三卷)[M]. 北京:人民出版社,2017:111.

② 毛泽东选集(第一卷)[M]. 北京:人民出版社,1991:322.

主要地是由取得支配地位的矛盾的主要方面所规定的。"① 他还指出，主要矛盾和非主要矛盾的地位不是固定不变的，它们在一定条件下可以互相转化，使事物的发展过程显现出阶段性。取得支配地位的矛盾的主要方面起了变化，事物的性质也就随着起变化。解决问题就是要着重抓住主要矛盾和矛盾的主要方面，同时兼顾次要矛盾和矛盾的次要方面，只有这样，才能找到解决矛盾的正确方法。

纵观马克思主义辩证法发展史，毛泽东的辩证法思想既与中国革命的实践紧密相连，又与中国古代朴素辩证法的思想精华密切相关，是对马克思主义辩证法的继承和发展，是对我国古代朴素辩证法思想的吸收改造和创新。毛泽东着重论述了矛盾普遍性和特殊性的关系，特别是就矛盾特殊性的问题作了详尽的论述和发挥。他指出研究矛盾的特殊性，不但要从总体上去把握，从矛盾发展过程的各个发展阶段上去把握，还要从矛盾双方所具有的不同特点和所起的不同作用上去把握，更要从矛盾所采取的不同形式上去把握。这样，毛泽东就把马克思主义的唯物辩证法理论向纵深推进了一大步，构建了一个深入的系统的唯物辩证法的理论体系。

三、实现了马克思主义群众史观中国化

马克思主义经典作家创立了科学的群众史观，提出了"人们自己创造自己的历史"② 的观点，这就同神创造历史、观念创造历史等唯心史观划清了界限。1917年，列宁在《全俄中央执行委员会会议文献》中指出："生气勃勃的创造性的社会主义是由人民群众自己创立的。"③ 马克思主义的唯物史观是群众史观，它充分肯定了人民群众在历史发展过程中的主体性和创造性。

中国传统文化中也孕育着丰富的民本思想。从孔夫子到孙中山，许多哲学家、历史学家和政治家都提出过各具特色的历史主体思想，从先秦到明清，形成了一以贯之的重视民众力量的民本思想。"民惟邦本，本固邦宁"是中国古

---

① 毛泽东选集(第一卷)[M]. 北京：人民出版社，1991：322.

② 中共中央马克思恩格斯列宁斯大林著作编译局. 马克思恩格斯选集(第一卷)[M]. 北京：人民出版社，2012：669.

③ 中共中央马克思恩格斯列宁斯大林著作编译局. 列宁全集(第三十三卷)[M]. 北京：人民出版社，1985：53.

代民本思想的集中概括，意思是民众是国家的根本，只有根本稳固，国家才能安宁。西周时期，民本思想萌芽，"民"既是国家的被统治者，也是社会中的主要劳动者。周公就提出过"保民而王"的主张。战国时期，孟子提出"民为贵，社稷次之，君为轻"的思想。荀子进一步提出："君者舟也，庶人者水也，水则载舟，水则覆舟。"唐太宗也曾经反复强调"水能载舟，亦能覆舟"，这是统治者维护封建国家长治久安的需要，体现了对君民关系的深层感悟。明清之际，黄宗羲在《明夷待访录》中提出了"天下为主，君为客"的思想，肯定了人民的社会历史地位。

到了近代，民本思想又被进步人士注入了新的理论内容，成为推动社会进步的思想武器。谭嗣同指出："生民之初，本无所谓君臣，则皆民也。民不能相治，亦不暇治，于是共举一民为君。……夫曰共举之，则因有民而后有君，君末也，民本也。……夫共举之，则且必可共废之。"[①] 他认为君臣皆因"卫民"的需要而设置，民才是"天下之真主"，"君末也，民本也"，民可举君，亦可废君。这些观点赋予了传统"民本"思想新的内涵。由上可见，中国传统民本思想包含许多精华，为马克思主义群众史观的中国化奠定了坚实的思想基础，但同时我们也应看到，由于历史的和阶级的局限，中国传统文化还没有确立科学的群众史观。

马克思主义群众史观和中国传统文化的民本思想是毛泽东群众史观的思想来源。毛泽东在坚持唯物史观，批判继承民本思想的基础上，推动了马克思主义群众史观中国化。马克思主义群众史观中国化，就是要赋予马克思主义群众史观以鲜明的实践特色、时代特色和民族特色，使它在内容和形式上都具有鲜明的民族特点和民族形式，从而转化为民族文化的一部分，指引中国共产党人领导人民群众进行革命。1941年3月17日，毛泽东在《〈农村调查〉的序言和跋》中明确提出了"群众是真正的英雄"[②]。1945年4月24日，他在《论联合政府》中进一步提出了"人民，只有人民，才是创造世界历史的动力"[③]的著名论断。毛泽东在群众史观中的理论创新主要表现在以下几个方面。

---

① 方敏. 中国近代民主思想史：1840—1949 [M]. 北京：人民出版社，2014：79.

② 毛泽东选集（第三卷）[M]. 北京：人民出版社，1991：790.

③ 毛泽东选集（第三卷）[M]. 北京：人民出版社，1991：1031.

（一）创造性地提出依靠农民和农民阶级的思想

早在五四运动时期，毛泽东在《民众的大联合》中就指出，要改造中国，首要的是进行中国各阶层人民的大联合。1925 至 1927 年，毛泽东在《中国社会各阶级的分析》《湖南农民运动考察报告》等一系列文章中，在理论上精辟地阐明了工农群众在中国革命中的决定性作用。毛泽东在领导中国革命实践的过程中深刻地认识到，革命的敌人是非常强大和残暴的，而革命的力量则相对弱小，要想取得革命的胜利，必须团结包括农民在内的革命阶级。1939 年 12 月，他在《中国革命和中国共产党》一文中明确指出农民革命战争对于推动历史发展的伟大作用，他认为农民在中国历史上曾经发挥过重要的作用，共产党人应该尊重农民革命的传统。毛泽东认为中国共产党只有把农民革命运动纳入无产阶级革命的轨道，才能使马克思主义适用于中国。因此，毛泽东提出要坚持工人阶级的领导地位，就要与农民这个最大的社会集团和革命力量结成联盟，走一条"农村包围城市，武装夺取政权"的道路，这样才能取得革命最后的胜利。1940 年 1 月，毛泽东在《新民主主义论》中指出："中国的革命实质上是农民革命。"[①] 1944 年 4 月 29 日，毛泽东在致李鼎铭的信中说："自秦以来二千余年推动社会向前进步者主要的是农民战争。"[②] 在这里，我们看到毛泽东既尊重了中国农民革命的传统，又创造性地发展了马克思主义的群众史观。

由此可见，经过长期的实践探索和理论探索，中国共产党人已经认识到了一个以农民为主体的国家的革命本质问题。正是在此基础上，毛泽东在马克思主义群众史观的指导下，尊重了中国历史上农民革命的传统，创造性地发展了马克思主义。

（二）将马克思主义的群众史观与中国民主革命相结合，形成了完整的群众观

1934 年 1 月，毛泽东在《关心群众生活，注意工作方法》一文中，针对国民党反动派的堡垒政策，明确地指出："真正的铜墙铁壁是什么？是群众，是千百万真心实意地拥护革命的群众。这是真正的铜墙铁壁，什么力量也打不

---

① 毛泽东选集（第二卷）[M]. 北京：人民出版社，1991：692.

② 毛泽东书信选集[M]. 北京：人民出版社，1983：230

破的,完全打不破的。"① 1938 年 5 月,毛泽东在《论持久战》一文中还明确地指出:"战争的伟力之最深厚的根源,存在于民众之中。……军队须和民众打成一片。使军队在民众眼睛中看成是自己的军队,这个军队便无敌于天下。"② 1939 年 5 月,毛泽东在《青年运动的方向》一文中指出:"只有动员占全国人口百分之九十的工农大众,才能战胜帝国主义,才能战胜封建主义。现在我们要达到战胜日本建立新中国的目的,不动员全国的工农大众,是不可能的。"③ 1945 年 4 月,他在《论联合政府》中明确指出:"只有这种人民战争,才能战胜民族敌人。"④

毛泽东把马克思主义群众观同中国新民主主义革命相结合,形成了完整的群众观。毛泽东的群众观点涵盖四个方面的内容。一是坚信群众自己解放自己的观点。中国的事情要靠中国人做主,要取得革命的胜利,就要尊重人民群众的首创精神,要启发群众的觉悟,要帮助群众组织起来,去参加反对敌人的斗争。二是全心全意为人民服务的观点。要把人民群众的利益放在首位,为人民服务是党的宗旨,中国共产党制定政策要以人民的利益为出发点。三是向群众负责的观点。毛泽东认为我们党的言行要适合人民群众利益,党员干部要倾听人民群众的心声,接受群众监督。四是虚心向群众学习的观点。群众是真正的英雄,人民群众的活动是智慧源泉,我们要向群众学习,只有这样才能指导革命事业成功。

毛泽东的群众观在马克思主义群众观的基础上,结合了中国新民主主义革命实践,是对马克思主义群众观的深化。他指出要全心全意为人民服务,要向群众负责,要向群众学习,这些观点都是马克思主义经典作家没有提及或没有详细阐释过的,是对马克思主义群众观的进一步丰富和发展。

(三)实现了马克思主义认识论与历史观相结合

马克思主义认识论是能动的革命的反映论,它阐明了人类认识的过程和运动的基本规律,这一认识论与党的群众路线是一致的。"从群众中来",就是从

---

① 毛泽东选集(第一卷)[M].北京:人民出版社,1991:139.

② 毛泽东选集(第二卷)[M].北京:人民出版社,1991:511-512.

③ 毛泽东选集(第二卷)[M].北京:人民出版社,1991:565.

④ 毛泽东选集(第三卷)[M].北京:人民出版社,1991:1041.

实践到认识的过程,就是要深入到群众的实践中进行调查研究,进而制定改造世界和指导工作的路线、方针和政策;"到群众中去",就是从认识到实践的过程,就是用这些路线、方针和政策去指导实践,在实践中检验认识,推进理论创新。"从群众中来,到群众中去"不断循环往复的过程,就是实践—认识—实践不断循环往复的过程,这表明群众路线同马克思主义的认识论的内在一致性,是马克思主义认识论在实际工作中的运用。

群众路线是毛泽东哲学理论中最富有中国特色的创造。毛泽东继承和发展了马克思主义认识论,并将认识论与历史观相结合,化为党的群众观点和群众路线,真正地使马克思主义走出书斋,融入人民群众的生活。他创造性地把人民群众创造历史的原理运用于认识论,运用于认识的发展过程,把马克思主义的实践观和群众观点结合起来,实现了认识论与历史观的统一。这是毛泽东对马克思主义唯物史观和认识论的独创性贡献。

第四节 马克思主义哲学理论创新的历史意义

20 世纪 30 年代,毛泽东将马克思主义哲学、中国民主革命实际和中国传统哲学相结合,从哲学高度回答了中国民主革命最迫切需要解决的理论问题,实现了理论创新。在实践基础上的理论创新为马克思主义中国化和党的思想路线奠定了哲学基础,为解决中国革命问题提供了认识工具,为中国传统哲学的现代化指明了方向。

一、为马克思主义中国化奠定了哲学基础

毛泽东的哲学理论创新是马克思主义哲学中国化形成的标志,它的实现为马克思主义中国化奠定了哲学基础。毛泽东在 1935 年 12 月对党内政治路线进行总结、1936 年 12 月对党内军事路线进行总结的基础上,于 1937 年 7 月至 8 月撰写"两论",这是在哲学层面对党内长期存在的主观主义进行的哲学分析和概括总结。

毛泽东撰写"两论"不是一般性地进行马克思主义哲学的学理表达,"两

论"与李达、艾思奇等哲学家从事的马克思主义学理研究存在着明显区别。毛泽东的哲学理论研究更具有明确的现实指向性,它是以消除党内教条主义为主要目标,是对中国共产党建党以来党内经验教训的哲学总结。

《实践论》阐释的主题是实践与认识的统一。毛泽东在马克思主义哲学的科学实践观的基础上,将实践对认识的决定作用系统化,阐释了认识运动的过程和发展规律,在根本上明确了实践对认识的决定作用,纠正了自建党以来一直存在的把共产国际和苏联经验神圣化的错误倾向,为反对党内教条主义提供了锐利的思想武器。他指出:"唯心论和机械唯物论,机会主义和冒险主义,都是以主观和客观相分裂,以认识和实践相脱离为特征的。"[①] 我们要以马克思主义的科学实践观坚决地反对这些思想。

《矛盾论》阐释的主题是矛盾普遍性与特殊性的统一,它揭示了党内"左"、右倾错误的形而上学实质。毛泽东在唯物辩证法方面的主要贡献突出地表现在对矛盾特殊性的集中阐发,指出矛盾的特殊性是我们研究事物的出发点,对特殊性我们要具体问题具体分析。毛泽东指出教条主义者不懂得认识过程的辩证法,不明白由特殊到一般,又由一般到特殊的认识过程,不能对具体事物进行研究,不懂得具体问题具体分析,不能用不同的方法解决不同的矛盾。

对于"两论"的理论贡献,杨春贵教授指出"两论"是对"相结合"的必要性作的哲学论证,是对教条主义进行的深刻批判,并对如何"相结合"给予方法论的总结。[②]"两论"是毛泽东哲学思想形成的标志,它为实现马克思主义中国化奠定了哲学方法论基础。作为一种思想方法论,它强调马克思主义哲学与中国实际相结合,这一结合的实质是提升和发展中国人的科学思维水平,并在马克思主义哲学科学思维方式指导下,正确地认识、分析中国社会,找到解决中国社会问题的根本方法。所以,我们说,马克思主义哲学中国化极大地推进了马克思主义中国化的进程。在马克思主义哲学方法论的指导下,中国共产党注重对中国现实实际和历史文化传统的研究,总结历史经验教训,逐步形成了一整套符合中国国情的革命理论、道路理论、军事理论和党建理论,等等,实现了与

---

① 毛泽东选集(第一卷)[M]. 北京:人民出版社,1991:295.

② 杨春贵.《实践论》、《矛盾论》的历史地位、科学价值和当代意义[J]. 毛泽东邓小平理论研究,2007(8):6-11.

中国实际的结合。中国民主革命的实践证明,马克思主义哲学是反对主观主义的强大的思想武器,它的中国化极大地推进了马克思主义中国化进程。

二、为党的思想路线奠定了哲学基础

思想路线是人们在实践活动中用以指导行动的基本原则和方法,是一定的世界观和方法论在实际工作中的运用和贯彻。认识路线与思想路线在本质上是统一的。认识路线是思想路线的哲学基础,思想路线是化为指导思想用以支配行动的认识路线,是认识论的具体体现。

一个政党要想形成正确的思想路线,必须正确地处理主观与客观、认识与实践、具体与抽象等一系列关系,只有正确处理这些关系,才可能形成正确的思想路线。20 世纪二三十年代,我们党内无论是以陈独秀为代表的右倾错误,还是以王明为代表的"左"倾错误,虽然政治路线不同,但思想路线是一致的,就是主观脱离客观。毛泽东指出:"不从具体的现实出发,而从空虚的理论命题出发,⋯⋯不但不是辩证法,而且不是唯物论。"[①]

毛泽东向来反对离开中国社会和中国革命的实际去研究马克思主义。1930 年,他在《反对本本主义》中强调调查研究是一切工作的第一步,提出了"没有调查,没有发言权"[②]的著名论断。为了揭示主观主义,特别是教条主义错误的思想根源,1937 年,毛泽东在《实践论》和《矛盾论》等著作中,深刻阐述了理论对于实践的依赖关系,以及矛盾的普遍性和特殊性的关系,对党的思想路线作了系统的哲学论证。1938 年,他在党的六届六中全会上借用我国传统文化中的"实事求是"命题,来提倡马克思主义同中国实际相结合的科学态度。他指出,"共产党员应是实事求是的模范","因为只有实事求是,才能完成确定的任务"。[③]

坚持实事求是,最基础的工作在于搞清楚"实事",就是了解实际,把握实情,这是进行一切科学决策所必需的,也是唯一可靠的前提和基础。想

---

① 中共中央文献研究室. 毛泽东著作专题摘编(下)[M]. 北京:中央文献出版社,2003:1943.

② 毛泽东选集(第一卷)[M]. 北京:人民出版社,1991:109.

③ 毛泽东选集(第二卷)[M]. 北京:人民出版社,1991:522.

问题、作决策、办事情必须从实际出发,而不能从"本本"出发,这是因为实际事物是具体的,而"本本"是对实际事物研究、抽象的结果,不能成为研究问题和作决策的出发点,出发点只能是客观实际。"本本"、理论、思想都是从实践中产生的,理论是否正确还要接受实践检验,并要在实践中得到丰富和发展;同时,理论只有与实际紧密联系,才能发挥对实践的指导作用,实现自身的价值和意义。理论如果脱离了实际,就会成为僵化的教条。理论家如果脱离了社会实践,只是从书本到书本,就会成为空洞的理论家。总之,只有注重事实,才能真正做到从实际出发;只有把确凿的事实作为思想理论和政策制定的前提,才是成功实践的必由之路。另外,坚持实事求是,关键在于"求是",就是探求和掌握事物发展的规律。对事物客观规律的认识只能在实践中完成。勇于实践、善于实践,在实践中积累经验,进行理论升华再用以指导实践、推动实践,在实践中使认识得到检验、修正、丰富和发展,这是认识客观规律的根本途径,也是把握客观规律的必由之路。

为了统一全党思想并为制定新民主主义革命的总路线奠定思想基础,毛泽东在延安整风期间从思想路线的角度,不仅系统地阐述了坚持实事求是的重要性,而且对实事求是的科学含义作了马克思主义的界定。他指出:"'实事'就是客观存在着的一切事物,'是'就是客观事物的内部联系,即规律性,'求'就是我们去研究。我们要从国内外、省内外、县内外、区内外的实际情况出发,从其中引出其固有的而不是臆造的规律性,即找出周围事变的内部联系,作为我们行动的向导。"① 毛泽东还把实事求是形象地比喻为"有的放矢",强调我们要坚持用马克思主义之"矢"去射中国革命之"的"。经过延安整风和党的七大,实事求是的思想路线在全党得到了确立。

三、为中国传统哲学的现代化指明了方向

毛泽东运用马克思主义哲学批判继承中国传统哲学,在思想资料和表达形式上实现了中国传统哲学向现代哲学的历史转变,实现了马克思主义哲学的理论创新。"两论"批判地继承了几千年中国历史上唯物主义和辩证法的优秀传统,并对中国哲学史上一些重大理论问题作出了马克思主义的分析和总结。

---

① 毛泽东选集(第三卷)[M]. 北京:人民出版社,1991:801.

《实践论》的副标题就是论知和行的关系,《实践论》以马克思主义的实践论回答了中国历史上长期争论不休的知行关系的古老问题。它根据马克思主义的实践观,明确地将"行"(实践)定义为"根据于一定的思想、理论、计划、方案以从事于变革客观现实"的活动,进而阐明了"行"(实践)的社会性和历史性,指出"行"的基本形式,这样就使中国传统哲学"行"的范畴从"道德践履"和"圣人君子之行"的伦理框架和历史唯心论中解脱出来,从深层的文化机制上实现了对"行"的改造和向"实践"范畴的现代转型。此外,还对"知"的范畴作了科学的规定,把中国传统哲学中以对道德原则的"体认"为主要任务的"知"转化为以"求真"为目的的"认识",赋予"知"以一般认识论的含义;阐明了感性认识和理性认识的辩证关系,强调逻辑思维和科学抽象在认识过程中的重要作用,克服了中国传统思维方式缺乏逻辑分析和科学抽象的缺陷;更为重要的是提出了认识过程"两个飞跃"的理论,从认识和实践这一认识过程的基本矛盾运动中去寻找认识发展的内部机制,建构了认识和实践、知和行"具体的历史的统一"的现代知行论,批判和改造了唯心论的知行论,发展了马克思主义认识论。

《矛盾论》批判地总结了中国古代朴素辩证法思想传统,吸收了阴阳之道、相反相成、物极必反等对立统一思想,使这些思想在马克思主义哲学科学体系中得到发扬光大。它克服了中国传统辩证法中"矛盾"概念的模糊性,给这一概念以辩证唯物主义的改造和科学规定,把"矛盾"的基本思想,即"相反相成"改造成唯物辩证法的"同一性和斗争性"的范畴。这就克服了中国传统辩证法忽视转化条件的相对主义倾向。更重要的是,《矛盾论》提出了矛盾的普遍性和特殊性、共性和个性的关系是事物矛盾问题的精髓的重要思想,在承认矛盾普遍性的前提下,着重论述了矛盾的特殊性问题,建构了一个分析矛盾特殊性的严密的逻辑体系。这样人们对事物矛盾的认识就不再停留在笼统直观的水平上,而是一种精确的科学的实证分析和理论抽象,传统辩证思维方式单纯的整体直观缺陷得到了克服,古代朴素的辩证法转变为现代科学的唯物辩证法。

"两论"是在马克思主义哲学指导下对中国传统哲学的创造性转变和创新性发展。在一定意义上说也是中西文化融合的产物,因而具有中西哲学的"双重文化性格"。正是这种"双重文化性格"预示着哲学未来的文化走向。"两论"的方向就是中国哲学发展的方向,今天,中国的马克思主义哲学依然要沿着"两论"的方向,在马克思主义哲学的指导下,进一步吸取中华文明长期积淀起来的哲学智慧和现代西方哲学的积极成果,回应时代的呼唤。

四、为解决中国革命问题提供了认识工具

毛泽东的哲学理论创新使马克思主义哲学成功地为中国民主革命现实服务,这为解决中国民主革命的具体问题提供了认识工具。《实践论》全面系统地论证了实践对认识的决定作用,总结了认识发展的规律,弘扬人的主体性,论证了马克思主义认识论和群众史观的一致性。这使我们明确中国的民主革命实践不是从马克思主义理论出发,不是从苏联经验和共产国际指示出发,而是从中国民主革命具体实践出发,从而制定指导我们革命工作的路线、方针、政策。用马克思主义的基本原理指导中国民主革命实践,形成中国化的马克思主义理论,再用中国化的马克思主义理论指引中国民主革命实践,指引革命取得胜利。《矛盾论》凸显了矛盾特殊性的重要意义,阐明了事物矛盾问题的精髓,为马克思主义哲学与中国革命具体实际相结合提供了方法论依据,找到了一条既符合马克思主义哲学的方法论,又体现中国民主革命实际的独特的革命道路。只有将矛盾的普遍性和特殊性相结合,马克思主义普遍真理与中国具体实际相结合,从中国的具体国情和中国传统文化出发,具体问题具体分析,才能制定出正确的革命路线、方针、政策,推进革命事业的胜利前进。

"两论"是毛泽东在 20 世纪 30 年代哲学创造活动的代表作,反映了哲学为政治服务的功能。20 世纪 50 年代末 60 年代初,毛泽东在谈到他写"两论"的动因时说:"任何哲学都是为当前的政治服务的。"毛泽东指出共产党人要创造新理论,为当前的政治服务,单靠老祖宗是不行的。毛泽东的这段话讲的是马克思主义哲学的理论创新问题,即马克思主义哲学的民族化的问题。各个国家都要根据本民族的国情和时代特点去不断丰富和发展马克思主义,只有这样,才能解决在发展过程中遇到的各种问题,才能取得革命和建设事业的成功。

20 世纪 30 年代,李达、艾思奇对马克思主义哲学的研究为毛泽东理论创新作了学理准备,毛泽东在将马克思主义与中国实际结合的过程中实现了理论创新,形成了马克思主义哲学中国化的标志性成果,为马克思主义哲学中国化作出了重要贡献。同时,我们需要明确,理论创新不是我们理论研究的最终目

的,理论创新的出发点和落脚点是为了分析和解决中国民主革命的实际问题。毛泽东指出,学习马克思主义,不是为了单纯的学习,而是为了革命实践的需要,因此,学习马克思主义的普遍真理,就在于运用马克思主义的立场、观点和方法,来具体地研究中国的现状和中国的历史,具体地分析中国革命问题和解决中国革命问题,而这是马克思主义哲学中国化的最终落脚点。

第五章

用马克思主义哲学的方法论
指导中国新民主主义革命实践

　　分析和解决中国革命的实际问题,是新民主主义革命时期马克思主义哲学中国化的出发点和落脚点。20世纪三四十年代,以毛泽东为代表的中国共产党人将马克思主义哲学的立场、观点和方法,转化为认识中国国情、分析中国局势、指导中国革命、解决中国问题的具体方法,并从中发展出一整套中国化的马克思主义革命理论、道路理论、军事理论、党建理论,等等,使马克思主义哲学与民主革命实际和中国传统哲学很好地结合起来,成为中国共产党人和广大人民群众的思想方法、工作方法和行动指南,为马克思主义哲学中国化开辟了广阔的思想空间,指引了中国新民主主义革命的最终胜利。

第一节　指导新民主主义革命实践是马克思
主义哲学中国化的价值旨归

　　用马克思主义哲学的方法论分析和解决中国民主革命的实际问题是马克思主义哲学中国化的出发点和落脚点。新民主主义革命时期,中国共产党人和中国的马克思主义者开展的一系列的实践探索和理论研究,最终都是为了回答和解决"中国向何处去"的时代主题。

一、实现哲学向现实的飞跃是马克思主义哲学中国化的最终环节

毛泽东总结民主革命经验教训,在实践基础上实现了理论创新,是否就能直接指导中国革命取得胜利呢? 答案是否定的。毛泽东作为中国共产党在新民主主义革命时期的主要领导人,长期奋斗在民主革命战争的第一线,在革命实践中,他深刻体会到中国民主革命要想取得最后的胜利,仅有正确的理论是不够的,还必须有行之有效的方法。他指出:"我们不但要提出任务,而且要解决完成任务的方法问题。我们的任务是过河,但是没有桥或没有船就不能过。不解决桥或船的问题,过河就是一句空话。不解决方法问题,任务也只是瞎说一顿。"① 在领导中国民主革命的实践中,他尤为重视把马克思主义哲学由一般性的理论转化为具体指导中国革命的方法。那么,如何把马克思主义哲学的世界观转化为指导中国革命问题的方法呢? 这就需要制定出一系列思想方法、工作方法和领导方法。这些方法就是哲学从理论形态走向应用形式、从原理向科学方法和工具的转化,是哲学向现实的飞跃,也是哲学自身的实现环节。

哲学只有从理论形态转化为科学方法,才有实际的意义和价值。方法是将主观和客观联系起来的桥梁。黑格尔曾说:"方法就是工具,是主观方面的某个手段;主观方面通过这个手段和客体发生关系。"② 方法既与客体相联系,又与主体相关联,是主体在认识和改造客体的过程中,为达到特定的目标而采用的手段或方式,是主体把握客体及其内在规律的过程、步骤及规则。方法虽与主体相联系,但并不是主观自生的,而是从主体认识和改造客体的过程中总结出来的,它既受客体特点的制约,又被客观规律所规定。方法是哲学原理、哲学世界观的转化形式,是理论达于实践的桥梁和中间环节。方法较之哲学原理,具有更大和更明显的现实性和实践性特点。没有方法这个中间环节,理论就不能解决实际问题。只有通过方法,理论才能被运用到实践中去,才能实现理论到实践的能动的飞跃,方法是解决具体问题的科学手段。

毛泽东历来重视方法论的研究,并重视将马克思主义哲学的方法论转化为指导具体工作的方法。1939 年 1 月,他在致何干之的信中,将自己重点研究哲学称为"作工具的研究"。在《辩证法唯物论(讲授提纲)》中,他认为世界本来

---

① 毛泽东选集(第一卷)[M]. 北京:人民出版社,1991:139.

② 黑格尔. 逻辑学. 摘要 [M]. 北京:人民出版社,1965:156.

是发展着的物质世界,这是世界观。拿这样的世界观转过来看世界,去研究世界上的问题,去指导革命,去做工作,去从事生产,去指挥作战,去议论人家的长短,这是方法论。世界观和方法论是统一的,但统一并不等于两者等同。那种以为学了辩证唯物主义世界观,就能自然使思想方法、工作方法科学化的想法是不正确的。世界观和方法论既有统一的一面,又有差别性和矛盾的一面。正确的世界观可以为科学工作方法的建立奠定理论基础和前提,但它并不能代替科学的工作方法本身。

毛泽东在《实践论》中说:"马克思主义的哲学认为十分重要的问题,不在于懂得了客观世界的规律性,因而能够解释世界,而在于拿了这种对于客观规律性的认识去能动地改造世界。"[①] 这就是强调把理论、世界观转化为实践的方法。主观主义的教条主义不懂得把理论转化为方法去研究和解决实际问题,而是把理论看成不可转化的僵死教条,割裂了理论与实践的统一。毛泽东在把马克思主义理论和中国实际相结合的过程中,重视把马克思主义理论向实践转化的一系列中间环节,认为只有通过这些环节,才能使理论和实践相结合。他指出,首先要把理论转化为行动的纲领和路线;其次转化为政策方案、计划;再次转化为方法。只有实现了由正确的世界观向科学工作方法的转化,才能在实践中具体指导革命并推动民主革命实践。

二、分析和解决中国民主革命的实际问题是马克思主义哲学中国化的目的

分析和解决中国民主革命的实际问题是马克思主义哲学理论本性的内在要求。李泽厚指出:"马克思主义在中国,一开始便是作为指导当前行动的直接指南而被接受、理解和运用的。"[②] 马克思主义哲学之所以战胜各种非马克思主义,并最终成为在中国占主导地位的意识形态,就在于马克思主义哲学有效地解决了"中国向何处去"这一历史主题,而它之所以能够解决这一历史主题,根源于马克思主义哲学的实践特性。实践性最突出地体现在它对现实世界、现实生活的改造上。毛泽东实现马克思主义哲学中国化的思维指向,就在于变革中国的现实世界和指导中国革命与建设实践。毛泽东将马克思主义哲学作为指

---

① 毛泽东选集(第一卷)[M]. 北京:人民出版社,1991:292.

② 李泽厚. 中国现代思想史论[M]. 北京:人民出版社,1988:144.

导中国革命与建设实践的理论武器,在他看来,马克思主义哲学的重要性就在于它能够指导行动。

分析和解决民主革命实际问题是中国民主革命实践的客观要求。在1938年9月召开的党的六届六中全会上,毛泽东第一次提出马克思主义中国化的命题,他指出:"使马克思主义在中国具体化,使之在其每一表现中带着必须有的中国的特性,即是说,按照中国的特点去应用它,成为全党亟待了解并亟须解决的问题。"① 中国新民主主义革命具有极大的特殊性,它和马克思、恩格斯这些无产阶级革命导师畅想的民主革命不同,中国共产党人不能简单地把产生于欧洲资本主义背景和欧洲文化背景下的马克思主义直接照搬到中国革命实践中。同时,中国的民主革命和列宁领导的十月革命也不同,中国的国情与20世纪初俄国的国情有着巨大的差异,我们必须正确看待俄国十月革命经验的适用性。因此,正确地认识中国国情、中国革命的性质与特点,就成为在中国能否正确运用马克思主义理论,进而取得中国革命成功的前提和关键。

中国共产党从成立开始,就注重把马克思主义与中国实际相结合。李大钊曾指出:"一个社会主义者,为使他的主义在世界上发生一些影响,必须研究怎么可以把他的理想尽量应用于环绕着他的实境。"② 陈独秀也曾指出,马克思的最基本的精神是"实际研究的精神"和"实际活动的精神"③。但是,认识到把马克思主义理论与各国实际相结合,和在革命实践中真正将这一原则贯彻实施是两回事。事实上,中国共产党人对马克思主义中国化的理解和认识需要一个过程,无论是对马克思主义理论的理解,还是对中国革命实际的认识都需要有一个过程,这中间不可避免地会犯这样或那样的错误。第一次国内革命战争时期以陈独秀为首的党中央犯有右倾错误,第二次国内革命战争时期党犯有三次"左"倾错误,特别是以王明为代表的第三次"左"倾错误时间最长、危害最严重,几乎使党和人民军队陷于绝境。抗日战争时期,王明又犯了右倾投降主义错误。党历史上的一系列"左"倾、右倾错误,其思想理论根源是同一的,即教条主义地理解和应用马克思主义哲学。这些错误的主要原因在于没

---

① 毛泽东选集(第二卷)[M]. 北京:人民出版社,1991:534.
② 李大钊文集(下)[M]. 北京:人民出版社,1984:34-35.
③ 陈独秀文章选编(中)[M]. 北京:生活•读书•新知三联书店,1984:177-178.

有正确分析中国的历史和现状,不能用马克思主义哲学方法论指引中国革命实践。

　　马克思主义哲学诞生于19世纪的欧洲,它为我们提供了认识世界和改造世界的根本方法,而20世纪上半叶的中国革命具有极大的特殊性,革命过程中理论与实践的复杂关系,给中国民主革命带来了许多困难,同时也为在新的历史条件和社会环境中发展马克思主义提供了契机。毛泽东认为,中国革命不能靠教条主义地应用马克思主义的一般原理和照搬俄国革命的经验,而只能靠中国共产党人用马克思主义哲学的方法论指引中国革命实际,做出合乎中国需要的理论性的创新。现实指向性是毛泽东哲学思想的一个基本特征,他的哲学思想是他革命经验的哲学总结。正如李泽厚所言:"毛泽东的唯物论哲学不是以工具更新和社会生产力为基础的唯物史观,而是直接服务于现实斗争的实践论。"[1]

三、分析和解决中国民主革命的实际问题是学术界学理研究的动因和指向

　　"问题是理论的起点,也是创新理论的动力源。"[2] 问题具有时代性,不同时代面临不同的历史问题,这就要求哲学的研究紧跟时代主题的变化。"每个时代都有属于它自己的问题,哲学批判要分析的正是那些重大的时代性问题。"[3]中国马克思主义哲学研究的目的,就是要解决和回答中国社会在不同历史时期所提出的哲学问题。"立足于中国的具体实际开展中国马克思主义哲学研究,是中国马克思主义哲学研究应有的方法论原则。"[4]

　　20世纪三四十年代,中国的马克思主义哲学家进行的一系列马克思主义哲学学理研究,最终都是为了回答中国民主革命面临的时代主题。20世纪30年代初,党内的教条主义脱离中国的实际空谈马克思主义,将马克思主义与中

---

① 李泽厚. 中国现代思想史论[M]. 北京:人民出版社,1988:174.

② 中共中央宣传部. 习近平新时代中国特色社会主义思想三十讲[M]. 北京:学习出版社,2018:9.

③ 韩庆祥,张艳涛. 马克思哲学的三种形态及其历史命运[J]. 中国社会科学,2010(4):21-31.

④ 汪信砚. 立足于中国的具体实际开展中国马克思主义哲学研究[J]. 马克思主义哲学研究,2007(1):15.

国传统文化对立起来。"言必称苏俄"的教条主义的兴起,最终导致了革命的失败。毛泽东对此指出,不重视历史的学习是造成教条主义错误的根源之一,并明确地指出:"学习我们的历史遗产,用马克思主义的方法给以批判的总结,是我们学习的另一任务。"① 针对此前中国共产党对传统文化研究不足及其危害,为了反对党内教条主义、加强党的理论建设,以及加强反对国民党意识形态的斗争,中国共产党到延安后,便在认真总结正反两方面经验的基础上,发出了马克思主义中国化的号召,号召理论界对中国传统哲学进行研究。

瞿秋白、李达、艾思奇等人进行马克思主义学理研究,不仅仅出于学理诉求,更主要的是基于指导中国革命实践的客观需要。瞿秋白认为:"革命的理论永不能和革命的实践分离。"② 李达虽然属于学者型的哲学家,但李达对马克思主义哲学的翻译、著述工作是为了回答"中国向何处去"的,服务于其用马克思主义哲学改造中国社会的目的。"李达撰写这部著作的初衷是以马克思主义哲学的世界观和方法论揭示中国社会的特殊发展规律,帮助中国人民科学地分析中国社会的实际问题,认清中国革命的道路,而不只是系统地阐述马克思主义哲学理论本身。"③ 20 世纪 30 年代,艾思奇率先开启了马克思主义哲学大众化研究和传播,艾思奇、陈唯实、沈志远、胡绳等人对马克思主义哲学大众化的研究,是为了用马克思主义理论指引中国革命实践,思考如何能够将群众组织起来,使之投身到革命运动中去,将理论付诸实践,使那些非产业工人阶级接受马克思主义理论。1941 年 8 月,艾思奇在《抗战以来的几种重要哲学思想评述》一文中指出,马克思主义哲学中国化,就是把辩证法唯物论应用于中国,使它成为改造中国,争取中华民族独立解放的锐利的方法武器。

毛泽东将马克思主义哲学与中国革命实际相结合,实现了马克思主义哲学的理论创新,其理论研究和创新的动因是为中国共产党领导中国革命提供方法论指导,为广大人民群众提供思想武器。毛泽东虽然不像李达那样致力于哲学的学理研究,但其哲学思想蕴含着丰富的学理内容。他始终围绕"中国向何处去"的问题展开实践探索和理论探索,主要研究的是马克思主义哲学与中国实

---

① 毛泽东选集(第二卷)[M]. 北京:人民出版社,1991:533.
② 瞿秋白文集·政治理论编(第四卷)[M]. 北京:人民出版社,2013:407.
③ 李达. 社会学大纲[M]. 武汉:武汉大学出版社,2007:1.

际相结合过程中出现的重大现实问题和理论问题,集中表现为针对教条主义和经验主义的错误,重点研究马克思主义认识论和唯物辩证法。《实践论》是毛泽东对马克思主义哲学的认识论的学理解读、丰富与发展;《矛盾论》是毛泽东对马克思主义唯物辩证法的学理性阐述、丰富与发展。毛泽东的哲学研究是为指导中国革命提供思想方法,是针对党内的教条主义和经验主义而著的,解决的是党内教条主义和经验主义问题。

综上所述,实现哲学向现实的飞跃是马克思主义哲学中国化的最终环节,中国共产党和学术界进行马克思主义哲学理论研究的动因和指向是解决当时中国的社会问题,即为分析和解决中国的问题提供方法论指导,为中国共产党领导中国革命提供理论基础,为广大人民群众认识和改造中国社会提供思想武器。

第二节　在马克思主义哲学指导下构建中国化马克思主义理论体系的探索

20世纪三四十年代,毛泽东把马克思主义哲学的世界观转化为方法论,再把哲学的方法论转化为具体的指导中国民主革命实践的路线、方针、政策,从而构建起一系列的中国化的马克思主义的革命理论、道路理论、党建理论、军事理论等,使马克思主义哲学真正成了中国共产党和人民群众的思想方法和行为指南。

一、在革命理论上,形成了完整的新民主主义革命理论

马克思、恩格斯阐明了资本主义国家进行社会主义革命的问题,同时给落后被压迫民族的解放指明了方向。列宁根据俄国革命的历史条件和俄国革命的经验,创立了比较完整的民族殖民地的革命学说,对无产阶级革命中的领导权以及无产阶级要建立同农民的联盟等问题进行了分析。新民主主义革命时期,以毛泽东为代表的中国共产党人用马克思主义哲学的矛盾分析法和阶级分析法,对中国的社会性质和主要矛盾,特别是阶级结构进行了详细的分析,阐明

了新民主主义革命的对象、动力、性质和前途等一系列问题,形成了完整的新民主主义革命理论。

要解决中国民主革命的各种问题,首先就要分析研究中国社会具体的经济、政治和文化环境及其历史条件,明确中国革命的对象和任务、力量和动力、性质和前途等。民主革命时期,以毛泽东为代表的中国共产党人用马克思主义哲学的矛盾分析的方法、阶级分析的方法,对中国社会的结构尤其是阶级结构进行了详细的分析,为中国民主革命指明了方向。1925年12月,毛泽东发表了《中国社会各阶级的分析》一文。在这篇文章中,毛泽东从弄清"谁是我们的敌人?谁是我们的朋友?"这个"革命的首要问题"出发,对中国社会各阶级的经济地位和政治态度进行了全面的、深入的、具体的分析。1939年12月,毛泽东撰写了《中国革命和中国共产党》一文,进一步阐明了中国革命的对象、任务、动力、性质和前途,形成了一整套新民主主义革命理论。书中他提出了"新民主主义革命"的概念,创立了新民主主义革命理论。1940年1月,毛泽东在《新民主主义论》一文中,对新民主主义革命的阶段、领导阶级、革命目标等进行了阐释,使新民主主义革命理论更加理论化和系统化。

(一)对新民主主义革命的对象进行了分析

分清敌友是革命的首要问题。早在大革命时期,毛泽东就对革命对象问题进行了说明,他指出:"谁是我们的敌人?谁是我们的朋友?这个问题是革命的首要问题。中国过去一切革命斗争成效甚少,其基本原因,就是因为不能团结真正的朋友,以攻击真正的敌人。"[1]1939年12月,在《中国革命和中国共产党》一文中,毛泽东指出近代中国社会的性质和主要矛盾决定了中国革命的主要敌人就是帝国主义、封建主义和官僚资本主义。帝国主义是中国革命的首要对象,封建地主阶级是帝国主义统治中国和封建军阀实行专制统治的社会基础,官僚资本主义依靠帝国主义、勾结封建势力,对广大劳动人民残酷剥削,对民族工商业巧取豪夺,也是中国民主革命的敌人。这三者是压在中国人民头上的三座大山。毛泽东进一步指出,在不同历史时期,随着社会主要矛盾的变化,革命的主要对象有所不同。他用唯物辩证法对中国社会的主要矛盾的变化和革命对象的变化进行了具体的分析,即在国共合作的大革命时期,革命的主要对象是帝

---

① 毛泽东选集(第一卷)[M].北京:人民出版社,1991:3.

国主义支持下的北洋军阀;在土地革命时期,革命的主要对象是国民党的新军阀;在抗日战争时期,革命的主要对象是日本帝国主义;在解放战争时期,革命的主要对象是美帝国主义支持下的国民党反动派。在此,毛泽东基于对中国国情的科学分析,基于对一个半殖民地半封建的社会阶级关系和阶级矛盾的深刻而又周密的分析,明确了敌、我、友这个革命的首要问题。

(二)对新民主主义革命的动力进行了分析

革命动力指在中国社会的各个阶级和阶层中,"充当反对帝国主义和封建主义的力量"[①]。中国新民主主义革命的动力就是总路线中的"人民大众",指的是工人、农民、小资产阶级和民族资产阶级。其中,毛泽东最具有特色和独创性的贡献是对农民阶级和民族资产阶级的分析。

一是以毛泽东为代表的中国共产党人,依据中国的国情,运用马列主义原理,创造性地解决了中国的农民问题,提出了农民是中国革命的主力军的观点,这就把马列主义关于工农联盟的理论,大大地向前推进了一步。农民问题是民主革命中一个根本性、全局性的问题。在中国革命中,农民不仅作为"中国工人的前身",是使无产阶级的队伍得到源源不断的补充与扩大的后备军,还是无产阶级最广大和最可靠的同盟军,而且是革命的主力军。在抗日战争中,毛泽东指出:"中国有百分之八十的人口是农民,这是小学生的常识。因此农民问题,就成了中国革命的基本问题,农民的力量,是中国革命的主要力量。"[②]他进一步指出:"中国的革命实质上是农民革命,现在的抗日,实质上是农民的抗日。新民主主义的政治实质上是授权给农民。新三民主义,真三民主义,实质上就是农民革命主义。大众文化,实质上就是提高农民文化。抗日战争,实质上就是农民战争。"[③]中国革命如果不发动农民起来,那么反帝反封建的民族和民主革命"两个基本任务"就无法完成。总之,有关中国革命的统一战线、武装斗争、党的建设等一些基本的理论问题和实践问题,都和农民问题紧密相关,只有重视农民的地位,解决农民的问题,发挥农民主体作用,才能有效解决中国革命的其他问题。因此,解决农民问题是解决中国一切革命问题的最主要、最关

① 毛泽东选集(第二卷)[M]. 北京:人民出版社,1991:638.

② 毛泽东选集(第二卷)[M]. 北京:人民出版社,1991:692.

③ 毛泽东选集(第二卷)[M]. 北京:人民出版社,1991:692.

键的问题。

二是毛泽东用矛盾分析法分析了民族资产阶级的两面性,并根据对其两面性的分析,制定了对其采取既斗争又联合的策略。毛泽东认为近代中国社会是半殖民地半封建社会,资本主义发展很不充分,因而中国资产阶级呈现出与西方资产阶级的不同点,毛泽东依据这一不同点阐明了对待资产阶级的态度。他把资产阶级区分为大资产阶级和民族资产阶级,他认为大资产阶级是革命对象,民族资产阶级是革命同盟军。民族资产阶级具有两面性,既具有革命性又具有妥协性,对其两面性采取既联合又斗争的策略。这是具有创新意义的理论,是对唯物辩证法的运用和发展。

(三)对无产阶级在革命中的领导权的分析

毛泽东基于对中国国情的分析,阐明了无产阶级在革命中的领导权问题,并把它作为区分新旧民主革命的标志。在大革命时期,我们党还处于幼年时期,正是由于对中国革命的性质、对象、动力、任务与前途认识不清,作出了错误的判断,陈独秀等认为资产阶级革命要由资产阶级领导,放弃了无产阶级领导权,导致大革命失败。毛泽东强调中国新民主主义革命应由无产阶级的先锋队中国共产党来领导,并且围绕领导权问题,在理论上进行了许多新的探索,即把无产阶级是否掌握领导权作为区别新、旧两种民主革命的主要标志,认为无产阶级的领导权是中国革命的中心问题。他指出:"离开了工人阶级及其政党的领导,要完成反帝反封建的民主革命是不可能的。"[①] 新、旧两种民主革命的根本区别在于领导权的不同,这决定了革命的主力军、革命的彻底性以及革命发展的前途等方面都不相同。毛泽东对无产阶级领导权的必要性进行分析后,运用阶级分析方法,对中国无产阶级革命领导权进行了可能性的深刻的阶级分析。毛泽东根据自己对中国工人群体的长期深入考察,明确指出中国无产阶级不但具有世界无产阶级的一般的优点,而且有特殊的优点,即深受帝国主义、资产阶级和封建势力"三种压迫",革命最坚决和最彻底;集中程度高;易于与农民结成同盟。通过对中国无产阶级一般优点和特殊优点的分析,说明无产阶级有资格和有能力担当起领导中国革命的历史重任。

---

① 毛泽东选集(第二卷)[M]. 北京:人民出版社,1991:559.

（四）对新民主主义革命性质和前途的分析

毛泽东从中国半殖民地半封建社会的具体国情出发,运用唯物辩证法的矛盾学说对中国革命的性质与前途进行了分析。关于革命的性质,马列主义经典著作一般都是以革命的对象和任务为依据来确定的。毛泽东在中国民主革命性质上的独特创新,就在于他从新民主主义革命时期中国的特殊国情出发,明确地划分了新、旧两种不同性质的资产阶级民主革命。早在大革命时期,毛泽东就指出中国的革命,与欧美日本的资产阶级民主革命性质不同,与辛亥革命性质也不相同。在《矛盾论》中,他把中国的资产阶级革命划分为两个历史阶段,即资产阶级领导时期的革命和无产阶级领导时期的革命。在抗日战争中期,他指出中国革命是新式的资产阶级民主革命,而不是一般的旧式的资产阶级民主革命。毛泽东认为革命领导阶级不同,是区分新旧民主革命的根本区别。毛泽东立足中国社会性质和革命任务,认为社会性质决定革命性质,从而推出中国的新民主主义革命是资产阶级革命,而不是无产阶级革命。

在对中国革命性质进行科学分析的基础上,毛泽东揭示了中国新民主主义革命的前途。他认为中国革命分两步走:第一步是使中国成为一个独立国家,改变半殖民地半封建社会性质;第二步是建立一个社会主义社会,把革命继续推向前进。这两步的关系是:"民主主义革命是社会主义革命的必要准备,社会主义革命是民主主义革命的必然趋势。"[①]

在马克思主义哲学方法论的指引下,毛泽东集中阐发了新民主主义革命的一系列重大的基本问题,形成了一整套新民主主义革命理论,为指引革命胜利奠定了理论基础。

二、在革命道路上,独立自主地探索了新民主主义革命的道路

革命道路问题是中国民主革命的一个基本问题。马克思主义经典作家从西欧和俄国等资本主义国家的情况出发,认为暴力革命是无产阶级革命的普遍规律,提出以城市为中心,以武装斗争为特点的暴力革命论。列宁曾提出:"善于把这种理论和实践运用于主要群众是农民、需要解决的斗争任务不是反

---

① 毛泽东选集(第二卷)[M]. 北京:人民出版社,1991:651.

对资本而是反对中世纪残余这样的条件。"① 而这些任务的解决办法,"无论在哪一部共产主义书本里都是找不到的"②,必须"根据自己的经验来解决这种任务"③。列宁的这些思想也适合 20 世纪上半叶的中国社会,是走城市道路还是走农村道路,是从俄国经验出发还是从中国国情和中国革命的实际出发,始终是困扰中国共产党的一个重大理论和实践问题。

新民主主义革命时期,以毛泽东为代表的中国共产党人总结中国革命的经验教训,运用矛盾普遍性与特殊性关系的原理,从我国国情出发,独立地探索了中国革命的正确道路,引领了新民主主义革命的胜利,但中国共产党人为探索这条正确的革命道路付出了巨大的代价,经历了许多曲折。自中国共产党成立起,曾坚持过俄国十月革命的城市中心的模式,反复强调要在敌人占领的中心城市发动武装起义,建立革命政权。大革命失败后,中共中央几届核心领导,在共产国际指导下,一直想走组织中心城市武装起义和集中红军攻打大城市,争取革命在一省或数省的首先胜利,继而夺取全国革命的胜利这样一条道路。

在土地革命时期,我们党曾犯三次"左"倾错误,1927 年 11 月至 1928 年 4 月以瞿秋白为代表的"左"倾盲动主义错误,1930 年 6 月至 1930 年 9 月以李立三为代表的"左"倾冒险主义错误,1931 年 1 月至 1935 年 1 月以王明为代表的"左"倾教条主义错误,其中以王明为代表的第三次"左"倾错误时间最长、危害最严重,几乎使党和人民军队陷于绝境。在 20 世纪 20 年代后期和 30 年代前期,在国际共产主义运动中和中国共产党内盛行把马克思主义教条化、把共产国际决议和苏联经验神圣化的错误倾向,曾使中国革命几乎陷入绝境。"以城市为中心"的思想无疑是来自对俄国十月革命经验的照搬,没有认识到中俄国情的巨大不同,不去分析中国社会的特殊性质,对中国社会的特点、中国革命的特点、中国革命战争的特点都没有正确的认识。从思想方法上看,他们的错误在于没能正确贯彻理论联系实际的原则,割裂了理论和实践、主观和客

---

① 中共中央马克思恩格斯列宁斯大林著作编译局. 列宁全集(第三十七卷)[M]. 北京:人民出版社,2017:328.

② 中共中央马克思恩格斯列宁斯大林著作编译局. 列宁全集(第三十七卷)[M]. 北京:人民出版社,2017:329.

③ 中共中央马克思恩格斯列宁斯大林著作编译局. 列宁全集(第三十七卷)[M]. 北京:人民出版社,2017:329.

观、一般和个别的辩证关系,不懂得矛盾的普遍性与特殊性的辩证关系,违背了马克思主义哲学的基本原则。

　　毛泽东在正确解决中国革命道路的问题上,非常注意对中国社会特点的研究。他通过深入研究中国社会的特殊矛盾及其变化情况,对中国半殖民地、半封建社会的政治、经济、军事等特点的具体分析,深入探求革命发展的正确道路。在探索中国革命道路中,毛泽东强调,"中国革命斗争的胜利要靠中国同志了解中国情况"①,"共产党的正确而不动摇的斗争策略,绝不是少数人坐在房子里能够产生的,它是要在群众的斗争过程中才能产生的,这就是说要在实际经验中才能产生"②。从八一南昌起义和秋收起义失败被迫走上井冈山,到"工农武装割据"思想的提出和论证,再到以农村为革命的中心,最后才能夺取中心大城市的设想,最终形成了农村包围城市,武装夺取全国政权的思想,为中国革命探索出唯一正确的道路。

　　大革命失败后,我们党充分认识到武装斗争的重要性,秋收起义后迈出了开创农村包围城市道路的第一步。1928 年 10 月和 11 月,毛泽东在《中国的红色政权为什么能够存在?》和《井冈山的斗争》两篇文章里提出了"工农武装割据"的思想,论述了土地革命、武装斗争和根据地建设三者之间的关系,为农村包围城市道路理论的形成奠定了基础。1930 年 1 月,毛泽东针对党内对时局估量的悲观思想,在《星星之火,可以燎原》一文中,批判了照搬外国经验的"左"倾教条主义和怀疑"红旗到底打得多久"的右倾思想,初步提出以乡村为中心、先在农村建立和发展红色政权,待条件成熟时再夺取全国政权的思想,标志着中国革命道路理论的初步形成。1937 年抗日战争全面爆发,农村包围城市、武装夺取政权道路的理论进一步发展。中国共产党根据抗日战争时期主要矛盾的变化和中国社会经济政治发展不平衡的特点,分析了中日两国基本国情和抗日战争的性质,进一步论证了在民族解放战争的条件下走农村包围城市道路的可能性。从 1936 年 12 月到 1939 年 12 月,毛泽东在《中国革命的战略问题》《论新阶段》《战争和战略问题》《中国革命和中国共产党》《〈共产党人〉发刊词》等文章中,从理论上系统地论述了农村包围城市、武装夺取政权的必要

---

① 毛泽东选集(第一卷)[M]. 北京:人民出版社,1991:115.

② 毛泽东选集(第一卷)[M]. 北京:人民出版社,1991:115.

性与可能性,标志着农村包围城市道路理论形成了完整的理论形态,并成为全党的共识。

独具特色的农村包围城市、武装夺取政权的革命道路理论,是在深刻总结历史经验的基础上逐步形成和发展起来的,是以毛泽东为主要代表的中国共产党人对马克思列宁主义的重大理论创新,是用唯物辩证法分析和解决中国革命道路的重大理论成果。

三、在军事理论上,提出了分析战争和指导战争的正确方法

毛泽东的军事思想与哲学思想具有十分密切的联系。作为马克思主义哲学家,毛泽东善于用马克思主义哲学对中国革命战争中的诸多问题进行思考,同时又吸收中国传统哲学的智慧,使毛泽东军事思想独具一格。军事与哲学的有机结合形成了毛泽东富含马克思主义认识论和辩证法的军事思想。毛泽东哲学思想是随着军事思想发展和丰富起来的,军事思想也是毛泽东运用马克思主义哲学指导中国革命战争实践的产物。他的军事思想主要集中在《中国革命战争的战略问题》《论持久战》《战争和战略问题》《目前形势和我们的任务》等一系列重要军事著作中。

(一)丰富而深刻的军事辩证法

毛泽东军事思想的创新,突出地表现在他丰富而深刻的军事辩证法思想上。他把马克思主义哲学成功应用于军事领域,运用唯物辩证法分析中国革命战争的发展过程和内在规律。

1.用唯物辩证法阐明中国革命战争的特殊规律

战争既有一般规律,又有特殊规律,"我们不但要研究一般战争的规律,还要研究特殊的革命战争的规律,还要研究更加特殊的中国革命战争的规律"[1]。毛泽东具体分析了中国革命战争的四个主要特点,即中国是一个政治经济发展不平衡的半殖民地的大国而又经过了大革命;敌人强大;红军弱小;共产党的领导和土地革命。[2]他指出第一点和第四点规定了中国红军可能得到发展和可

---

① 毛泽东选集(第一卷)[M].北京:人民出版社,1991:171.

② 毛泽东选集(第一卷)[M].北京:人民出版社,1991:188-190.

能战胜敌人；第二点和第三点规定了中国红军又不可能很快得到发展和很快战胜敌人，即规定了战争的持久性。毛泽东通过对中国革命战争四个特点的分析，阐明了中国革命战争的持久性特点。

在抗日战争初期，毛泽东对中日战争双方矛盾特点作了全面的、客观的分析，揭示了抗日战争发展的根本规律。根据对敌我对比因素的分析，毛泽东得出了抗日战争是持久战的科学结论。他指出，亡国论者看重强弱一个矛盾，把它夸大成了全部的论据，从而忽视了其他矛盾；速胜论者则忘记了强弱这一矛盾，而单单记住其他矛盾。他们看问题的方法都是主观的、片面的。毛泽东以发展的观点分析了中日战争双方基本特点，以及在战争过程中将发生怎样的变化，科学地预见战争可能发展的防御、相持、反攻三个阶段。毛泽东对抗日战争的科学分析，为之后的战争进程所证实，显示了他把辩证唯物主义的认识论和唯物辩证法化作方法论，对抗日战争所作预见的科学性。

在研究中国革命战争客观规律的同时，毛泽东非常注重从发展的角度研究中国革命战争的指导规律。他指出，战争的情况不同决定着不同的战争指导规律有时间、地域和性质的差别。从时间的条件说，战争和战争指导规律都是发展的，各个历史阶段有各个历史阶段的特点。从战争的性质看，革命战争和反革命战争，各有其不同的特点，因而战争规律也各有其特点，不能呆板地互相移用。从地域的条件看，各个国家的战争规律也各有其特点。毛泽东指出："研究在各个不同历史阶段、各个不同性质、不同地域和民族的战争的指导规律，应该着眼其特点和着眼其发展，反对战争问题上的机械论。"①

毛泽东还特别注意研究战略问题，研究战争全局的规律。他说："只要有战争，就有战争的全局。"② 因为懂得了全局性的东西，就更会使用局部性的东西，局部性的东西总隶属于全局性的东西。战争胜败首要的问题，是对于全局和各阶段关照得好与不好，如果全局和各阶段的关照有了重要的缺点或错误，那战争是一定要失败的。毛泽东运用唯物辩证法阐述了全局与局部的关系，认为全局不能脱离局部，全局由它的一切局部构成。有的时候，有些局部破坏了或失败了，对全局可以不起重大的影响。但若组成战争全局的多数战役失败了，或

---

① 毛泽东选集（第一卷）[M]. 北京：人民出版社，1991：173.

② 毛泽东选集（第一卷）[M]. 北京：人民出版社，1991：175.

有决定意义的一两个战役失败了,全局就立即起变化。故"指挥全局的人,最要紧的,是把自己的注意力摆在照顾战争的全局上面"①。

2. 用唯物辩证法阐明中国革命战争中的战略战术,创造出人民战争思想和战略战术原则

人民战争思想是毛泽东把马克思主义哲学成功运用于战争实践的典范,同时也体现了毛泽东对中国传统哲学思想的现代诠释,是对马克思主义哲学的丰富和发展。"兵民是胜利之本"是毛泽东军事思想的重要观点。一方面,这一思想是建立在马克思主义唯物史观的人民群众是历史的创造者思想的基础上的,认为战争之伟大的最深厚的根源存在于民众之中,人民群众是真正打不破的铜墙铁壁;战争的决定因素是人不是物,力量的对比不但是军事和经济力量的对比,还是人力和人心的对比。另一方面也和"中国古代兵法里重视人的作用的观念也不无关系"②。中国古代就有"天时不如地利,地利不如人和"的思想,毛泽东的"兵民是胜利之本"无疑包含中国传统哲学的思想因素。在这一思想指导下的人民战争的实践,就是在中国共产党领导下,建立巩固的革命根据地,以人民军队为依托,组织、动员和武装人民群众,实行主力部队、地方兵团和游击队、民兵相结合的武装力量体制,实行机动灵活的战略战术,并把各种形式的斗争手段相互配合起来。

人民战争具有一整套战略战术原则。毛泽东强调,人民战争必须善于按照具体情况实行"机动灵活的战略战术"。早在井冈山时期,毛泽东就已制定了"敌进我退,敌驻我扰,敌疲我打,敌退我追"的游击战的"十六字诀",解决了革命军队在敌强我弱的条件下如何保存自己、消灭敌人的问题。土地革命战争中期,由游击战发展到运动战,毛泽东提出"诱敌深入"集中兵力打歼灭战,实行战略的持久战,战役、战斗的速决战,实行有计划的战略退却和战略反攻的方针等。这超越了以前游击战的朴素性,改变了许多战争形式。到抗日战争时期,毛泽东根据抗日战争是持久战这一基本规律,提出:在战争的第一和第二阶段,即敌之进攻和我之保守阶段,应该是战略防御中的战役和战斗的进攻战,战略持久中的战役和战斗的速决战,战略内线中的战役和战斗的外线作战;在第三

① 毛泽东选集(第一卷)[M]. 北京:人民出版社,1991:176.
② 石仲泉. 毛泽东研究述评[M]. 北京:中央文献出版社,1992:462.

阶段,应该是战略的反攻战。在战争形式上,毛泽东指出八路军、新四军在战争的第一、二阶段上的作战方针:基本的是游击战,但不放松有利条件下的运动战。针对许多人轻视游击战的错误思想,他写了《抗日游击战争的战略问题》,论述了抗日游击战的重大战略作用,揭示了在新的历史条件下游击战争发展的一般规律。

对于毛泽东的战略战术原则,朱德在1945年召开的中共七大上总结抗日战争的经验时作了相应说明。他指出:"我们用兵的主张,可以概括为:有什么枪打什么仗,对什么敌人打什么仗,在什么时间地点打什么时间地点的仗。""这就是实事求是的唯物主义的用兵新法","也即是毛泽东同志的新兵法"。①到解放战争时期,毛泽东有关人民军队的战略战术思想得到进一步的丰富发展。1947年12月,毛泽东在《目前形势和我们的任务》的报告中,提出了著名的"十大军事原则",其核心是集中优势兵力打歼灭战,以大量歼灭敌人的有生力量为主要目标。总之,适应人民战争的需要,毛泽东把马克思主义哲学化作方法,提出了一整套与时俱进的战略战术原则,不断丰富和完善自己的军事思想。

(二)充分注意发挥处于劣势的人民军队的自觉能动性

强调发挥人在战争中的自觉能动性是毛泽东军事哲学的一个显著特点。毛泽东认为,敌人强大、革命力量弱小的客观条件,决定着人民军队要夺取战争和革命的胜利必须发挥自觉能动性,这是毛泽东在战争问题上的独特见解。毛泽东认为战争中双方的客观条件只决定了战争胜负的可能性,而人类有自觉能动性,战争中人类的自觉能动性非常重要。"要分胜负,还须加上主观的努力,这就是指导战争和实行战争,这就是战争中的自觉的能动性。"②

毛泽东在1938年7月发表的政治军事著作《论持久战》中,第一次明确提出了自觉能动性的概念:"思想等等是主观的东西,做或行动是主观见之于客观的东西,都是人类特殊的能动性。这种能动性,我们名之曰'自觉的能动性',是人之所以区别于物的特点。"③战争中的"自觉能动性",就是在战争中认识

① 朱德选集(第一卷)[M]. 北京:人民出版社,1991:168.

② 毛泽东选集(第二卷)[M]. 北京:人民出版社,1991:478.

③ 毛泽东选集(第二卷)[M]. 北京:人民出版社,1991:477.

战争、实践战争的能力。毛泽东从不同角度对自觉能动性进行了阐述,论证了它的预见性、计划性、主动性、灵活性等内涵和特征。应该看到,毛泽东论述的自觉能动性和一般哲学教科书中所讲的能动的反映论中关于意识的能动性并不是等同的概念。毛泽东的自觉能动性概念,强调的是主体如何在行动中取得实践的成功,而不是一般地讲意识的作用。毛泽东把灵活性归到自觉能动性,他结合中国传统军事辩证法思想,提出了"灵活性"的思想。他认为灵活不是妄动,而是基于战争中敌我双方的客观情况,审时度势而采取的及时恰当的处理问题的方法。可见,毛泽东的自觉能动性理论是对主体性理论的创造和发挥,而不是一般意义上的意识的反作用。

毛泽东对尊重战争的客观规律性与发挥人的主观能动性的关系进行了阐释。毛泽东在《中国革命战争的战略问题》中,对自觉能动性发挥的条件和作用给予了阐释。他指出:"军事家不能超过物质条件许可的范围外企图战争的胜利,然而军事家可以而且必须在物质条件许可的范围内争取战争的胜利。军事家活动的舞台建筑在客观物质条件的上面,然而军事家凭着这个舞台,却可以导演出许多有声有色威武雄壮的活剧来。"①一方面,这体现了尊重战争的客观规律性是发挥人的主观能动性的基础和前提。客观规律是不以人的主观意志为转移的,不管人们是否承认它,它都按照自己固有的规律运动着。它制约着人的主观能动性的发挥,规定着人的主观能动性发挥的程度。另一方面,又体现了认识和利用客观规律就必须发挥人的主观能动性。人们对战争的规律认识越深,就越能在广大的范围内更好地发挥人的主观能动性。这既坚持了唯物论,又坚持了辩证法。

四、在党的建设上,创造性地提出具有中国特色的党建理论

马克思恩格斯的党建学说奠定了无产阶级政党建设的理论基础。列宁在领导俄国革命过程中,在同第二国际修正主义思潮和俄国党内机会主义作斗争时,继承和发展了马克思主义党建学说,形成了更加完整而科学的理论体系。列宁的党建理论突出地表现在组织建设方面,对党是无产阶级先锋队进行了更加明确的阐述,强调无产阶级政党要完成自己的伟大使命必须有杰出的领袖和

---

① 毛泽东选集(第一卷)[M]. 北京:人民出版社,1991:182.

铁的纪律。毛泽东在带领中国民众进行民主革命时,进一步发展了马克思列宁主义党建理论。他从中国的国情、中国共产党的党情出发,将马克思列宁主义党建学说与中国无产阶级政党建设的实际结合起来,强调从政治上、组织上和思想上建党,特别强调从思想上建党,逐步地形成了一套具有中国特色的党建理论。

党的建设是中国共产党在中国革命中战胜敌人的三大法宝之一。1949年6月,为庆祝中国共产党成立28周年,毛泽东发表了《论人民民主专政》一文,强调了党的建设在民主革命战争中的重要作用。他指出:"一个有纪律的,有马克思列宁主义的理论武装的,采取自我批评方法的,联系人民群众的党。一个由这样的党领导的军队。一个由这样的党领导的各革命阶级各革命派别的统一战线。这三件是我们战胜敌人的主要武器。"① 这句话是中国革命胜利的经验总结,集中阐明了中国共产党在中国革命胜利中的地位。中国共产党在革命实践中建立了强大的中国共产党组织,也形成了丰富的党建理论,这些理论是马克思主义在党的建设问题上的运用。

(一)创造性地提出把"思想上建党"放在党的建设的首位

强调从思想上建党,是马克思主义党建理论同中国国情、中国共产党党情相结合的重要建党原则,这是由共产党所处的社会环境和党的自身状况所决定的。从国情来看,20世纪上半叶,中国社会是半殖民地半封建社会,虽然无产阶级的最终目标是实现共产主义,但是革命首先面临着反对帝国主义和封建主义的任务,革命的性质不是社会主义革命,而是资产阶级民主革命。从党情来看,中国共产党党员队伍虽然有不少产业工人,但是受非无产阶级思想,特别是农民和小资产阶级的思想影响很深。特别是在大革命失败后,我们党探索农村道路,使得党的组织发展主要以农民和其他小资产阶级为主要对象,这就把一些非无产阶级思想带到党内来,使党的思想建设面临重大挑战。针对以上问题,我们党突出思想建设,提出把思想建设放到党的建设的首位。毛泽东强调从思想上建党,刘少奇指出党内"最主要的是无产阶级思想与农民、小资产阶级思想的矛盾"②。因此,改造和克服党内的农民、小资产阶级的思想,是中国共产党

---

① 毛泽东选集(第四卷)[M].北京:人民出版社,1991:1480.

② 刘少奇选集(上卷)[M].北京:人民出版社,1981:327.

自身建设的突出特点。而要完成这一任务,一个重要的途径就是加强党的理论教育和思想教育。

(二)首次通过整风形式开展马列主义思想教育活动,统一全党思想

实现在"思想上建党",在全党范围内解决无产阶级思想与非无产阶级思想的矛盾,毛泽东在总结国际共运和中共党内正反两个方面的历史经验的基础上,探索了一种将理论教育和理论学习结合起来的解决党内的矛盾和斗争问题的方法,那就是整风。整风运动是抗日战争时期全党开展的一次伟大的马克思主义教育运动,它从 1941 年 5 月毛泽东发表的《改造我们的学习》开始,到 1945 年 4 月党的六届七中全会通过《关于若干历史问题的决议》结束,前后历时 4 年。整风运动是通过开展理论教育和理论学习活动来解决党内矛盾和斗争问题,最终统一全党思想。

在整风运动中,毛泽东提出了正确处理党内矛盾、解决党内斗争问题的方针,这就是坚持"惩前毖后,治病救人"的方针,这是对马列主义政党建设的理论和实践的又一个重大创新。这个方针提出的依据是党内矛盾是人民内部矛盾,党内斗争主要是思想方面的斗争。党内出现的分歧和争论、产生党内矛盾和斗争的问题,一般不是要不要革命的问题,而是由于对社会性质的认识和对革命形势的估量不同,因而对在革命中采取什么样的战略和策略、路线和政策,持有不同的见解。针对这种分歧和斗争,只能采取"惩前毖后,治病救人"的方针,不能采取"残酷斗争,无情打击"的方针。整风运动中,毛泽东总结了党内斗争的历史经验,对于犯错误的同志,提出既要弄清思想又要团结同志。整风运动是中央和毛泽东提出的适合中国共产党自身特点的一种创造性的马克思列宁主义思想教育形式,突出了思想建党,是对无产阶级政党自身建设的一种独创,是对马克思列宁主义建党学说的一个重大发展。

(三)吸收中国传统哲学基因,注重共产党员的道德修养

注重共产党员的修养问题是中国化的马克思主义的一个鲜明特点。这在国际无产阶级政党发展史上以及在马克思主义的无产阶级政党理论中都具有首创性质。这是中国共产党将马克思主义与中国传统文化的特点和中国革命实践相结合的产物。李泽厚指出:"强调思想改造、个人修养,确乎是延安时期党的建设和发展中的一个突出特点。""重视思想意识和个人修养便从此成了中国化的马克思主义的一大特色。"①

注重党员的道德修养与中国的国情有关,与中国共产党早期的革命队伍有关,同时也与中国传统文化的影响有关。毛泽东和刘少奇等党的领导人将传统文化中的道德因素渗透至对共产党员的教育中,刘少奇在他的《论共产党员的修养》中大量引用了"吾日三省吾身""慎独""威武不能屈,贫贱不能移,富贵不能淫""先天下之忧而忧,后天下之乐而乐"等儒家警句,这使得共产党的党建思想具有了中国传统文化的重道德的特色。美国著名中国问题观察家费正清曾说:"共产党的自我批评,在某种程度上使人回想起儒家修身自省的学说。"

加强党员的道德修养是中国共产党领导人一以贯之的思想。李泽厚认为,道德主义因素的渗入,是马克思主义早期在中国传播中最值得重视的基本特征之一。他认为,李大钊在传播马克思主义思想时就注重对道德因素的渗透,"李大钊宣讲的马克思主义的第二个特点是道德主义"②。为引导广大党员进行世界观的改造,加强自身修养,毛泽东写了《反对自由主义》《纪念白求恩》《为人民服务》等文章,在《为人民服务》中,他说:"我们想到人民的利益,想到大多数人民的痛苦,我们为人民而死,就是死得其所。……我们的干部要关心每一个战士,一切革命队伍的人都要互相关心,互相爱护,互相帮助。"③刘少奇写了著名的《论共产党员的修养》及《论党内斗争》等著作,其中刘少奇于1939年7月写的《论共产党员的修养》具有特别重要的意义,被列为干部教育和整风运动的重要文献,产生了广泛的影响。注重思想教育和思想改造是中国共产党党建学说的一大特征,是中国国情和革命实践的需要,是中国文化传统的延续,成了中国化马克思主义的富有特色的组成部分。

20世纪三四十年代,中国共产党把马克思主义哲学的方法论用于革命实践,形成了有中国特色的革命理论、道路理论、军事理论和党建理论,还有政策和策略理论等一系列工作方法论等,形成了一整套中国化的马克思主义理论,在这一系列理论的指导下,中国革命逐步走向胜利。

---

① 李泽厚. 中国现代思想史论[M]. 北京:人民出版社,1988:181.

② 李泽厚. 中国现代思想史论[M]. 北京:人民出版社,1988:157.

③ 毛泽东选集(第三卷)[M]. 北京:人民出版社,1991:1005.

第三节 用马克思主义哲学的方法论指导中国新民主主义革命的历史意义

20 世纪三四十年代,中国共产党将马克思主义哲学方法论转化为指导中国民主革命的革命理论、道路理论、军事理论与党建理论等,推进了马克思主义中国化,为新民主主义革命的胜利奠定了理论基础。

一、用马克思主义理论武装了全党

20 世纪 30 年代,中国共产党在总结革命经验教训的基础上,加强马克思主义哲学理论的研究和学习,不断深化对马克思主义哲学本质和精髓的认识,实现了理论创新。这一过程使我们明确,坚持马克思主义,不是从马克思主义的"本本"出发,也不是从他国经验出发,而是从本国实际出发,用马克思主义的辩证唯物论和历史唯物论分析本国国情,用马克思主义哲学的方法论分析和解决问题,实事求是,找到解决中国问题的办法。

(一)使全党明确坚持马克思主义就是坚持马克思主义的立场、观点、方法

坚持马克思主义在党的事业中的根本指导地位,必须认真学习和把握马克思主义,用马克思主义科学理论武装全党。习近平总书记强调:"在前进道路上,我们一定要加强全党的理论武装,按照建设马克思主义学习型政党的要求,深入学习和掌握马克思列宁主义、毛泽东思想,深入学习和掌握中国特色社会主义理论体系,牢固树立辩证唯物主义和历史唯物主义世界观和方法论。"[1] 马克思主义理论素养是领导干部素质的核心和灵魂,掌握马克思主义理论是领导干部的基本功,领导干部特别是高级干部要把系统掌握马克思主义基本理论作为看家本领,要学会运用马克思主义立场、观点、方法观察和解决问题。新民主主义革命的实践证明,革命事业要想取得胜利,必须坚持以马克思主义为指导,

---

① 中共中央党史和文献研究院. 习近平关于全面从严治党论述摘编(2021 年版)[M]. 北京:中央文献出版社,2021:187.

坚持马克思主义不是坚持马克思主义的只言片语,不是固守俄国十月革命的经验和共产国际的指示,而是从中国民主革命的特殊国情出发,用马克思主义的立场、观点和方法分析和解决中国革命的实际问题,从中总结出、发展出适合中国国情,符合中国革命规律的中国化的马克思主义理论,这才是真正的坚持马克思主义。

20世纪40年代初,整风运动中重视党员理论学习,把加强理论学习作为思想建设的重要内容,把能否用马克思主义的立场、观点和方法去分析和解决问题作为衡量党员党性的主要标志之一。整风运动有效地实现了党在思想上的统一,为中共七大确立毛泽东思想作为党的指导思想,党领导人民群众夺取抗战胜利奠定了重要基础。在整风学习过程中,针对亟须解决的难题逐一进行破解,既达到实现党员教育的目的,也使全党的思想得以高度统一,为后来抗日战争、解放战争的胜利和新中国的成立奠定了思想基础。经过整风学习,实事求是的思想路线在全党得以确立,全党在思想政治水平、理论水平和党性修养方面得到较大提高,党的战斗力和凝聚力得到了较大提升,党内统一了思想,为夺取革命的最后胜利打下了思想基础。

(二)使全党明确学习马克思主义主要是学习马克思主义中国化的最新成果

马克思主义思想体系既包括马克思主义经典作家创立的基本理论,又包括在后来的发展中形成的新的理论成果。学习马克思主义理论,一方面,必须重视读原著、学原文、悟原理。马克思主义经典作家的著作是学习马克思主义基本理论的第一手材料,必须下气力认真研读。特别是在探讨理论研究中的一些难点和疑点问题时,研读原著必不可少。马克思主义基本理论好比马克思主义思想体系大厦的根基,离开了这个根基,整个大厦便不能建立。另一方面,要认真研读马克思主义中国化的最新理论成果,要把马克思主义中国化最新成果作为理论教育中心内容。毛泽东思想是同马克思、恩格斯、列宁思想一脉相承又与时俱进的科学理论,领导干部在研读马克思主义理论著作时,既要追根溯源,认真学习马克思列宁主义经典作家的著作,又要认真学习马克思主义中国化的最新成果。"两论"是马克思主义哲学、中国革命经验和中国优秀传统哲学三者结合的成果,发展了马克思主义认识论和辩证法。学习马克思主义哲学重点要学习"两论",它是中国化的马克思主义哲学的典范著作,既坚持了马克思主义哲学原理,用哲学思维思考中国革命问题,从哲学的高度分析中国社会矛盾和中国革命的特点,又符合中国的传统文化和语言表达方式,有利于人民思考问题和提升人民的思维水平。

(三)使共产党员不断接受马克思主义哲学智慧的滋养

马克思主义哲学是科学的世界观、方法论,是人类智慧的结晶。一个领导干部的理论修养、领导能力、意志品格和精神境界,同他的哲学修养、自觉地学哲学、用哲学关系极大。学哲学、用哲学是我们党的优良传统,毛泽东曾明确提出哲学是领导干部的必修课,领导干部要把学哲学、用哲学放在思想理论建设首位。延安整风时期,他领导和组织干部学哲学、用哲学,克服思想上的主观主义,从而在根本上提高了全党的马克思列宁主义理论水平,统一了全党的思想,纠正了错误路线。经毛泽东的提倡,学哲学、用哲学成了中国共产党的优良传统,哲学成了全党的事业和整个民族的事业。民主革命时期,我们党将马克思主义理论运用于中国具体实际,注重从哲学高度把握马克思主义的基本立场、观点和方法,并以此为指导探索解决中国革命重大问题的方法。正是由于在理论上达到了这样一个高度,我们党才有可能创造性地开辟自己的道路,推动党和国家事业不断取得新的发展。马克思主义哲学是科学的世界观和方法论,我们应该"不断接受马克思主义哲学智慧的滋养",运用这一智慧攻坚克难、开拓创新,将革命和建设事业不断推向前进。

二、推动了中国新民主主义革命实践

20世纪三四十年代,以毛泽东为主要代表的中国共产党人,把马克思主义基本原理同中国革命具体实践相结合,用马克思主义哲学的世界观和方法论分析和解决中国民主革命的一系列问题,在认真总结中国革命实践经验基础上形成了具有独创性的革命理论。它揭示了近代中国革命发展的客观规律,解决了一个以农民为主体的、落后的半殖民地半封建的东方大国进行革命的一系列理论问题,科学地回答了中国革命向何处去的问题,以及中国革命的发展阶段问题,极大地丰富了马克思主义的理论宝库,开辟了马克思主义中国化的道路。

第一,形成了新民主主义革命的总路线。毛泽东从中国的历史和现实出发,用马克思主义哲学的世界观和方法论深刻地研究中国革命的特点和规律,发展了马克思列宁主义关于无产阶级在民主革命中的领导权思想,创立了无产阶级领导的,工农联盟为基础的,人民大众的,反对帝国主义、封建主义和官僚资本主义的新民主主义革命理论。毛泽东从中国历史发展入手,考察了中国古代的封建社会和近代的半殖民地半封建社会,以及鸦片战争以来的中国革命运动,从而阐明了中国革命的对象、任务、动力、性质、前途,形成了一整套新民主主义革命理论,为中国共产党人夺取中国民主革命胜利并实现由民主革命向社会主义革命转变指明了方向。后来的中国革命进程,尽管还历经了许多曲折,但始终是朝着这个方向前进的,从而赢得了中国民主革命和社会主义革命的伟大胜利。这是马列主义基本原理在中国的创造性运用和开拓性发展。

第二,探索了新民主主义革命胜利的道路。经过长期的实践探索和理论探索,中国共产党分析了中国所处的时代特点和具体国情,走出了一条有别于俄国十月革命的道路,党团结带领人民找到了一条农民包围城市、武装夺取政权的正确革命道路,经过中国共产党人和中国人民的共同努力,完成了新民主主义革命的历史任务,建立了新中国。中国革命道路理论,是党运用马克思主义的立场、观点和方法,分析、研究和解决中国革命具体问题的光辉典范,对于推进马克思主义中国化具有重要的方法论意义,它反映了中国半殖民地半封建社会民主革命发展的客观规律,开辟了引导中国革命走向胜利的正确道路,独创性地发展了马克思主义。

第三,推进了党的建设。中国共产党从中国的国情和中国共产党的党情出发,注重加强党的思想建设。在无产阶级人数很少而战斗力很强、农民和其他小资产阶级占人口大多数的国家,建设一个具有广泛群众性的、马克思主义的无产阶级政党。毛泽东从中国国情和中国共产党的党情出发,注重从思想上建党,提出党员不但要在组织上入党,更要在思想上入党,要以无产阶级思想改造和克服各种非无产阶级思想,通过进行思想教育和思想改造来统一全党思想,收到了极其明显的实际效果,它使得革命队伍清除了许多落后的小农意识,使得知识分子和以工农为主体的革命队伍成员团结起来并融为一体,极大地提高了革命队伍成员的自觉的革命意识,极大地鼓舞了革命队伍成员的信念和斗志,从而使中国共产党的战斗力、影响力大大提高,为中国革命胜利奠定了组织上的基础。同时,中国共产党重视党的组织建设、加强党的作风建设,为夺取新民主主义革命的胜利建立了强大的组织力量。

第四，通过武装斗争取得新民主主义革命的胜利。武装斗争是中国革命的特点和优点之一。毛泽东指出："在中国，离开了武装斗争，就没有无产阶级的地位，就没有人民的地位，就没有共产党的地位，就没有革命的胜利。"[①] 以毛泽东为代表的共产党人系统地解决了如何把以农民为主要成分的革命军队建设成为一支无产阶级性质的、具有严格纪律的、同人民群众保持密切联系的新型人民军队的问题。他规定了全心全意为人民服务是人民军队的唯一宗旨，总结了中国革命战争的经验，系统地提出了建设人民军队的思想，提出了以人民军队为骨干，依靠广大人民群众，建立农村革命根据地，进行人民战争的思想。他把游击战争提到了战略的地位，论述了要随着敌我力量对比的变化和战争发展的进程，正确地实行军事战略的转变。他为革命军队制定了在敌强我弱的形势下实行战略的持久战和战役、战斗上的速决战，把战略上的劣势转变为战役、战斗上的优势，集中优势兵力，各个歼灭敌人等一系列人民战争的战略战术。这就形成了指导中国革命战争走向胜利的中国马克思主义军事理论，解决了中国共产党在新民主主义革命时期最迫切需要解决的重大问题。

马克思主义哲学中国化是一个复杂的理论问题和实践问题。20 世纪三四十年代，中国共产党的领导人，中国的马克思主义者为了民族解放事业，从事理论研究，深入革命实践，创造了中国化的马克思主义哲学理论，并运用这一理论成功地指导了新民主主义革命实践，为民族解放事业、为新中国的诞生作出了重大贡献。

[①] 毛泽东选集(第二卷)[M]. 北京：人民出版社，1991：610.

第六章

20世纪三四十年代马克思主义哲学中国化的经验与启示

恩格斯说:"一个民族要想站在科学的最高峰,就一刻也不能没有理论思维。"[①]马克思主义哲学是我们认识世界、把握规律、追求真理、改造世界的强大思想武器,它不仅深刻改变了世界,也深刻改变了中国。拥有马克思主义科学理论指导是中国共产党坚定信仰、把握历史主动的根本所在,是中国共产党鲜明政治品格和强大的政治优势。中国共产党自成立之日起就高度重视马克思主义哲学学习和哲学传播工作,注重培养民众的哲学思维。20世纪三四十年代,中国共产党人坚持学哲学、用哲学,坚持用马克思主义哲学的方法论分析指导中国民主革命实践,实现了理论创新,产生了毛泽东哲学思想这一标志性的理论成果。在这一思想的指导下,党和人民取得了新民主主义革命的伟大胜利。

习近平总书记指出:"必须不断接受马克思主义哲学智慧的滋养,更加自觉地坚持和运用辩证唯物主义世界观和方法论,增强辩证思维、战略思维能力,努力提高解决我国改革发展基本问题的本领。"[②]学哲学、用哲学是我们党的一个好传统。当前我国社会正经历广泛而深刻的变革,中国人民在新的条件下正进行着独特的实践探索,这必将给马克思主义哲学的理论创新提供新的广阔的

---

① 中共中央马克思 恩格斯 列宁 斯大林著作编译局. 马克思恩格斯选集(第三卷)[M]. 北京:人民出版社,1995:467.

② 习近平. 坚持运用辩证唯物主义世界观方法论提高解决我国改革发展基本问题本领 [N]. 人民日报,2015-01-25(1).

空间。新世纪新阶段我们需要继续用马克思主义武装全党,提高全党用马克思主义哲学方法论分析和解决问题的能力。

第一节　20世纪三四十年代马克思主义哲学中国化的基本经验

20世纪三四十年代,中国人民在中国共产党的带领下,立足时代问题,用马克思主义理论指导中国革命实践,将马克思主义哲学、中国民主革命实际和中国传统哲学相结合,坚持实践创新与理论创新的统一、马克思主义哲学与中国传统哲学的互动、学术路径与政治路径的交融,形成了中国化的马克思主义哲学,实现了马克思主义哲学的理论创新,最终引领了新民主主义革命的伟大胜利。

一、以时代问题为出发点开展马克思主义哲学的学理研究

坚持问题导向是马克思主义的鲜明特点。马克思指出:"一切划时代的体系的真正的内容都是由于产生这些体系的那个时期的需要而形成起来的。"[1]马克思主张用哲学的方式研究"时代的迫切问题"[2]。时代问题是马克思主义哲学研究的出发点和落脚点。马克思主义哲学的诞生正是源于19世纪上半叶欧洲资本主义发展过程中的时代问题,正是从问题出发,紧扣时代脉搏,马克思主义实践哲学才成为哲学的典范。马克思恩格斯创立马克思主义哲学,就是要为无产阶级改造旧世界的斗争提供精神武器。不同时代有不同问题,只有抓住那些处于支配地位的问题,抓住问题的主要方面,才能找到解决问题的出路。立足于中国的具体实际,开展中国马克思主义哲学研究,是马克思主义哲学的本质要求和中国社会发展的客观需要,也是中国马克思主义哲学不断实现理论

---

[1]　中共中央马克思恩格斯列宁斯大林著作编译局. 马克思恩格斯选集(第三卷)[M]. 北京:人民出版社,1995:544.

[2]　中共中央马克思恩格斯列宁斯大林著作编译局. 马克思恩格斯选集(第一卷)[M]. 北京:人民出版社,1995:203.

创新的根本途径。

20世纪上半叶,中国学术界对马克思主义哲学及其中国化的一系列理论研究,都是为了回答时代之问,即"中国向何处去"的时代问题而展开的。在三四十年代,基于中国革命的需要,中国学术界开展了对中国传统哲学的研究,学者们用马克思主义哲学的方法论批判继承传统哲学,这源于中国社会面临的现实问题,现实问题决定着对中国传统哲学的吸收和发展方向,从中国传统哲学中吸收什么和怎么吸收,都取决于现实需要和哲学家们对现实的理解和思考。瞿秋白、李达开展的马克思主义哲学的体系化传播,艾思奇等人开展的马克思主义哲学大众化传播,都是从学理上阐释马克思主义哲学,是在学术方面的贡献,为回答"中国向何处去"的时代问题服务的。毛泽东的哲学创造活动也是为分析和解决中国革命的问题提供方法论,为中国共产党领导中国革命提供理论基础,为广大人民群众提供认识和改造中国社会的思想武器。他从新民主主义革命时期中国的特殊国情出发,敢于和善于同教条主义作斗争,在纠正党内错误的政治路线和军事路线后,从哲学上彻底清算了党内各种错误的认识论根源,用马克思主义哲学的方法论在对中国具体国情,包括中国历史文化和革命现实进行科学研究的基础上,作出了合乎中国实际的理论创新。

"问题是创新的起点,也是创新的动力源。"① 时代在发展,在发展过程中会面临各种问题,这既向我们提出了挑战,也为理论创新提供了新的机遇。中国共产党人和中国的理论工作者立足于时代提出的具体的现实问题,从哲学层面上进行理论思考,开展马克思主义哲学学理研究,与时俱进,才能推动我们的事业不断向前推进。这是实践的需要,也是中国马克思主义哲学学理研究的出发点和归宿。

二、在实践创新与理论创新的辩证统一中推进马克思主义哲学中国化

实践创新是理论创新的基础和前提,理论创新是实践创新的提升和指南。民主革命时期,中国共产党在实践创新的基础上进行理论创新,在理论创新的指引下进行实践创新,二者相互作用,共同推进了马克思主义哲学中国化进程。这一过程,是用马克思主义理论指导中国革命的过程,同时也是形成中国化马

---

① 习近平. 在哲学社会科学工作座谈会上的讲话[N]. 人民日报,2016-05-19(2).

克思主义理论的过程。

（一）坚持实践第一的观点，勇于进行实践创新

实践创新是理论创新的基础和源泉。实践创新为理论创新积累经验、提供材料，离开了实践创新，理论创新就成了无源之水、无本之木。20世纪30年代，马克思主义哲学的理论创新不是凭空产生的，也不是一蹴而就的，而是适应新民主主义革命实践的需要，在认真总结中国革命经验教训的基础上形成的。中国共产党对民主革命规律的认识，是通过革命的实践，经历了从没有经验到有经验，从有较少的经验到有较多的经验，从未被认识的必然王国经过逐步地克服盲目性，在认识上有了一个飞跃，再到达自由王国这样一个艰难曲折的发展过程。

实践观点是马克思主义哲学首要的基本的观点，理论来源于实践。新民主主义革命的一系列理论问题，离不开革命的实践探索。可以说，没有两次国共合作的实践，就没有统一战线的理论；没有建立和巩固农村根据地的实践，就不会有农村包围城市、武装夺取政权革命道路的理论；没有革命战争的实践，就不会有建设人民军队和关于革命战争的理论；没有在领导新民主主义革命的历程中，党由小到大、由弱到强的实践，就不会有党的建设的理论。总之，没有中国革命的实践，没有党对革命实践经验的科学概括和总结，新民主主义革命理论就无法形成和发展。新民主主义革命实践，是新民主主义革命理论得以形成的基础和源泉。

中国民主革命最终走向胜利是中国民主革命经验教训的科学总结。可以说，革命战争两次胜利和失败的丰富经验，是我们党理论创新的实践基础，没有革命的实践，就不可能产生《实践论》和《矛盾论》。对此，1962年毛泽东曾说过："没有两次胜利和两次失败的比较，还没有充分的经验，还不能充分认识中国革命的规律。"①

（二）发挥理论创新的先导作用，用理论创新指引实践创新

理论创新是实践创新的先导，它引领并推动实践创新，为实践创新指明方向，提供基本原则和基本方法。创新的理论成果对规律的揭示越深刻、越系统，

---

① 中共中央文献研究室. 毛泽东文集（第八卷）[M]. 北京：人民出版社，1999：299

对社会发展和社会变革的引领作用就越显著。列宁曾说,没有革命的理论,就不会有革命的运动。实践证明,只有中国化的马克思主义哲学才能为中国革命提供道路指引和价值引领。中国共产党成立后,明确把马克思主义作为指导思想,但由于党还处于幼年时期,无论是对马克思主义理论的认识,还是对中国国情的认识都不够准确和充分,不可避免地犯有这样或那样的错误。在总结革命经验教训过程中,我们党逐步深化了对马克思主义哲学理论本质的认识、对中国革命特殊国情的认识,最重要的是将马克思主义哲学与中国革命实际和中国传统哲学相结合,将马克思主义哲学民族化、具体化,构建出中国化的马克思主义哲学,才能为中国的民主革命提供方法论指引,才能将哲学的方法论转化为一般的方法,才能成功引领中国革命走向胜利。"两论"是民主革命经验教训的科学总结,是马克思主义哲学在中国的理论创新,在毛泽东哲学思想的指引下,1939至1940年,毛泽东先后发表了《〈共产党人〉发刊词》《中国革命和中国共产党》《新民主主义论》等文章,科学地阐述了新民主主义革命的对象、动力、领导力量、性质和前途等基本问题,完整地回答了中国民主革命的重大理论问题。从这个意义上说,没有马克思主义哲学的理论创新,就没有中国马克思主义理论的创新,就没有在新的理论指导下的实践创新,就没有中国新民主主义革命的胜利。

(三)要发挥人民主体地位,尊重人民群众的首创精神

坚持实践创新是理论创新的基础,就要尊重人民群众的首创精神,这是马克思主义的根本要求。马克思主义唯物史观认为,人民群众是社会实践的主体,是社会物质财富和精神财富的创造者,也是变革社会的决定性力量。在群众史观的指导下,我们党在长期革命实践中,逐步确立了"一切为了群众,一切依靠群众,从群众中来,到群众中去"的群众路线。群众是社会实践的主体,也是认识的主体。认识从实践中来,主要从群众的实践中来;认识回到实践中去,也主要是回到群众的实践中去。马克思主义的群众观点和群众路线既是我们党制定路线、方针、政策的基本依据和根本方法,也是我们党实现理论创新的重要哲学基础。发挥人民主体地位,尊重人民首创精神是中国共产党理论创新的动力源泉,人民群众的实践经验是推进中国共产党理论创新的动力源泉。毛

泽东指出:"人民,只有人民,才是创造世界历史的动力。"①"我们应该走到群众中间去,向群众学习,把他们的经验综合起来,成为更好的有条理的道理和办法。"② 从某种程度上讲,一部马克思主义发展史,就是一部人民群众在社会实践中不断推进理论创新的历史。理论创新,就是在坚持马克思主义基本原理前提下,通过总结人民群众社会实践新经验,借鉴人类文明优秀成果,在理论上不断扩展新视野,作出新概括,为马克思主义增添新内容。在理论创新过程中,突出人民群众的主体地位,尊重人民群众的首创精神,既是我们党坚持先进性和永葆生机的源泉,也是不断推进党的事业前进的重要保证。

三、在马克思主义哲学与中国哲学的互动中推进马克思主义哲学中国化

20 世纪三四十年代,中国共产党和学术界用马克思主义哲学批判地继承中国传统哲学,毛泽东将中国朴素的辩证法和知行观转化为科学的唯物辩证法和认识论,科学合理地看待和处理马克思主义哲学和中国哲学的差异、互动和融通。正确认识二者的关系,我们应把握以下几点。

(一)要坚持马克思主义哲学的指导地位

马克思主义哲学与中国传统哲学之间存在时代性和阶级上的不同。马克思主义哲学是机器大工业的产物,是无产阶级科学的世界观和方法论,是现时代先进文化的代表。中国传统哲学建立的经济基础是小农经济,是为维护封建阶级统治服务的。20 世纪三四十年代,马克思主义哲学与中国传统哲学的交流和融合,不是简单的折中或机械的组合,也不是在中国传统哲学的基础上去吸收马克思主义哲学,而是在马克思主义哲学的指导下批判地继承中国传统哲学,吸收中国传统哲学的优秀成果和智慧,这是二者实现相结合最重要的理论前提和根本原则。

中国传统哲学在五千年发展历程中,曾多次吸收外来先进文化的因素用以发展自身,不同的是前面是以儒家传统为指导,是儒家思想为主导和主体,20世纪三四十年代二者的互动交流则是以马克思主义哲学为主导和指引,是在坚持马克思主义基本立场、基本观点和基本原则下的结合。不以马克思主义哲学

---

① 毛泽东选集(第三卷)[M]. 北京:人民出版社,1991:1031.
② 毛泽东选集(第三卷)[M]. 北京:人民出版社,1991:933.

为基础、为指导的相结合,其成果不属于马克思主义哲学中国化的成果。同一时期,一些中国哲学家在中国传统哲学的基础上吸收了马克思主义哲学,吸收了其中的一些观点和看法,冯友兰的新理学就吸收马克思主义哲学中的个别观点和原理,如吸收了以下观点:社会发展是有规律的,生产工具决定生产方式,生产方式决定社会组织,经济基础决定政治制度和文化等。这是在儒学的基础上吸收马克思主义哲学,是一种马克思主义哲学与中国传统哲学的结合,也是中国传统哲学现代化的一种范式,但这不是我们主张的结合。

（二）批判继承中国传统文化,实现传统文化创造性转化、创新性发展

五四时期,早期的中国共产党的领导人对待中国传统文化采取的是否定态度,他们高举民主和科学的大旗,反对封建的传统文化。20世纪30年代,中国共产党和中国先进知识分子的传统文化观发生了转变,他们看到传统文化对民族新文化建设的积极意义,看到二者相结合的必要性和可能性,因此开始了对传统文化的深刻反思,运用马克思主义哲学科学的方法论批判继承中国传统文化,实现了中国传统文化的创造性转化和创新性发展。

1. 客观看待中国传统文化的作用

马克思主义哲学中国化涵盖马克思主义哲学与中国传统哲学相结合,如果不能有机地实现二者的结合,马克思主义哲学就很难在中国革命中发挥作用进而实现中国化。离开了中国传统哲学的文化基础,马克思主义哲学就是"舶来品",缺乏民族文化的根基。如果马克思主义哲学脱离中国传统哲学,就成为脱离中国实际的、没有根基的、与广大人民生产和生活实践脱离的不接地气的文化,必将得不到广大人民的拥护和支持。

20世纪20至40年代,在中国有一大批知识分子,他们熟悉中国传统哲学,具有良好的国学素养,又接受了科学的马克思主义哲学,掌握了科学的世界观和方法论。从中国共产党早期的领导人李大钊、陈独秀到毛泽东,他们都具有这个特点和优点,还有一批知识分子如张岱年、郭沫若、侯外庐、杜国庠,就是因为有了这些既熟悉国学又掌握马克思主义哲学的学者存在,才为马克思主义哲学与中国传统哲学相结合提供了主体条件,才有可能做到用马克思主义哲学的科学的方法去批判继承中国传统哲学,才可能实现二者在结合基础上的创新。中国传统哲学是我们最深厚的文化积淀和思想资源,就如黑格尔所说的,在某种意义上"哲学就是哲学史"①。脱离了思想的根基,我们就失去了理解外来思想的能力。

2. 善于运用辩证思维看待和分析中国传统哲学

既要看到中国传统哲学有积极性的一面,也要看到其不可避免地夹杂着许多封建性的一面。对待中国传统哲学要坚持辩证的分析方法,要有辩证的哲学思维。

1940年10月,著名马克思主义史学家吕振羽在《创造民族新文化与文化遗产继承问题》中,提出必须用"扬弃"的科学的态度对待包括传统哲学在内的传统文化。"我们从辩证唯物论和历史唯物论的世界观——人类最先进的科学的哲学出发,必须从反对'道统'史观、进化史观以及一切非科学假科学的史观和毒素的斗争中,去把握民族文化的优良传统,吸收其对民族民主革命有用的东西,抛弃其对民族民主革命有害的东西;最重要的而且是主要的,应特别致力去发掘和研究真正属于人民的东西。"②

一方面,要看到传统文化中存在的促进民族向心力凝聚的优秀因子。传统哲学中的优秀成分是哲学思想中的精华,如实事求是的精神,以人为本的观念,大同世界的理想,阴阳互补的辩证思维,刚健有为、自强不息的精神等等,这些都是延续民族精神发展的血脉源泉,是其进行现代化转化的重要因子,对此我们应当高度重视并良好利用。用中国传统哲学为马克思主义哲学注入中国思维、中国智慧的"基因",使中国化的马克思主义哲学既是科学的,又能充分利用中国已有的哲学思想资源,使其易于获得中国人的情感认同和理性把握。时代的发展和实践任务的变化,使中国传统哲学中的不同的内容凸显出来,形成它与马克思主义哲学的新的结合点,而新的结合的成功实现势必将使这些内容与马克思主义哲学融合,获得现代性。这将是中国传统哲学现代化的重要途径之一。另一方面,我们又要看到传统哲学中还包含着一些封建的糟粕,一些封建的、不科学的因素,这就是我们要"弃"的东西,把这些落后的、与时代发展不相符的因素抛弃,我们民族文化的发展才可能向前推进。

---

① 黑格尔. 哲学史讲演录(第一卷)[M]. 贺麟,王太庆,译. 北京:商务印书馆,1959:34.

② 吕振羽. 中国社会史诸问题[M]. 北京:生活•读书•新知三联书店,1961:142.

3. 立足时代主题推进中国传统哲学的现代化

要坚持马克思主义的批判继承的法则,吸收有用成分,并赋予新的时代内涵,用马克思主义哲学对中国传统哲学进行改造,实现传统哲学的现代化,形成具有中国特色、中国风格、中国气派的当代中国哲学。20世纪30年代,毛泽东将马克思主义哲学与中国哲学相结合,将中国哲学中的"矛盾""知行"观点转化为科学的认识论和辩证法,促进了中国传统哲学的现代化。任何时期我们都不需要也不可能固守传统,我们应该在马克思主义哲学指导下,从传统哲学中去挖掘引领时代的思想文化资源。一个民族只有进行引领时代的实践,只有进行具有时代意义的探索,才能形成具有世界普遍意义的思想,这是社会历史变迁和文明形态变革的必然要求。

四、在学术化路径与政治化路径的交往互动中推进马克思主义哲学中国化

马克思主义哲学中国化是一个重大的理论问题和实践问题,民主革命时期,中国共产党的领导人和中国的马克思主义者为回答"中国向何处去"的时代主题,进行了艰辛的理论探索和实践探索,形成了党的理论化路径和学术化路径,二者相互渗透、相互促进,共同推动了中国民主革命的历史进程。

(一)党的理论化路径为学术化路径指引方向

党的理论化路径为学术化路径提供实践经验,指引思维方向。党的理论化路径具有极强的现实指向性,民主革命时期,中国共产党领导人在革命实践中面临的实际问题,为马克思主义哲学学理研究提出问题,指引方向。大革命失败后,中国的马克思主义者开始对中国民主革命进行哲学反思,自此一部分马克思主义者把关注点转向马克思主义的学理研究。李达作为其中的杰出代表,为了更好地用马克思主义哲学揭示中国社会的特殊发展规律,帮助人们科学地分析中国社会问题,把研究重心转向唯物辩证法的研究。20世纪30年代初,艾思奇在上海进行了马克思主义大众化、通俗化的研究,为群众进行革命斗争提供了锐利的思想武器。1937年10月他到延安后,受毛泽东影响,他的哲学理论研究由通俗化深化到"中国化现实化运动",他对马克思主义哲学中国化的理解也在不断深化和拓展。此外,张岱年、侯外庐、杨荣国、赵纪彬等学者用马克思主义哲学的立场、观点和方法整理中国传统哲学也是基于革命现实的需

要,为马克思主义哲学在中国得以存在和发展寻找生长点,回应党内的主观主义错误。

毛泽东作为中国共产党的领导人,同时也是研究马克思主义哲学的学者。毛泽东学哲学、讲哲学的目的是用马克思主义哲学的方法分析和解决中国革命的问题,在理论上揭示党内长期存在的教条主义的理论根源。他在 1938 年 9 月召开的党的六届六中全会上讲学习问题时首先讲了学习理论,他说,我们党的马克思列宁主义理论修养还很不普遍、很不深入,普遍地、深入地研究马克思列宁主义理论,对于我们是一个亟待解决并着重致力才能解决的大问题。毛泽东还用更多的篇幅讲研究历史的任务,他提出:"学习我们的历史遗产,用马克思主义的方法给以批判的总结,是我们学习的另一任务。"[1] 毛泽东的论述具有很强的针对性,是对革命胜利与失败正反经验的总结,同时,为马克思主义哲学中国化的学理研究指明了方向。

(二)学术化路径为政治化路径提供思想资源,并服务于政治化路径

学术层面的马克思主义哲学中国化为政治层面的马克思主义哲学中国化提供思想资源和理论前提,作出学理准备。学术层面的马克思主义哲学中国化研究充分发挥马克思主义哲学的实践反思和批判功能,从社会现实问题中提炼出具有哲学层面的问题,经过哲学层面的问题的思考再去指引社会现实。

学术化路径为政治化路径提供思想资源。20 世纪 30 年代,毛泽东能够读到的马列哲学原著有限,30 年代苏联哲学教科书,以及李达、艾思奇等我国马克思主义哲学家的著作,为两条路径的互动提供了桥梁。有学者曾这样评价:"在中国马克思主义哲学发展史上,李达的哲学思想是马克思主义哲学与中国实际结合的中介,是列宁阶段走向毛泽东阶段的中介,为毛泽东思想的创造作了学理上的准备。"[2] 李达翻译的苏联西洛可夫等人的《辩证法唯物论教程》,对毛泽东哲学思想的形成和发展产生了直接的影响,它为《实践论》《矛盾论》的写作提供了重要的思想资料,毛泽东受该书的启发,发挥和创新了某些哲学

---

[1] 毛泽东选集(第二卷)[M]. 北京:人民出版社,1991:533.

[2] 丁晓强,李立志. 李达学术思想评传[M]. 北京:北京图书馆出版社,1999:229.

196

原理。^①李达撰写的《社会学大纲》系统地阐释了马克思主义哲学基本原理，毛泽东阅读了 10 遍《社会学大纲》，写下了 3 400 字的批注。他指出这是"中国人自己写的第一本马列主义的哲学教科书"^②，并给李达写信，热情称赞他是"真正的人"。艾思奇撰写的《大众哲学》也备受毛泽东的推崇，毛泽东曾称《大众哲学》是"真正通俗而有价值"的著作的代表，并把它推荐给延安的干部。由此可见，马克思主义学理研究是我们党理论建设的思想宝库，思想资源越丰富、理论形态越有成就，党的政治层面理论建设就越具有广阔的选择空间。

学术化路径还承担着意识形态的功能，为政治化路径提供服务。马克思主义哲学的学术研究不是价值中立的，而是为政治服务的。学理研究担负着为革命和建设的实践提供世界观和方法论，并进而转化为路线、方针、政策的历史任务。也就是说，马克思主义哲学的学理研究除了具备理论功能，还具备意识形态的政治功能，为意识形态的巩固和发展提供科学合理阐释。艾思奇是我国理论界最早提倡学习毛泽东哲学著作的学者之一。在延安，艾思奇注重宣传毛泽东思想。1940 年，他指出毛泽东的《论持久战》《论新阶段》《新民主主义论》等著作是抗日战争时期战斗经验的总结，"在一定的意义上说也是哲学上的划时期的著作"^③，"是马克思主义中国化的辩证法唯物论应用的最大收获"^④。在延安整风运动中，艾思奇发表了《反对主观主义》《不要误解"实事求是"》《"有的放矢"及其他》等文章，宣传唯物论辩证法，反对主观主义。

马克思主义哲学中国化是一个多层面、多领域的系统工程，它是以多种方式呈现出来，由党的理论工作者和广大哲学工作者共同参与的。总体来说，马克思主义哲学中国化的党的理论化路径和学术化路径的区分是相对的，党的理论工作者和广大哲学工作者，能够并可以积极参与到党的理论化路径中，为中国化马克思主义哲学的党的理论形态的形成和发展作出自己的贡献，毛泽东哲学思想首先是并且主要是党的理论形态，但同时，毛泽东的《矛盾论》和《实践论》也是马克思主义哲学学术形态的光辉典范。实际上，学术化路径和政治化

---

① 雍涛. 李达与马克思主义哲学中国化——纪念李达诞辰 115 周年[J]. 武汉大学学报：
　　人文科学版, 2006(1): 5-11.

② 汪信砚. 李达全集(第一卷)[M]. 北京：人民出版社, 2016: 序 16.

③ 艾思奇全书(第三卷)[M]. 北京：人民出版社, 2006: 247.

④ 艾思奇全书(第三卷)[M]. 北京：人民出版社, 2006: 251.

路径是马克思主义哲学中国化进程中的两个方面,相互渗透、相互促进,辩证地、具体地统一于中国的社会历史实践。

第二节　20 世纪三四十年代马克思主义哲学中国化的当代启示

著名马克思主义史学家范文澜曾说:"我们要了解中华民族的前途,我们必须了解中华民族过去的历史。"[①] 新民主主义革命时期,中国共产党人和学术界的马克思主义哲学家就是秉持这份学术的使命,开启了对马克思主义哲学中国化的探索。进入新世纪新时代,中国共产党的领导人和当代中国的学者依然肩负着为时代发展进行思想探索的历史任务。他们对 20 世纪三四十年代马克思主义哲学中国化进行的理论研究,也是为了总结历史规律,照耀和活化当代现实。他们的学术探索之路深切地体现了对当代中国社会发展的思考和关怀。

习近平总书记强调,我们回顾历史,是"为了总结历史经验、把握历史规律,增强开拓前进的勇气和力量"[②]。借鉴 20 世纪三四十年代中国共产党理论建设的基本经验,把握马克思主义哲学理论创新的基本规律,为习近平新时代中国特色社会主义建设提供方法论指引。

一、学哲学、用哲学,掌握中国共产党的看家本领

坚持以马克思主义为指导是我们党理论建设的根本性原则。十月革命以后,马克思主义传入中国,它解决了当时中国社会既要完成启蒙又要进行民族救亡的双重困境。这一近代中国历史发展的任务,是中国传统哲学和西方各种民主思想未能完成的。在马克思主义哲学方法论的指导下,我们取得了革命的胜利,中华民族获得民族独立,中国人民得到解放。

学哲学、用哲学是中国共产党的优良历史传统。在 20 世纪三四十年代,以

---

① 范文澜. 范文澜全集(第七卷)[M]. 石家庄:河北教育出版社,2002:3.

② 习近平. 在庆祝中国共产党成立 95 周年大会上的讲话[N]. 人民日报,2016-7-2(1).

毛泽东为代表的中国共产党人善于用哲学的思维思考中国革命问题,从哲学的高度分析中国社会的基本矛盾和中国革命的特殊性,批判了教条主义,总结了革命的经验教训,并从哲学的高度进行了概括和总结,实现了马克思主义哲学的理论创新。"两论"是这一时期马克思主义哲学理论创新的代表作,它发展了马克思主义哲学的认识论和辩证法,为党的实事求是的思想路线奠定了理论基础。毛泽东曾明确提出哲学是领导干部的必修课,领导干部要把学哲学、用哲学放在思想理论建设的首位。延安整风时期,他领导和组织干部学哲学、用哲学,克服了党内部分党员干部思想上的主观主义,从根本上提高了全党的马克思列宁主义理论水平,统一了全党的思想。

改革开放后,以邓小平为代表的中国共产党人继承和发扬了学哲学、用哲学的传统,号召全党学习"两论",开展关于真理标准问题的讨论,进一步解放思想,实事求是,重新确立了实事求是的思想路线,把中国特色社会主义事业继续推向前进。

党的十八大以来,我们党高度重视学习和运用马克思主义哲学,强调马克思主义哲学依然是指引新时代中国特色社会主义建设事业的科学的世界观和方法论,是我们党的看家本领,是新形势下进一步推进马克思主义中国化的法宝。2013年12月和2015年1月,中央政治局曾两次专题组织学习马克思主义哲学,号召全党学习和运用马克思主义哲学,增强辩证思维能力,努力提高分析和解决社会主义建设中的问题的本领,不断总结经验和深化认识。习近平总书记指出,马克思主义哲学在当今依然有着强大的生命力,依然是指引我们前进的思想武器,各级领导干部要认真学习和研读马克思主义著作,掌握好这一看家本领,要自觉地接受马克思主义哲学智慧的滋养,不断提高分析和解决社会发展中的问题的能力。

当今,中国社会已经进入到新时代,中国特色社会主义事业面临着新的形势和挑战,我们必须清楚地认识到,这一事业仍然需要坚持马克思主义哲学方法论的指导,最终的目的是社会主义建设事业的推进、国家的发展、民族的进步和人民的幸福。新世纪新阶段,我们仍然要用马克思主义哲学的世界观和方法论去分析和解决社会主义建设中遇到的理论问题和实践问题,努力提高解决问题的本领,把中国特色社会主义建设事业推向新高度。

二、借鉴成功经验,为新时代中国特色社会主义建设事业提供方法论指引

20 世纪三四十年代,以毛泽东为代表的中国共产党人用马克思主义哲学的方法论指引中国革命,并在实践的基础上实现了理论创新,形成了中国化的马克思主义哲学,确立了实事求是的思想路线,最终取得了新民主主义革命的胜利。改革开放后,邓小平重新确立了实事求是的思想路线,中国共产党人继续用马克思主义哲学的方法论分析和解决中国特色社会主义建设实际问题,在认识论和价值论上作出了新的理论突破,创造性地运用唯物辩证法分析中国特色社会主义建设过程中的一系列重大理论问题和现实问题,将生产力置于唯物史观的核心地位,创造性地解答了社会主义本质和社会主义发展阶段等一系列重大理论问题。这标志着马克思主义哲学中国化进入了一个新的发展阶段,所蕴含的哲学思想开创了马克思主义哲学中国化的新境界。新民主主义革命时期和社会主义建设时期的实践证明,只有坚持马克思主义哲学方法论的指引,我们的事业才会取得进步。

进入新世纪新阶段,回顾中国民主革命历程以及改革开放以来 40 多年波澜壮阔的伟大历程,从哲学方法论的角度看,每到革命和中国特色社会主义建设的重大历史关键点,我们都面临着时代的难题,面临着解放思想的历史重任,而每一次思想解放都闪耀着马克思主义哲学智慧的光辉。马克思主义哲学科学地回答了中国社会不同历史时期的难题,实现了实践创新和理论创新,也为我们的民主革命事业和中国特色社会主义建设事业提供了方法论指引。

党的十八大以来,国际形势复杂,国内深化改革也面临新的难题,以习近平总书记为代表的中国共产党人高度重视用马克思主义哲学的方法论分析和解决新时代的重大问题。他强调要加强哲学学习,接受马克思主义哲学智慧滋养,提高分析和解决发展中遇到问题的能力。习近平总书记多次强调学习马克思主义哲学的重要性,并多次组织中央政治局集中进行学习,强调党的各级领导干部要学习原著、阅读经典。他还强调中国传统文化是中华民族的精神命脉,是国家文化软实力的根基与基因。当前中国共产党人既要深入学习马克思主义哲学,又要从优秀传统文化中吸取哲学智慧,用马克思主义哲学的辩证唯物论、唯物辩证法、唯物主义历史观和科学的实践观指导当代中国建设。

第一,坚持和运用辩证唯物主义。依据我国仍处于社会主义初级阶段的基本国情,立足于新世纪新阶段的特征,着眼于解决国家发展中面临的深层次问题,以习近平同志为核心的党中央提出了一系列治国理政的新理念。在唯物论方面,一方面强调要坚持一切从实际出发,要坚持实事求是的原则和求真务实的作风;另一方面也强调要发挥人的主观能动作用,强调"革命理想高于天"[①],号召全党要有"坚如磐石的精神和信仰力量"[②]。在认识论方面,既坚持实践第一的观点,强调以"行"促"知"和在实践的基础上促进理论创新,又重视以"知"促"行"和认识对实践的指导作用。这是对毛泽东科学实践观的继承,体现了对马克思主义哲学的深刻理解和自觉运用。

第二,坚持和自觉运用唯物辩证法,体现出深邃的哲学思维。习近平总书记提出"人类命运共同体"思想,推进更深层次的开放。习近平总书记以和谐共生的哲学理念为基础提出"人类命运共同体"的思想,向国际社会提出了共商、共建、共享的全球治理观,并以辩证思维推进全面深化改革,赋予新时代的改革更加丰富的内涵,体现了对唯物辩证法的深刻理解和自觉应用。

第三,坚持和运用唯物史观,用唯物史观基本原理分析和解决现阶段中国社会问题。在党的十九大报告中,习近平总书记用社会基本矛盾的原理科学分析了中国社会主要矛盾的新变化,指出:"我国社会主要矛盾已经转化为人民日益增长的美好生活需要和不平衡不充分的发展之间的矛盾。"[③]这一结论是在历史唯物主义基本原理指导下对我国社会主要矛盾新变化的深刻认识和科学判断。此外,习近平总书记坚持马克思主义的群众史观,提出了"以人民为中心"的发展理念,把提高人民生活水平和促进社会公平正义,作为审视我们各方面体制机制和政策的标准。中国共产党坚持以人民为中心推进全面改革,把为人民谋幸福作为检验改革成效的标准,这就深化了对唯物史观的理解。

三、坚持马克思主义哲学的基本思维方法,推进理论创新

哲学思维是一个国家和民族最根本的思维方式,它决定着这个国家和民

---

① 习近平. 决胜全面建成小康社会 夺取新时代中国特色社会主义伟大胜利——在中国共产党第十九次全国代表大会上的报告[M]. 北京:人民出版社,2017:63.

② 习近平. 习近平谈治国理政(第一卷)[M]. 北京:人民出版社,2018:63.

③ 习近平. 决胜全面建成小康社会 夺取新时代中国特色社会主义伟大胜利——在中国共产党第十九次全国代表大会上的报告[M]. 北京:人民出版社,2017:11.

族思维的广度和深度。新民主主义革命时期,中国共产党在推进马克思主义中国化的进程中,在推进理论创新过程中,形成了一系列基本思维方法,如问题思维、时代思维、辩证思维,这对于我们明确时代主题,把握时代变化,推进实践创新和理论创新具有重要意义。

第一,坚持问题思维。时代问题催生了马克思主义哲学的理论创新,也进一步推动了理论创新的广度和深度。马克思曾深刻指出:"主要的困难不是答案,而是问题。"[①] 问题是时代的呼声,坚持问题导向是马克思主义的鲜明特点。新民主主义革命时期,中国共产党和学术界始终从"中国向何处去"时代主题着眼进行理论探索和实践探索。针对党内教条主义对待马克思主义的态度和做法,毛泽东指出必须从中国民主革命特殊的国情出发,发现中国革命的问题,从而探索解决中国问题的中国化的马克思主义理论。

新中国成立初期,中国共产党人面临着在经济文化落后的东方大国建设社会主义的崭新的时代课题,毛泽东根据需要提出了"第二次结合"的思想。1956 年 4 月,毛泽东作了《论十大关系》报告,从十个方面论述了我国社会主义建设需要重点把握的一系列重大关系。1957 年 2 月,他作了《关于正确处理人民内部矛盾的问题》报告,系统论述了社会主义社会矛盾的理论,这是在社会主义建设时期毛泽东哲学思想的新发展。毛泽东在社会主义建设初期的理论探索,以独创性的内容丰富了马克思主义的理论宝库。但由于种种复杂的主客观原因,我们在社会主义建设中也走过一段弯路,党和国家的事业遭受过严重挫折。

十一届三中全会后,基于对"什么是社会主义,怎样建设社会主义"基本问题的认识,我们党科学地揭示了社会主义的本质及社会主义初级阶段的基本国情,提出了"三个有利于"标准,极大地解放了人们的思想,特别是关于社会主义市场经济的理论,是对马克思主义的重大发展,是具有划时代意义的理论创新,是对毛泽东思想的继承和发展,进一步推进了马克思主义中国化,而这源于对"什么是社会主义、怎样建设社会主义"这一根本问题的正确理解,是用马克思主义哲学方法论指导社会主义建设的实际问题。"建设什么样的党、怎样

① 中共中央马克思恩格斯列宁斯大林著作编译局. 马克思恩格斯全集(第一卷)[M]. 北京:人民出版社,1995:203.

建设党"是20世纪80年代末90年代初中国共产党人对时代问题的又一次准确把握，"三个代表"重要思想是对这一问题的及时回答。

进入新世纪新阶段，马克思主义哲学中国化正面临着新的理论创新的历史重任。习近平总书记强调，我们要立足新时代的实际，"从我国改革发展的实践中挖掘新材料、发现新问题、提出新观点、构建新理论"①。其中最为重要的就是从新时代中国实际出发，在回答和解决我们所面临的各种重大实际问题的过程中运用和发展马克思主义，提出解决问题的新思路和新理论。

第二，坚持时代思维。马克思主义哲学是实践哲学，它不但具有直接现实性的特点，还具有社会历史性的特点，这就要求我们从变化了的实际出发，与时俱进，不断推进理论创新。时代思维是中国共产党推进理论创新的重要思维。马克思指出："任何真正的哲学都是自己时代精神的精华。"②马克思主义哲学用科学的世界观和方法论来理解时代的主题和特点，从现实的实际和变化了的实际出发，具体地、历史地把握社会存在和社会历史发展特点，是一种科学的唯物主义思维方式。

任何时代精神都是以特定的社会存在为基础的，都是社会存在的反映。任何脱离社会存在的时代变化都是虚幻的，无法引领社会的发展和进步。坚持马克思主义哲学的时代思维，要求我们实事求是地分析特定时期的我国社会的性质和社会基本矛盾，从而从特定时代的特点出发推进马克思主义哲学的理论创新。革命时期，以毛泽东为代表的中国共产党人从新民主主义革命的时代特点出发，正确地分析了中国社会的性质及社会主要矛盾，明确了新民主主义革命的动力、敌人、领导力量，制定了正确的路线、方针、政策，最后取得了革命的胜利，实现了中国人民"站起来"的夙愿。改革开放以后，以邓小平为代表的中国共产党人正确分析了我国的国情和主要矛盾，提出"一个中心、两个基本点"的社会主义初级阶段的总路线，进一步推进了中国特色社会主义建设，实现了中国人民"富起来"的伟大飞跃。党的十九大明确了我国仍处于并将长期处于社会主义初级阶段的基本国情，明确了新时代中国社会的主要矛盾，明确了中国

① 习近平. 在哲学社会科学工作座谈会上的讲话[N]. 人民日报，2016-05-19(2).
② 中共中央马克思恩格斯列宁斯大林著作编译局. 马克思恩格斯全集(第一卷)[M]. 北京：人民出版社，1956：121.

社会发展的历史定位。这是运用马克思主义哲学方法论,分析和指导当代中国社会建设的科学判断,为我们实现"强起来"的目标指明了方向。

第三,坚持辩证思维。马克思主义哲学是科学的唯物论,又是科学的辩证法。我们党在用马克思主义哲学的方法论指引中国新民主主义革命进程和中国特色社会主义建设过程中,运用马克思主义哲学的辩证思维去分析在不同的历史阶段我们的根本任务,以及我们实现这一任务的方式与手段。

新民主主义革命时期,以毛泽东为代表的共产党人运用唯物辩证法的两点论和重点论,运用矛盾分析的方法,分析解决中国新民主主义革命的问题,为我们解决问题提供了基本的方法论。改革开放以后,以邓小平为代表的中国共产党人继续用唯物辩证法分析和解决中国特色社会主义建设的问题。辩证地处理了坚持社会主义的性质和发展经济的关系。党的十八大以来,习近平总书记提出了一系列治国理政的新思想和新观点。在发展问题上,他强调:"我们要学会运用辩证法,善于'弹钢琴',处理好局部和全局、当前和长远、重点和非重点的关系。"[①] 这是在新的历史条件下,对马克思主义辩证思维的灵活运用。

坚持马克思主义哲学的基本思维方法,用思维创新引领理论创新,进而推动中国特色社会主义实践创新。中国新民主主义革命的实践和新中国成立后70多年的中国特色社会主义建设的进程已经证明,坚持马克思主义哲学的科学思维方法,实现理论创新和实践创新的良性互动是推进我们新民主主义革命和社会主义建设不断取得胜利的重要前提。

四、立足新时代中国具体实际,构建中国特色哲学理论体系

任何时期,中国具体实际都是我们理论研究的出发点和归宿。当今,中国社会已经进入新时代,在这一新的历史条件下,我们应该从当代中国实际出发,在马克思主义哲学的指导下,继续挖掘中国传统哲学中的优秀成果和智慧,学习借鉴世界思想文化的精华,构建中国特色哲学理论体系。

(一)从新时代中国国情出发,构建中国特色哲学理论体系

哲学家哲学思考的关注点来自社会现实生活,中国及世界的现实决定着对现有思想资料的吸取和发展方向。从马克思主义哲学、中国传统哲学和其他西

---

① 习近平. 习近平总书记谈协调[N]. 人民日报,2016-3-3(11).

方哲学思想中吸取什么和怎么吸取，取决于现实和哲学家对现实的理解。民主革命时期，毛泽东对认识论和唯物辩证法的理论创新主要源自对中国革命道路的思考。当今，我们思考将马克思主义哲学与中国传统哲学二者相结合的切入点依然来自当代中国和世界的现实。关注时代的需要，关注人民的呼声，始终是从事哲学理论研究的立足点。当代中国现实是什么呢？党的十九大报告指明了中国特色社会主义建设已经进入新时代，这就是当代中国的最大实际。首先，新时代中国社会的主要矛盾发生了历史性变化，已由"人民日益增长的物质文化需要同落后的社会生产之间的矛盾"转变为"人民日益增长的美好生活需要和不平衡不充分的发展之间的矛盾"，这一矛盾成为制约人民对美好生活向往的主要因素。其次，新时代主要矛盾的表现形式也发生了变化，人们对美好生活的向往的层次发生了变化，由原来的物质文化生活的需求层次转变为民主、法治、公平等多方面更高级、更广泛的需求。最后，就社会制度而言，中国特色社会主义基本制度已经从不断探索逐步走向成熟。以上几点是对新时代特征的揭示，当今我们构建中国特色哲学体系要从这个实际出发。

（二）从新时代对中国哲学发展的要求出发，构建中国特色哲学理论体系

第一，新时代中国社会发展的客观实际，要求构建中国特色哲学理论体系。20世纪90年代出现了经济全球化的趋势，时代的发展迫切需要构建与之相适应的中国哲学。"当代中国哲学应该成为世界历史的主体参与者，而不是仅仅作为边缘看客被别人的思想所形塑。"[①] 回顾20世纪20年代末、30年代前期，中国共产党在带领中国人民进行新民主主义革命的进程中，存在教条主义地对待马克思主义哲学的错误倾向。在新中国成立初期，在建设社会主义的过程中出现了超越中国实际的错误主张，这说明了在理论建设上，在意识层面上，我们不可能在马克思主义经典著作中找到现成答案，也不可能照着别的国家的样子去发展自己，我们必须构建符合中国实际的中国化的马克思主义哲学。"中国人民需要自己的哲学，中国哲学应该成为新的理论观念的创造

① 韩震. 新时代对当代中国哲学研究提出的新要求[J]. 马克思主义与现实,2019(2)：172-177.

者。"①中国新民主主义革命的历史和改革开放后社会主义建设的历史证明,构建中国化的马克思主义哲学,是引领中国社会向前发展的前提,也是新时代中国哲学发展的内在要求。

第二,从中国哲学发展的前景看,需要构建中国特色哲学理论体系。"一个民族如果没有丰富且立意高远的哲学,没有哲学理论的自主创新,就不可能成为一个能够引领人类历史发展方向的具有世界意义的民族。"②中国社会自近代以来,就面临着技术的落后、社会制度的落后,乃至思想文化的落后。这个过程是追赶的过程,也是学习的过程。20世纪三四十年代,中国共产党和中国的马克思主义哲学家们用马克思主义哲学的方法论分析整理中国传统哲学,实现了中国传统哲学的现代转型,中国哲学自此注入了新的活力,但这只是一个开始,我们尚未完成构建民族哲学体系的重任。"中国哲学的崛起是中华民族伟大复兴的一个重要组成部分,发展具有世界意义的中国哲学,既是一种时代的召唤,也是中国哲学工作者不可推卸的责任。"③

(三)从马克思主义哲学和中国传统哲学的互动中构建中国特色哲学体系

第一,构建中国特色哲学理论体系,要坚持以马克思主义哲学为指导,这是我们必须旗帜鲜明地坚持的根本原则。坚持马克思主义哲学的指导地位,这是在民主革命时期已经被证明了的正确的根本性的指导思想。新中国成立后70多年中国特色社会主义建设的伟大实践也已经证明了这一点。坚持马克思主义就是坚持马克思主义的基本立场、基本观点和基本方法。坚持马克思主义就是要发展马克思主义,马克思主义是开放的,它必将随着实践的发展而不断发展,这是马克思主义永葆生机的奥妙所在。如今,中国特色社会主义建设事业已经进入新时代,新的条件下我们依然会面临来自自身和他国的各种问题和挑战,但无论我们遇到何种问题和困难,我们分析和解决问题的指导思想依然

---

① 韩震. 新时代对当代中国哲学研究提出的新要求[J]. 马克思主义与现实,2019(2):172-177.

② 韩震. 新时代对当代中国哲学研究提出的新要求[J]. 马克思主义与现实,2019(2):172-177.

③ 韩震. 新时代对当代中国哲学研究提出的新要求[J]. 马克思主义与现实,2019(2):172-177.

是马克思主义,马克思主义的指导地位没有改变。

第二,弘扬中国传统哲学思想,树立中国传统文化自信。中国特色哲学理论体系的构建既要体现时代性,还要体现继承性和民族性。中华优秀传统文化是中华民族的"根",是中国特色社会主义文化发展的深厚基础。"构建新时代中国特色哲学理论体系,还要植根于中国传统哲学思想和智慧,从中寻求助推中华民族生长力和创造力的基础性的精神和观念特质。"① 只有扎根民族传统文化的土壤,才能保持一个民族哲学思维持续的生命力。20世纪上半叶,马克思主义哲学能在中国扎根并发展,其与中国哲学的契合是不可或缺的前提。

哲学思想的发展具有延续性,是以已有思想为前提的。马克思主义哲学是对德国古典哲学的批判继承,中国哲学的发展也体现了对中国传统哲学的批判继承,传统哲学是把握和理解外来资源的"前理解结构"。中华民族有着非常丰富和深厚的思想文化资源,这是我们的祖先几千年来积累下的知识智慧。当下,我们要立足时代发展需要,积极发掘传统文化中的优秀成分,使传统文化优秀基因与当代社会发展相协调,与当代文化建设相适应,推动中华文明创造性转化、创新性发展。中国特色社会主义的自信说到底是文化自信,文化自信是深层次的更持久的力量。一个抛弃了本民族文化传统的民族和国家,是不可能发展起来的。

第三,学习借鉴世界思想文化的优秀成果和精华。构建中国特色哲学体系,需要从中国传统哲学中探寻优秀成果,弘扬中国哲学精神。此外,还需要以更加开阔的胸怀吸收人类思想文化精华。不仅要融通马克思主义哲学和中国哲学,还要学习西方哲学的思想精华。杜维明教授曾指出:"中华民族一定要走出自己的独特道路,而独特道路又是和人类文明的长远发展相配合的。"② 现代西方哲学是现代西方文明的产物,是建立在现代西方社会高度发达的生产力基础上的意识形态。新时代我们构建具有中国特色的哲学体系,要坚持在马克思主义哲学的指导下,根据时代问题吸收传统哲学中的合理因素,同时要以开放的态度加强对西方哲学思想的研究,不断地融通和超越。任何哲学思想的出现,

---

① 韩震. 新时代中国特色哲学理论体系的构建[J]. 哲学动态,2019(9):5-11.

② 张梅. 北京大学高等人文研究院院长杜维明专访:儒家如何面对西方文化新挑战[N]. 环球时报,2019-7-5(13).

都有其社会历史的原因及合理性因素,现代西方哲学在人的问题、价值问题、生态问题、可持续发展问题、科技哲学等方面取得的研究成果均值得我们借鉴和吸收。因此,实现哲学理论的创新,就要不断超越既有思想的局限,发展出更具包容性和解释力的哲学理论,要融通各种资源,不断推进理论创新。

五、深化学理研究,明确学术研究的使命和学者的担当

20 世纪上半叶,中国学术界在推进社会思想解放和自身思想解放的历史进程中,从时代的重大前沿问题出发,注重吸收国内外学术研究的成果,用理论的方式推进中国民主革命的进程,明确学术研究的使命和学者的担当,取得了历史性、突破性的进展,这对我们今天的学术研究具有重大的启发作用。

中国学术研究和中国学者的使命是什么?吉林大学孙正聿教授指出:"揭示重大现实问题中所蕴含的重大理论问题,并以理论的方式回答现实问题,从而用理论照亮现实,把现实的理想变成理想的现实,这是学术研究的根本使命。"① 新民主主义革命时期,一大批具有良好学术素养的马克思主义哲学家,恪守着这份学术使命,心系国家危亡,情连民族振兴,以强烈的社会责任感、良好的哲学理论素养和勇于批判和善于反思的精神,为我们留下了宝贵的精神财富。为回答"中国向何处去"的时代主题,学者们从不同的视角出发开展了多维度的马克思主义哲学学理研究,力图考察和回应新民主主义革命时期中国社会面临的现实问题。为了探寻革命的出路,学者们开展了马克思主义哲学系统性、大众化研究,为广大人民群众提供革命的精神武器;用马克思主义哲学的立场、观点批判继承了中国传统哲学,为外来的理论探寻本土文化的生长点;将马克思主义哲学与中国革命实际和历史文化传统相结合,实现了理论创新。广大学者的学术研究,"不仅用现实活化了理论,而且用理论照亮了现实"②。

回顾 20 世纪上半叶马克思主义理论家恪守着学术研究的使命,为我们树立了光辉的典范。中国学者开展的马克思主义理论研究,聚焦革命时期重大现实问题,以问题为导向,逐步地形成了中国学术的主体自觉;他们大量翻译国外

---

① 孙正聿. 学术的使命与学者的担当——改革开放 40 年的中国学术[J]. 社会科学战线, 2018(11):1-6.

② 孙正聿. 学术的使命与学者的担当——改革开放 40 年的中国学术[J]. 社会科学战线, 2018(11):1-6.

学术著作,为开展马克思主义哲学学术研究提供了新鲜的和厚重的学术资源,开阔了人们的理论视野;他们坚守基础理论研究,发表和出版了一系列具有标志性的学术专著和论文,丰富了学术研究的成果;他们以坚定的信仰、专业的知识、坚韧的品质为后世的马克思主义理论研究者指明了方向。如今,中国社会已经进入到新世纪新时代,同时也面临诸多新问题,当代中国学者应继承革命时期学者们的学术使命,立足当代中国社会现实问题,以学术研究为己任,为我们创造更多的精神财富,指引我们前进的道路。

学术是学者思想的表达,学术的繁荣和发展离不开具有学术素养的思想家。中华文明五千年历史中,涌现出了一大批思想家。近代以来,为探寻中国社会发展的出路,更是涌现出一大批思想家。马克思主义传入中国之后,学者们探寻救亡的出路,产生了一大批马克思主义理论学术大师。学者的学术研究是艰难的理论探索活动,需要学者具有良好的学术素养、敏锐的问题意识、远大的志向、勇于批判的精神和强烈的社会责任感,这些促使他们直面现实和时代的呼声。良好的学术素养,使学者们关注重大现实问题,进行重大理论问题的基础性研究,以新的理念和新的方法探索时代的重大的基本理论问题和重大的现实问题。革命的批判精神和反思精神,使他们敢于向权威质疑和挑战,坚守马克思主义的科学性,以反思的、批判的、辩证的精神去从事学术研究。正是学者们自觉地承担起学术研究的使命,才在中华民族发展的历史进程中留下浓墨重彩的一笔,为人类文明和进步作出贡献。

今天,中国特色社会主义建设实践已与20世纪前半叶的民主革命实践有很多的不同,这就要求当代中国的马克思主义理论研究者从新世纪新时代中国的具体国情出发,探索当今中国马克思主义哲学发展的规律,构建中国特色哲学理论体系,这是当代马克思主义理论研究者的使命。展望未来,当代中国学术的历史使命,首要的就是坚定不移地以马克思主义为指导思想,用马克思主义的最新成果武装全党,去研究当代中国和世界的重大现实问题和理论问题,从而真正地承担起"用理论照亮现实"的学术使命。

结　语

　　哲学思维是一种高度抽象化和理性化的思维,它为我们认识世界和改造世界提供方法论的指引。马克思主义哲学与以往哲学的根本区别在于它是以实践为本质特征的哲学,它是实践的唯物论,为我们开创了实践的思维方式。马克思主义哲学方法论在一定程度上就是一座从理论到实践的桥梁,正是这座桥梁使马克思主义哲学从书斋里走出来,真正成为人民群众手中的思想武器,指导人们从事改造自然和变革社会的活动。

　　我们要了解中华民族的前途,必须了解中华民族的历史。新民主主义革命时期,中国共产党人用马克思主义科学的世界观和方法论思考和解决中国新民主主义革命的一系列重大的理论问题和现实问题,用马克思主义哲学的方法论扬弃中国传统哲学,探索了体系化和大众化的理论传播方式,在实践基础上进行了理论创新,用中国化的马克思主义哲学分析和指导中国民主革命实践,最终取得了新民主主义革命的胜利。在一定程度上,我们可以说立足中国革命实际,将马克思主义哲学与中国具体实际相结合,创建中国化的马克思主义哲学理论,是我们取得革命胜利的前提和关键。

　　20世纪三四十年代,中国的马克思主义者在推进中国社会进步和自身思想解放的历史进程中,从时代的重大前沿问题出发,注重吸收国内外学术研究的成果,用理论创新的方式推进了中国民主革命的进程,他们始终坚守马克思主义理论家的学术研究的使命和中国马克思主义学者的担当,取得了历史性突破性的进展,给我们留下了宝贵的理论财富和精神财富。

　　进入新世纪新时代,我们建设中国特色社会主义所面临的时代问题已经与20世纪三四十年代大不相同,但有一点是相同的,即从时代问题出发,探索重大现实问题中蕴藏的哲学理论问题,并以哲学理论的方式回答现实问题,始终是中国共产党和中国马克思主义理论研究者的使命。当今,中国共产党仍然高度重视马克思主义哲学的理论学习、哲学思维的培养和哲学方法论的应用。习近平总书记指出:"必须不断接受马克思主义哲学智慧的滋养,更加自觉地坚持和运用辩证唯物主义世界观和方法论,增强辩证思维、战略思维能力,努力提高解决我国改革发展基本问题的本领。"① 相信在不断的实践探索和理论探索中,我们将增长哲学智慧,提高中国共产党人的看家本领。

────────────

① 习近平. 坚持运用辩证唯物主义世界观方法论 提高解决我国改革发展基本问题本领 [N]. 人民日报,2015-01-25(1).

参考文献

一、经典文献

[1] 中共中央马克思恩格斯列宁斯大林著作编译局. 马克思恩格斯选集(第一卷)[M]. 北京:人民出版社,1995.

[2] 中共中央马克思恩格斯列宁斯大林著作编译局. 列宁全集(第四卷)[M]. 北京:人民出版社,1984.

[3] 中共中央马克思恩格斯列宁斯大林著作编译局. 列宁全集(第三十三卷)[M]. 北京:人民出版社,1985.

[4] 中共中央马克思恩格斯列宁斯大林著作编译局. 马克思恩格斯选集(第三卷)[M]. 北京:人民出版社,1995.

[5] 中共中央马克思恩格斯列宁斯大林著作编译局. 马克思恩格斯选集(第一卷)[M]. 北京:人民出版社,2012.

[6] 中共中央马克思恩格斯列宁斯大林著作编译局. 马克思恩格斯选集(第三卷)[M]. 北京:人民出版社,2012.

[7] 中共中央马克思恩格斯列宁斯大林著作编译局. 马克思恩格斯选集(第四卷)[M]. 北京:人民出版社,2012.

[8] 中共中央马克思恩格斯列宁斯大林著作编译局. 马克思恩格斯全集(第一卷)[M]. 北京:人民出版社,1995.

[9] 中共中央马克思恩格斯列宁斯大林著作编译局. 马克思恩格斯全集(第四十七卷)[M]. 北京:人民出版社,2004.

[10] 中共中央马克思恩格斯列宁斯大林著作编译局. 马克思恩格斯文集(第

一卷)[M].北京:人民出版社,2009.

[11] 中共中央马克思恩格斯列宁斯大林著作编译局.马克思恩格斯文集(第三卷)[M].北京:人民出版社,2009.

[12] 中共中央马克思恩格斯列宁斯大林著作编译局.马克思恩格斯文集(第十卷)[M].北京:人民出版社,2009.

[13] 中共中央马克思恩格斯列宁斯大林著作编译局.列宁黑格尔"逻辑学"一书摘要[M].北京:人民出版社,1965:156.

[14] 中共中央马克思恩格斯列宁斯大林著作编译局.列宁全集(第六卷)[M].北京:人民出版社,2017.

[15] 中共中央马克思恩格斯列宁斯大林著作编译局.列宁全集(第十八卷)[M].北京:人民出版社,2017.

[16] 中共中央马克思恩格斯列宁斯大林著作编译局.列宁全集(第二十三卷)[M].北京:人民出版社,2017.

[17] 中共中央马克思恩格斯列宁斯大林著作编译局.列宁全集(第三十七卷)[M].北京:人民出版社,2017.

[18] 中共中央马克思恩格斯列宁斯大林著作编译局.列宁全集(第三十九卷)[M].北京:人民出版社,2017.

[19] 中共中央马克思恩格斯列宁斯大林著作编译局.列宁全集(第四十三卷)[M].北京:人民出版社,2017.

[20] 中共中央马克思恩格斯列宁斯大林著作编译局.列宁全集(第五十五卷)[M].北京:人民出版社,2017.

[21] 中共中央马克思恩格斯列宁斯大林著作编译局.列宁专题文集·论辩证唯物主义和历史唯物主义[M].北京:人民出版社,2009.

[22] 毛泽东选集(第一卷)[M].北京:人民出版社,1991.

[23] 毛泽东选集(第二卷)[M].北京:人民出版社,1991:477,478,511-512,522,533-534,559,565,610,638,651,692,707-708.

[24] 毛泽东选集(第三卷)[M].北京:人民出版社,1991.

[25] 毛泽东选集(第四卷)[M].北京:人民出版社,1991.

[26] 中共中央文献研究室.毛泽东文集(第八卷)[M].北京:人民出版社,1999.

[27] 毛泽东书信选集[M]. 北京：人民出版社，1983.

[28] 中共中央文献研究室. 毛泽东书信选集[M]. 北京：中央文献出版社，2003.

[29] 中共中央文献研究室. 毛泽东哲学批注集[M]. 北京：中央文献出版社，1988.

[30] 中共中央文献研究室. 毛泽东著作专题摘编（下）[M]. 北京：中央文献出版社，2003.

[31] 中共中央文献研究室. 毛泽东思想年编（1921—1975）[M]. 北京：中央文献出版社，2011.

[32] 辩证法唯物论提纲[M]. 天津：天津人民出版社，1958.

[33] 建国以来毛泽东文稿（第11册）[M]. 北京：中央文献出版社，1988.

[34] 中共中央党史和文献研究院. 习近平关于全面从严治党论述摘编（2021年版）[M]. 北京：中央文献出版社，2021.

[35] 中共中央宣传部. 习近平新时代中国特色社会主义思想三十讲[M]. 北京：学习出版社，2018.

[36] 习近平. 习近平谈治国理政（第一卷）[M]. 北京：人民出版社，2018.

[37] 习近平. 决胜全面建成小康社会 夺取新时代中国特色社会主义伟大胜利——在中国共产党第十九次全国代表大会上的报告[M]. 北京：人民出版社，2017.

[38] 习近平. 坚持运用辩证唯物主义世界观方法论 提高解决我国改革发展基本问题本领[N]. 人民日报，2015-01-25（1）.

[39] 习近平总书记谈协调[N]. 人民日报，2016-3-3（11）.

[40] 习近平. 在哲学社会科学工作座谈会上的讲话[N]. 人民日报，2016-05-19（2）.

[41] 习近平. 在庆祝中国共产党成立95周年大会上的讲话[N]. 人民日报，2016-7-2（1）.

[42] 习近平. 高举中国特色社会主义伟大旗帜 为全面建设社会主义现代化国家而团结奋斗[N]. 人民日报，2022-10-17（2）.

二、文献资料

[1] 艾思奇. 艾思奇全书(第一卷)[M]. 北京:人民出版社,2006.

[2] 艾思奇. 艾思奇全书(第二卷)[M]. 北京:人民出版社,2006.

[3] 艾思奇. 艾思奇全书(第三卷)[M]. 北京:人民出版社,2006.

[4] 艾思奇. 大众哲学(修订本)[M]. 北京:人民出版社,2011:引言 16,序 2.

[5] 艾思奇文集(第一卷)[M]. 北京:人民出版社,1981.

[6] 陈独秀文章选编(中)[M]. 北京:生活•读书•新知三联书店,1984.

[7] 陈唯实. 新哲学体系讲话[M]. 上海:上海杂志公司,1939:序言 1-2.

[8] 杜国庠文集编辑组. 杜国庠文集[M]. 北京:人民出版社,1962.

[9] 范文澜. 范文澜全集(第七卷)[M]. 石家庄:河北教育出版社,2002.

[10] 胡绳全书(第四卷)[M]. 北京:人民出版社,1998.

[11] 侯外庐. 近代中国思想学说史[M]. 北京:生活•读书•新知三联书店,2014.

[12] 侯外庐. 韧的追求[M]. 北京:生活•读书•新知三联书店,1985.

[13] 侯外庐. 宋明理学史(下卷)[M]. 北京:人民出版社,1987.

[14] 侯外庐. 中国古代思想学说史[M]. 上海:上海文化服务社,1950.

[15] 湖南省长沙师范学校. 徐特立文集[M]. 长沙:湖南人民出版社,1980.

[16] 李达. 社会学大纲[M]. 武汉:武汉大学出版社,2007.

[17] 李达. 现代社会学[M]. 武汉:武汉大学出版社,2007.

[18] 《李达文集》编辑组. 李达文集(第二卷)[M]. 北京:人民出版社,1981.

[19] 李大钊文集(下)[M]. 北京:人民出版社,1984.

[20] 刘少奇选集(上卷)[M]. 北京:人民出版社,1981.

[21] 吕振羽. 中国社会史诸问题[M]. 北京:生活•读书•新知三联书店,1961.

[22] 瞿秋白文集•政治理论编(第二卷)[M]. 北京:人民出版社,2013.

[23] 瞿秋白文集•政治理论编(第四卷)[M]. 北京:人民出版社,2013.

[24] 瞿秋白文集•政治理论编(第五卷)[M]. 北京:人民出版社,2013.

[25] 汪信砚. 李达全集(第一卷)[M]. 北京:人民出版社,2016.

[26] 汪信砚. 李达全集(第四卷)[M]. 北京:人民出版社,2016.

[27] 汪信砚. 李达全集(第十卷)[M]. 北京:人民出版社,2016.

[28] 汪信砚. 李达全集(第十一卷)[M]. 北京:人民出版社,2016.

[29] 汪信砚. 李达全集(第十二卷)[M]. 北京:人民出版社,2016.

[30] 张岱年,程宜山. 中国文化与文化论争[M]. 北京:中国人民大学出版社, 1990.

[31] 张岱年. 张岱年文集(第一卷)[M]. 北京:清华大学出版社,1989.

[32] 张岱年. 中国哲学大纲[M]. 北京:中国社会科学出版社,1982.

[33] 张岱年全集(第一卷)[M]. 石家庄:河北人民出版社,1996.

[34] 张岱年全集(第二卷)[M]. 石家庄:河北人民出版社,1996.

[35] 张岱年全集(第六卷)[M]. 石家庄:河北人民出版社,1996.

[36] 张申府. 张申府文集(第一卷)[M]. 石家庄:河北人民出版社,2005.

[37] 张闻天选集编辑组. 张闻天文集(第三卷)[M]. 北京:中共党史出版社, 1994.

[38] 中国革命博物馆,湖南省博物馆. 新民学会资料[M]. 北京:人民出版社, 1980.

[39] 中国李大钊研究会. 李大钊全集(第一卷)[M]. 北京:人民出版社,2006.

[40] 中国李大钊研究会. 李大钊全集(第三卷)[M]. 北京:人民出版社,2006.

[41] 中国哲学编辑部. 中国哲学第十辑[M]. 北京:人民出版社,1983.

[42] 中国哲学编辑部. 中国哲学第十三辑[M]. 北京:人民出版社,1985.

[43] 中国哲学史编写组. 中国哲学(下册)[M]. 北京:人民出版社,2012.

[44] 周恩来选集(上卷)[M]. 北京:人民出版社,1980.

[45] 朱德选集(第一卷)[M]. 北京:人民出版社,1991.

三、学术专著

[1] 安启念. 马克思主义哲学中国化研究[M]. 北京:中国人民大学出版社, 2006.

[2] 毕国明,许鲁洲. 中国哲学与马克思主义哲学中国化[M]. 北京:人民出版 社,2010:208.

[3] 柴文华. 中国哲学史学史[M]. 北京:人民出版社,2018.

[4] 丁晓强,李立志. 李达学术思想评传[M]. 北京:北京图书馆出版社,1999.

[5] 方克立. 中国哲学史上的知行观[M]. 北京:人民出版社,1982.

[6] 方敏. 中国近代民主思想史:1840—1949[M]. 北京:人民出版社,2014.

[7] 冯契. 中国近代哲学的革命进程[M]. 上海:华东师范大学出版社,1997.

[8] 冯契. 中国近代哲学史(下册)[M]. 上海:上海人民出版社,1989.

[9] 龚育之,逄先知,石仲泉. 毛泽东的读书生活[M]. 北京:生活•读书•新知三联书店,1986.

[10] 郭化若. 毛泽东同志八十五诞辰纪念文选[M]. 北京:人民出版社,1979.

[11] 郭湛波. 近五十年中国思想史[M]. 济南:山东人民出版社,1997.

[12] 黑格尔. 哲学史讲演录(第一卷)[M]. 贺麟,王太庆,译. 北京:商务印书馆,1959.

[13] 胡为雄. 马克思主义哲学在中国传播和发展的百年历史(上)[M]. 南昌:百花洲文艺出版社,2015.

[14] 李金山. 大众哲学家——纪念艾思奇诞辰百年论集[M]. 北京:中共党史出版社,2011.

[15] 李维武. 中国哲学的传统更新[M]. 北京:人民出版社,2012.

[16] 李泽厚. 中国思想史论(下)[M]. 合肥:安徽文艺出版社,1999.

[17] 李泽厚. 中国现代思想史论[M]. 北京:人民出版社,1988.

[18] 卢国英. 智慧之路——一代哲人艾思奇[M]. 北京:人民出版社,2006.

[19] 欧阳辉纯. 传统儒家忠德思想研究[M]. 北京:人民出版社,2017.

[20] 汪澍白. 二十世纪中国文化史论[M]. 北京:中国青年出版社,1999.

[21] 汪信砚. 李达论著和思想研究[M]. 北京:人民出版社,2016.

[22] 王南湜. 中国哲学精神重建之路:马克思主义哲学中国化探讨[M]. 北京:北京师范大学出版集团,2012.

[23] 王荣. 中国传统文化中的民本与官德[M]. 北京:人民出版社,2020.

[24] 徐刚. 中国和合学年鉴(1988—2016)[M]. 北京:人民出版社,2018.

[25] 许全兴. 马克思主义哲学自我革命[M]. 北京:中国社会科学出版社,2009.

[26] 雍涛. 毛泽东哲学思想与马克思主义哲学中国化[M]. 北京:人民出版社,2003.

[27] 张允熠. 中国主流文化的近现代转型(上册)[M]. 合肥:黄山书社,2010.

四、报纸文章

[1] 范文澜. 古今中外法浅释[N]. 解放日报,1942-9-3.

[2] 张弓. 民惟邦本 本固邦宁——民本思想促进中华文明发展[N]. 人民日报,2017-07-31(16).

[3] 张梅. 北京大学高等人文研究院院长杜维明专访:儒家如何面对西方文化新挑战[N]. 环球时报,2019-7-5(13).

五、期刊论文

[1] 从贤. 现阶段的文化运动[J]. 解放,1937(23).

[2] 丁峰. 马克思主义哲学中国化的研究范式与路径选择[J]. 南京政治学院学报,2011(5):25-29.

[3] 韩庆祥,张艳涛. 马克思哲学的三种形态及其历史命运[J]. 中国社会科学,2010(4):21-31.

[4] 韩震. 新时代对当代中国哲学研究提出的新要求[J]. 马克思主义与现实,2019(2):172-177.

[5] 韩震. 新时代中国特色哲学理论体系的构建[J]. 哲学动态,2019(9):5-11.

[6] 郝立新. 大众哲学之话语与范式[J]. 哲学研究,2015(9):26-29.

[7] 黄耀霞,郝立新. 试析马克思主义哲学视野下的党的理论创新[J]. 新视野,2019(1):33-39.

[8] 李维武. 20世纪中国哲学视域中的马克思主义哲学中国化研究[J]. 哲学分析,2010(4):56-70,192,194.

[9] 李维武. 毛泽东"实践论"的中国性格[J]. 中国社会科学,2007(4):18-30,204.

[10] 李佑新. 现代性问题背景下马克思主义哲学中国化的趋势[J]. 马克思主义与现实,2009(1):118-124.

[11] 梁隽华. 中国哲学史中"以马释中"的理论贡献——对20世纪30—40年代马克思主义学者中国哲学史研究的探讨[J]. 广州大学学报:社会科学版,2012(2):26-32.

[12] 罗本琦,丁大平. 文化精神的会通:马克思主义中国化的文化基础[J]. 安

庆师范学院学报：社会科学版，2006（3）：1-5.

[13] 欧阳奇. 毛泽东与艾思奇的哲学互动[J]. 党的文献，2013（1）：48-53.

[14] 石仲泉. 延安时期的艾思奇哲学与毛泽东哲学[J]. 理论视野，2008（6）：50-54.

[15] 宋镜明，吴向伟. 1930年前后李达对马克思主义中国化的历史贡献[J]. 深圳大学学报：人文社会科学版，2015（4）：43-48.

[16] 孙芳. 马克思主义哲学中国化的路径解析[J]. 毛泽东邓小平理论研究，2007（8）：31-38，83.

[17] 孙美堂. 马克思主义哲学中国化的价值路径初探[J]. 马克思主义研究，2007（4）：35-41.

[18] 孙伟平. 马克思主义哲学中国化的路径选择——从"结合论"走向"创建论"[J]. 哲学动态，2007（4）：3-8.

[19] 孙正聿. 学术的使命与学者的担当——改革开放40年的中国学术[J]. 社会科学战线，2018（11）：1-6.

[20] 覃正爱. 掌握马克思主义哲学是领导干部的"看家本领"[J]. 马克思主义研究，2017（4）：76-85.

[21] 陶德麟. 对马克思主义中国化研究中两个问题的理解[J]. 中国社会科学，2009（1）：4-16，204.

[22] 汪信砚，韦卓枫. 唯物史观中国化的标志性成果——李达的《现代社会学》探论[J]. 山东社会科学，2014（9）：5-13.

[23] 汪信砚. "马克思主义哲学中国化"辨误[J]. 哲学研究，2008（10）：3-11，128.

[24] 汪信砚. 李达开创的学术传统及其意义[J]. 哲学研究，2010（11）：19-25.

[25] 汪信砚. 李达哲学探索的独特理论个性[J]. 哲学研究，2011（12）：3-12，124.

[26] 汪信砚. 马克思主义哲学在中国的传播与马克思主义哲学中国化[J]. 马克思主义研究，2013（8）：22-34，159.

[27] 汪信砚. 马克思主义中国化的丰富内涵[J]. 江汉论坛，2011（4）：49-54.

[28] 王炳华. 李达三十年代哲学著译对毛泽东哲学思想的影响[J]. 毛泽东邓小平理论研究，1989（2）：21-25.

[29] 王向清. 毛泽东对马克思主义哲学中国化的贡献[J]. 马克思主义研究, 2006(11): 58-63.

[30] 王向清. 学术层面马克思主义哲学中国化的逻辑发展[J]. 马克思主义与现实, 2007(6): 125-128.

[31] 吴玉章. 研究中国历史的意义[J]. 解放, 1938(52).

[32] 阎树群. 论新时代中国共产党人推进马克思主义中国化的重要法宝[J]. 陕西师范大学学报: 哲学社会科学版, 2017(6): 20-27.

[33] 杨春贵.《实践论》、《矛盾论》的历史地位、科学价值和当代意义[J]. 毛泽东邓小平理论研究, 2007(8): 6-11.

[34] 杨春贵. 理论创新: 意义与机制[J]. 文史哲, 2001(6): 56-58.

[35] 杨耕. 当前马克思主义哲学研究中的三个重大议题[J]. 中国社会科学, 2007(5): 24-29.

[36] 杨耕. 关于中国马克思主义哲学体系的历史沉思[J]. 哲学研究, 2016(1): 3-11, 128.

[37] 雍涛. 李达与马克思主义哲学中国化——纪念李达诞辰 115 周年[J]. 武汉大学学报: 人文科学版, 2006(1): 5-11.

[38] 雍涛. 李达与毛泽东哲学思想的形成和发展[J]. 武汉大学学报: 人文社会科学版, 2000(6): 739-744.

[39] 袁贵仁, 杨耕. 马克思主义哲学教学体系的形成与演变(上)[J]. 哲学研究, 2011(10): 3-17, 128.